MEMÓRIA, SUJEITO E CULTURA

Blucher

MEMÓRIA, SUJEITO E CULTURA

Silvia Laurentino

Memória, sujeito e cultura

Editora Edgard Blücher Ltda.

Publisher Edgard Blücher
Editor Eduardo Blücher
Coordenação editorial Rafael Fulanetti
Coordenação de produção Ana Cristina Garcia
Preparação de texto Lígia Alves
Diagramação Monica Landi
Revisão de texto Equipe de produção
Capa Juliana Midori Horie
Imagem da capa Helia Scheppa

Blucher

Rua Pedroso Alvarenga, 1245, 4º andar
04531-934 – São Paulo – SP – Brasil
Tel.: 55 11 3078-5366
contato@blucher.com.br
www.blucher.com.br

Segundo o Novo Acordo Ortográfico, conforme 6. ed. do *Vocabulário Ortográfico da Língua Portuguesa*, Academia Brasileira de Letras, julho de 2021.

Dados Internacionais de Catalogação na Publicação (CIP)
Heytor Diniz Teixeira, CRB-8/10570

Laurentino, Silvia
Memória, sujeito e cultura / Silvia Laurentino. – São Paulo : Blucher, 2025.

392 p. : il.
Bibliografia
ISBN 978-85-212-2631-4 (Impresso)
ISBN 978-85-212-2627-7 (Eletrônico - Epub)
ISBN 978-85-212-2628-4 (Eletrônico - PDF)

1. Psicanálise. 2. Memória. I. Título.

CDU 159.964.2

Índice para o catálogo sistemático:
1. Psicanálise

Aos meus amigos Suzana, Gauss, Aline e
Lu, que participaram desta jornada.
Para Rá e Ju, meus amores.

"Se existir alguma delicadeza possível nessas memórias dolorosas, vou procurar por elas."

Susan Sontag

Agradecimentos

Agradeço aos colegas da Blucher, especialmente Ana Cristina Garcia, pelo extraordinário trabalho de revisão e edição do livro.

A Paulina Schmidtbauer e Lúcia Brito, que tanto me ensinaram sobre psicanálise e neurologia.

À minha família.

Conteúdo

Prefácio

*Gauss Lins**

Eis aqui um livro magnífico. Que o leitor se apreste para navegar pelo universo múltiplo, complexo e multifacetado de uma escrita deslumbrante sobre a trajetória extraordinária das memórias. Sendo a subjetividade humana uma construção em ruínas, este livro, ao realizar uma viagem pelo itinerário histórico das memórias, revela que somos subordinados ao legado de reminiscências milenares e não nos esquivamos ao juízo crítico que provém dos registros mnêmicos mais arcaicos.

O cálamo ensolarado e polissêmico desta obra conjuga o primor neurocientífico dos aspectos biológicos e desenvolvimentais da memoração com as diversas outras áreas do conhecimento humano, como filosofia, história, psicanálise e arte. Silvia Laurentino manifesta que a memória, essa defensora permanente dos acontecimentos humanos, não é apenas um reflexo das perspectivas morfológicas do sistema nervoso, mas que ela se destaca como um poderoso dispositivo social ao se relacionar de maneira profunda com os afetos, as crenças e a cultura.

---

* Psiquiatra e musicista.

Urge ressaltar que, mesmo diante de todo aparato tecnológico da contemporaneidade, nós não somos inaugurais. A ação modeladora do atravessar dos tempos sobre as memórias anuncia nossas idiossincrasias vindouras.

A autora, ao nos conduzir a uma viagem no tempo, revela-nos que os gregos já sabiam que o treinamento da arte mnemônica era crucial para a defesa do bem-estar da coletividade. No entanto, ironicamente, uma das características mais notáveis da era pós-moderna é a junção entre o homem e a máquina. Essa acoplagem tecno-humana tem servido para minimizar nossa vulnerabilidade coletiva? Qual será o real valor social, cultural e coletivo das nossas memórias em um mundo de metaverso e inteligência artificial em que a arte mnemônica já não se apresenta como ferramenta fundamental?

Memória, sujeito e cultura contém em sua urdidura narrativa um convite ao leitor para realizar um mergulho profundo na gênese e na compreensão do valor e da força política remodeladora contidas nas memórias. Uma obra que carrega em seu bojo o conhecimento neurocientífico para promover uma reflexão crítica sobre o vigor progressivo dessas memórias em defesa da aliança das nossas precariedades e da sustentação de pactos humanizados tão importantes para a manutenção do contrato civilizatório.

Apresentação

Cada indivíduo carrega um pequeno traço da história de tantos outros. Somos o manto das memórias urdidas dos nossos antepassados, dos relatos das experiências vividas, das viagens feitas e sonhadas, das dores físicas e psíquicas – e de tudo aquilo que, de geração em geração, foi escrito para compor o grande livro de memórias das nossas vidas.

Assim, a história que pode ser contada diz respeito à memória de uma ancestralidade que percorreu milhões de anos. História esta que evoluiu e aprofundou os conteúdos de informações, aprendizados, experiências sociais e pessoais. De fato, somos filhos do passado, e esse passado nos joga para um futuro imponderável e imprevisível.

Do elo perdido às máquinas que armazenam todas as informações, o ser humano permanece preso às suas memórias. Por isso, as memórias estão em um constante fluxo e contrafluxo, misturam-se com eventos passados – apagando, acrescentando, modificando e ressignificando tudo aquilo que um dia foi vivido e aprendido. Uma grande rede composta por inúmeros sistemas que se interligam para criar uma percepção subjetiva e consciente das memórias emocionais vividas; das histórias passadas de geração em geração, a partir do que foi contado por meio da linguagem social e cultural; e daquilo que ficou fixado nos traços mnêmicos inconscientes. Além disso, uma rede de memórias pessoais, de eventos prazerosos ou não prazerosos, transformou o homem em uma grande fábrica de reminiscências. Para além, tornou esse indivíduo capaz de usar essas memórias e lembranças para projetar-se ao futuro – e, assim, criar possibilidades de ser e existir no seu devir humano.

Um debate que até hoje provoca questionamentos é saber qual seria a memória mais elementar relacionada à origem de um organismo vivo. Para o Professor Schrödinger, Nobel de Física (1933) e um dos maiores estudiosos da mecânica quântica, entender o que constitui o ser vivo é pensar que, diferentemente de outras matérias inorgânicas, a matéria orgânica é constituída por um elemento primordial e fundamental da célula viva – a fibra cromossômica. Essa fibra misteriosamente formada por cristais aperiódicos é, para Schrödinger, diferente dos cristais periódicos vistos nas matérias inorgânicas (comparados a papéis de parede, que mantêm o padrão e se repetem de maneira regular e padronizada infinitamente). Os cristais aperiódicos da fibra cromossômica podem ser comparados a uma tapeçaria de Rafael, tamanha a sua delicadeza e elaboração. Esses cristais funcionam como se fossem um sofisticado bordado, com uma complexidade que foge à compreensão humana e no qual não é possível identificar repetições – ou padrões regulares simples".[1]

Dessarte, compreender a natureza humana é buscar suas histórias e memórias no mais sutil e imperceptível nível de energia molecular, até a sua complexa evolução sociocultural. Por essa razão, alcançar um entendimento mais profundo sobre a evolução dos fenômenos da natureza e do homem a partir da visão mais sutil da matéria e sua energia é um convite para compreender fenômenos e epifenômenos que existem em múltiplas dimensões.

Dessa forma, a memória humana, para além de um mero armazenamento de dados e aprendizados, é um processo de evolução que ultrapassa a estrutura cerebral de cada indivíduo. As memórias são tanto eventos e experiências que promovem a formação da identidade pessoal de cada sujeito quanto transferências de informações passadas dos antepassados, suas culturas e civilizações.

A memória está em constante processo de transformação e ressignificação. Supõe-se que possa ser armazenada em diferentes áreas corticais e em diferentes dimensões da consciência, até o inconsciente. Lembrar, por incrível que pareça, pode ser um processo de esquecimento de outras memórias. Estamos ao mesmo tempo lembrando para esquecer e esquecendo para lembrar.

De fato, a história da humanidade representa um pequeno fio do grande tecido que cobre a origem do Universo. Cercado de mistérios e interrogações, a vida se resume aos extremos – sobrevivência e morte, ordem e desordem. E o que existe entre esses dois extremos é fruto daquilo que nos preserva e humaniza.

Na maioria das vezes, é difícil compreender e alcançar tudo aquilo que constitui o sujeito e sua subjetividade: do que somos feitos; como somos feitos; para que somos feitos; e como agimos para que a natureza mantenha seu ciclo de preservação e a humanidade, sua autopreservação.

Sem dúvida, a humanidade tem uma longa história evolutiva, com o desenvolvimento de diferentes culturas e civilizações. Uma história carregada de memórias filogenéticas, ontogenéticas e socioculturais.

Dos ancestrais herdaram-se as memórias inscritas nos genes e voltadas para a formação básica da arquitetura dos neurocircuitos motores e sensoriais primários – que passaram de geração em geração ao longo de dezenas de milhares de anos.

Do ponto de vista sociocultural, observou-se ao longo da evolução, desde o aparecimento do *Homo sapiens*, a construção de diferentes civilizações, culturas, etnias, crenças, expressões artísticas, grandes revoluções agrícolas, industriais e tecnológicas, que marcaram a memória humana em seu contexto histórico.

Além disso, individualmente, o homem é uma fábrica de reminiscências e aprendizados. Outrossim, é possível olhar para a memória como uma grande rede com diferentes sistemas e circuitos neurais que se interligam para formar uma percepção subjetiva dentro de um espaço-tempo em que existem um passado, um presente e um futuro imaginado, porém nem sempre real.

Dessa forma, deve-se perguntar o que é verdadeiro ou falso dentro da memória, assim como questionar o que se conserva, ou o que se perde nas lembranças, ou o que é distorcido, reinventado e relembrado dos traços mnêmicos, traumáticos ou não. Desse modo, entender a razão de a memória interferir nas atitudes presentes e futuras é algo de extrema complexidade e beleza.

Por fim, prosseguir no desafio de entender a espécie humana, seu comportamento tão imprevisível, seu paradoxo existencial, é ousar pensar o homem em todas as suas dimensões biopsicossociais. E, sem dúvida, falar da memória em um contexto neurocientífico, antropológico, sociocultural e psíquico é olhar para as duas faces do ser humano: aquele homem psiquicamente atemporal, que olha para o homem biológico e socialmente temporal.

Ao olhar para o homem atemporal, podemos nos deparar com a mais nobre e inalcançável memória, aquela que cada indivíduo carrega consigo por meio da sua arte, da sua poesia e dos seus sonhos. Nesse sentido, o que tem valor é, como bem disse Bachelard, "a intuição do instante". Aquele momento que surge de algum lugar consciente ou inconsciente, e que parece ser a fonte da sua inspiração, do seu poder criativo e da sua vida noturna mergulhada em sonhos e poemas. O que é armazenado nessa memória são suas percepções poéticas, por que não dizer o tempo que se perde observando as pequenas sutilezas da vida. São essas lembranças que ficam guardadas sem a pretensão de ser um aprendizado, ou ter cronologia. São memórias que cada sujeito carrega, mas que não pode ensinar, repassar ou vivenciar senão por meio dos sonhos, da poesia e da música. Tudo o que o homem construiu ao longo das suas vivências desde que, há 200 mil anos, cantarolou a primeira melodia para ninar seus filhos ao redor de uma fogueira, ou pintou dentro das rochas frias seus medos, suas crenças, seus sonhos e sua vida social. São essas memórias transgeracionais que fazem parte da imaginação de cada indivíduo e que terminam por alimentar o imaginário coletivo. Assim, por meio das experiências dos instantes atemporais e da vivência de um tempo subjetivo não cronológico é que o tempo e o espaço são esquecidos – para dar lugar ao simbólico, ao poético e ao mítico.

Por outro lado, as memórias traumáticas e os desejos inconscientes parecem existir em outra dimensão do psiquismo humano. O inconsciente dinâmico descrito por Freud carrega consigo um passado que não respeita os limites cronológicos do tempo, e, mesmo tendo sua origem na mais remota memória infantil, ou por que não dizer na própria vida fetal, parece influenciar os atos e comportamentos por toda uma vida.

Por essa razão, é imperioso considerar que, para além da memória que envolve os aspectos de preservação da espécie humana, estudar a memória cultural, a memória individual e a memória inconsciente é fundamental para compreender como os circuitos neurais foram se moldando e criaram suas redes e sistemas inter-relacionados. São esses sistemas engendrados em cada indivíduo que armazenam suas memórias pessoais, ao mesmo tempo que partilham suas memórias culturais, misturando o singular e o plural, interligando a vida interior com a vida social. Ao partilhar o mundo de dentro e de fora, desenha-se um grande tapete de memórias, que cada indivíduo costura – e que é costurado por fios do passado que, no presente, bordam um futuro imaginado.

Silvia Laurentino

Referência

1. Schrödinger, E. (1992). *O que é a vida? O aspecto físico da célula viva – seguido de mente e matéria e fragmentos autobiográficos.* Fundação Editora da Unesp (FEU). Tradução de *What is Life? With Mind and Matter and Autobiographical Sketches*, 1992, Cambridge University Press.

1. Onde nascem as memórias?

O trabalho da memória colapsa o tempo.

Walter Benjamin

Introdução

Para falar sobre a evolução dos sistemas da memória é preciso buscar respostas para algumas questões desafiadoras: quando e como os circuitos da memória surgiram e se aperfeiçoaram, até atingir no *Homo sapiens* um refinamento de tamanha complexidade? Estudos mostram que pressões evolutivas nos ancestrais pré-humanos, especialmente nos antropoides, fizeram com que um sistema de memória representacional evoluísse e se aperfeiçoasse até adquirir maior sofisticação.[1]

Pode-se afirmar que a memória deve ser entendida para além de um simples mecanismo de armazenamento e recuperação de informações. A memória deve ser estudada em seu contexto evolutivo, social, psíquico e biológico. Somente compreendendo toda a história evolutiva da memória, desde os primeiros ancestrais pré-humanos, é que se torna possível questionar a razão primordial pela qual, diferentemente de outros ancestrais da linhagem *Homo*, a espécie *sapiens* tenha evoluído para criar um sistema de linguagem e memória tão diferenciado e tão elaborado.

Compreender a estrutura genética, molecular, fisiológica, anatômica e psíquica da nossa espécie é algo de uma beleza indescritível. Somos feitos de reações e redes. Reações bioquímicas realizadas por biomoléculas, cada uma tendo uma memória que apresenta uma função específica dentro das células que irão compor o organismo. Redes que se iniciam na base da evolução humana, sejam elas genéticas, moleculares, neurais, psíquicas ou sociais.

Células morrem e novas renascem a cada instante, os comportamentos se modificam com o passar dos anos, as percepções subjetivas estão em constante ressignificação. Pode-se pensar que a única função permanente na existência humana é a sua contínua e irreversível transformação, e não importa se essas transformações seguem evoluções, retrocessos ou bifurcações. Além disso, quando se fala do ser humano, fala-se de sistemas de alta complexidade. Ou seja, enquanto seres vivos possuidores de sistemas abertos, existe uma contínua troca de energia e matéria com o meio ambiente no qual estão inseridos. Ou seja, a espécie humana não se encontra fechada em si, não vive à parte da natureza; ao contrário: encontra-se entranhada neste mundo físico-químico que a complementa. Por essa razão, é preciso entender que a evolução do homem e a sua presença neste mundo afetam e são afetadas pelo ambiente, pelas relações existentes e por tudo aquilo que faz parte do existir desde os primórdios.

Se a vida humana é como a flecha no tempo que se move diante da irreversibilidade dos acontecimentos e dos constantes fluxos de mudanças em sua biologia, por outro lado a mente humana nos lança um desafio: é preciso olhar para sua dimensão considerando que nenhuma ciência conseguiu afirmar sua origem, seus limites e a maneira como afeta e influencia a estrutura física cerebral.

A complexidade humana impõe a construção de paradigmas sobre a irreversibilidade dos acontecimentos e dos eventos da natureza, mas provoca questões sobre a capacidade da mente de ser atemporal, mesmo que suas memórias autobiográficas necessitem de um espaço-tempo para existir. Nesse sentido, a memória humana desempenha um papel fundamental para ampliar a visão sobre a complexidade da mente. Assim, é possível afirmar que fatos e experiências vividas, em certos casos, perdem sua temporalidade mesmo sem perder sua autoconsciência, revelando que existe um ser atemporal dentro de um ser cronológico.

Dessa forma, ao falar da espécie humana, é obrigatória a busca pela transdisciplinaridade. Entender o homem como um organismo vivo significa aceitar que, ao ser inserido em um espaço-tempo que se expande dentro de um universo dinâmico e instável, não seria possível resumir sua existência às meras reações físico-químicas quantificáveis. O ser humano é tudo aquilo que existe em sua macro e microbiofísica, nos fenômenos e epifenômenos que revelam os mistérios da mente humana – e nas suas memórias construídas por meio da relação com outros e com o mundo que o cerca.

O que é a memória?

Existem muitas formas de responder sobre o que é a memória. Pode-se pensar pelo lado da biologia molecular, da fisiologia, da psicologia, da filosofia e da antropologia, entre outros saberes.[2-43] Porém, mesmo com diferentes campos de estudo, observamos que somente por meio de um diálogo amplo e transdisciplinar é possível compreender um pouco mais esse misterioso sistema que nos joga no passado para ressignificarmos o nosso presente e planejarmos o nosso futuro.

Para o campo da neurologia e da psicologia, quatro tipos de memórias são descritos e estudados:

1. Aquelas relacionadas ao período de tempo em que a informação permanece armazenada.
2. A consciência que o indivíduo tem da informação armazenada.
3. O tipo de estímulo que desencadeia a recuperação da memória.
4. O tipo de informação que foi armazenado.[44-48]

Para falar sobre os tipos de memórias classificados quanto ao período de tempo de armazenamento, os pesquisadores utilizam o termo de curto e longo prazo.[44,45] Dessa forma, o que se chama memória de curto prazo representa aqueles dados ou estímulos que ficarão fixados por alguns minutos, segundos ou até milissegundos. Essa informação de curto prazo posteriormente seguirá por duas vias: ou será deletada e rapidamente esquecida, ou então será transferida para a memória de longo prazo. Por outro lado, a memória de longo prazo armazena informações por um tempo não determinado, por toda uma vida.[31,32,49-65]

Mas vale ressaltar que, além do período de armazenamento, a memória pode ser classificada quanto ao grau de consciência que um indivíduo tem sobre a informação armazenada.[44] Ou seja, a memória será classificada como: inconsciente, disposicional, parcialmente consciente ou consciente.[44]

As memórias inconscientes, do ponto de vista psicológico ou neurocientífico, referem-se àquelas informações que não têm qualquer consciência direta. Já a chamada memória disposicional é composta de informações que não estão na consciência, mas que, ao ocorrer uma pista de evocação, serão imediatamente recuperadas. As memórias parcialmente conscientes são aquelas que "estão na ponta da língua". E, por fim, as memórias conscientes são evocadas rapidamente sem estímulos.

Quanto aos estímulos que incitam ou desencadeiam a evocação da memória por uma orientação ou solicitação externa, as memórias podem ser classificadas como: memórias vinculadas às demandas explícitas para facilitar a recuperação da informação; como recuperações livres (*free recall*), quando a informação surge sem qualquer demanda ou estímulo externo. Esses gatilhos espontâneos ou recordações livres surgem inesperadamente como ideias, pensamentos e lembranças espontâneos, sem qualquer relação com os fatos ou estímulos externamente guiados.[44,45]

Quanto ao conteúdo da memória, este pode ser classificado como: memórias declarativas, quando as informações são expressas pelo indivíduo; e as chamadas memórias não declarativas, que podem ser demonstradas, mas não podem ser expressas. As memórias não declarativas, por sua vez, estão relacionadas com o aprendizado associativo (estímulos não condicionados ficam ligados a um estímulo condicionado por meio de um estímulo ou aprendizado repetido, de modo que um estímulo condicionado desencadeia uma resposta não condicionada). Um exemplo de aprendizado associativo pode ser visto quando se ensina um animal a associar uma recompensa com um estímulo prévio.[44,45] Além disso, a memória não declarativa está vinculada ao aprendizado não associativo, no qual esse tipo de memória participa de processos elementares relacionados à plasticidade comportamental, como a habituação e a sensibilização.[44]

A memória declarativa de aprendizados e conhecimentos expressos pelo indivíduo sofreu posteriormente uma subdivisão feita por Tulving,[40,66] que, para tornar mais fácil a sua compreensão acrescentou dois critérios:

1. O que ele denominou memória semântica, ou seja, o conteúdo composto por conhecimentos e aprendizados sobre conceitos, regras, linguagem e conhecimentos gerais, cujo armazenamento não determinaria um espaço ou tempo preciso.

2. A memória episódica, que estaria voltada para eventos em que seria possível rememorar fatos e acontecimentos pessoais com precisão temporal e espacial.

Ou seja, a memória semântica poderia ser usada sem referência aos primeiros eventos que a formaram, enquanto a memória episódica exigiria o que se chama de viagem mental no tempo, e seria aquela experiência do lembrar que evocaria um reviver dos acontecimentos.[40,66-70] Para o Professor Bernecker (2010), enquanto a memória semântica envolve a recuperação de uma informação adquirida durante dada circunstância de aprendizado, a memória episódica envolve, além disso, o relembrar sobre o próprio episódio de aprendizado, diga-se, o contexto no qual a informação foi adquirida.[44]

Mas vale ressaltar que falar da memória humana também exige um olhar mais amplo e transdisciplinar, ou seja, é necessário entender a memória no seu contexto filosófico, psicanalítico, antropológico e sociocultural.

Glenberg[71] propôs um modelo para a memória ao considerar, por exemplo, que "a maioria das abordagens neurocientíficas tratava o sistema da memória como se o seu único papel fosse a memorização". Glenberg (1997) sugeriu que as estruturas cognitivas estariam incorporadas, ou seja, era como se elas se originassem das interações corporais com o mundo a sua volta, e que isso poderia oferecer um novo olhar sobre o estudo da memória humana. Para Glenberg, a memória teria evoluído a serviço da percepção e da ação em um ambiente tridimensional, e foi incorporada para facilitar a interação com esse ambiente.

Além disso, ao considerar o modelo mental da compreensão da linguagem, Glenberg[71] relacionou a teoria do modelo mental com a linguagem para reforçar a noção da memória incorporada, sugerindo que a linguagem atuaria como substituto para uma interação mais direta com o ambiente, e que a compreensão da linguagem também deveria resultar em representações incorporadas que seriam modelos mentais.

A teoria de Glenberg sofreu vários questionamentos e críticas, e uma delas foi a de não incorporar o mundo social. Diante do fato de não ter sido colocada a questão de que, no meio social, as palavras são e devem ser partilhadas, Nelson[71] fez a seguinte análise:

> *O problema da fundamentação dos símbolos não pode ser resolvido inteiramente através da cognição incorporada, mas requer o reconhecimento de que as palavras são símbolos socialmente partilhados que de alguma forma superam as dificuldades colocadas pela existência de mundos experienciais individuais.*

Estudar o que é a memória humana com toda a sua complexidade significa olhar sua evolução, sua função cognitiva, comportamental, psíquica e social. Além disso, é imperioso entender como a memória é vista e debatida na filosofia, na sociologia, na antropologia, na psicanálise etc., porque a memória não se resume a um único saber. A memória é a representação do humano e da sua vasta capacidade de ser e existir.

Muitos foram os filósofos que debateram sobre a memória. Platão, Aristóteles, Descartes, Merleau-Ponty; Bergson e Paul Ricouer escreveram grandes estudos e pensamentos sobre o tema. Mais recentemente, grandes historiadores e filósofos têm-se dedicado ao estudo da memória. Patrick Hutton, Matt Matsuda, Mary Carruthers, John Sutton, Bernerkcer, entre outros, trabalham e estudam a memória humana para entender seu contexto histórico, cultural, filosófico e científico. Muitos buscam uma interlocução; outros enfatizam as questões mais específicas de cada linha de pesquisa.

Não é função deste livro descrever as ideias e teorias de cada pensador ou filósofo, no entanto será necessário recorrer a esses autores para um diálogo transdisciplinar, no intuito de buscar uma compreensão de certos conceitos sobre a memória quanto ao seu contexto biopsicossocial. Um exemplo sobre a importância de recorrer a outros saberes pode ser visto por meio de uma simples pergunta que envolve filosofia, história, cognição: a memória é apenas um relembrar ou um reconstruir? Na teoria do Professor Bernecker, por exemplo, os filósofos que se dedicam ao estudo do tema analisam os tipos de memória a partir do seu conteúdo. Dessa forma, para a filosofia, uma divisão tripartida subdivide a memória em experiencial (ou pessoal), proposicional (ou factual) e prática (ou processual).[44,72] Bernecker descreve duas características para a memória experiencial:

1. Somente se pode lembrar "experimentalmente" aquilo que é experimentado pessoalmente. Ou seja, esse tipo de memória ficaria restrito às situações em que a disposição de recordar algum fato somente existe com o contexto de que o indivíduo experimentou por si mesmo o referido fato.

2. A memória experiencial reproduz o conteúdo evocado na perspectiva da primeira pessoa, e envolveria a "qualia", ou seja, a qualide da experiência e imagens. Destarte, a memória experiencial, para a filosofia, diz respeito a relembrar partes da experiência original na imaginação. Esse processo implica reviver o evento original e descrevê-lo como ocorreu.[73] A memória experiencial é, dessa forma, um modo "icônico" em que o sujeito pode – assim como na imaginação e na fantasia – conceber um tipo de exposição teatral para si mesmo.[73]

Quanto à memória proposicional ou factual, assim como a experiencial, também busca representar o mundo. Desse modo, seus conteúdos têm o atributo de estarem articulados com a memória experiencial. E, por fim, a memória prática significa rememorar um aprendizado de como fazer algo relacionado às habilidades anteriormente adquiridas e retidas. Segundo o Professor Bernecker, "Para atribuir a alguém a sensação de 'lembrar como nadar', ele não precisa ser capaz de visualizar ou descrever a atividade de nadar – tudo o que ele precisa fazer é realmente nadar".[73] Mas o lembrar não necessita do ato em si. Em outras palavras, alguém pode lembrar como andar de bicicleta mesmo sentado à beira do rio.[73]

Esse pequeno comentário sobre a memória não tem a pretensão de aprofundar questionamentos e análises filosóficos, servindo apenas para demonstrar a complexidade do estudo da memória humana. Sabe-se que existem questionamentos e controvérsias sobre a teoria de Bernecker, porém seus estudos permitem um diálogo mais próximo com as neurociências e possibilitam compreender de forma mais profunda o conceito de memória.

Assim como na filosofia, a psicanálise oferece uma visão profunda e complexa sobre a memória. Freud, ao falar sobre os traços mnêmicos recalcados e os sonhos, expandiu os estudos e a visão dos processos mnemônicos para nos mostrar que as memórias inconscientes – aquelas que ficam reprimidas em um inconsciente dinâmico – podem ser entendidas como traços de memórias traumáticas e desejos reprimidos que perpassam toda a vida do sujeito.[74-76]

Para a antropologia, a evolução da memória humana teve um caráter evolutivo e adaptativo que serviu como um processo comportamental voltado para a autopreservação e a preservação da espécie diante de tantas volatilidades de fontes e desafios perante as contingências ambientais.[77] Essa evolução serviu para que os aprendizados e as memórias emocionais fossem a grande ferramenta que ensinou o *Homo sapiens* a aprender com os erros e acertos e evoluir do ponto de vista social, cultural e tecnológico.[78-92]

Por essa razão, e diante de tantas teorias, pesquisas e discussões sobre a memória humana, e pela urgência em entender o que é a memória na contemporaneidade, é que se torna imperioso aprofundar os estudos e debates sobre esse tema tão desafiador.

Uma breve história da evolução dos sistemas da memória

Pode-se considerar que o desenvolvimento como um processo moldado provavelmente pela seleção natural, no qual o fenótipo é especificado pelo genótipo em evolução, apresenta características morfológicas ou capacidades funcionais que podem evoluir tardiamente e reter aspectos das memórias.

No brilhante livro *The evolution of Memory Systems: Ancestors, Anatomy and Adaptions*, Murray, Wise e Graham[77] discutem sobre o que o processo evolutivo produziu em termos dos sistemas da memória. Os autores descrevem de forma muito elegante a construção de sete sistemas, alguns relacionados às pressões seletivas que contribuíram para sua emergência, outros aos tipos de representações especializadas e outros ainda às funções que eles desempenham, tais como:

1. Memória de reforço, referente às associações entre estímulo, resposta e resultado ajustado pelo *feedback* de reforço.
2. Memória de navegação, dependente do mapa cognitivo, que guiaria o forrageamento e outros percursos.
3. Memória com viés competitivo, relacionada às representações especializadas que geram um viés de cima para baixo (*top-down*) sobre outras representações, na medida em que competem para ter o controle do comportamento.
4. Uma memória de forrageamento manual, que guiaria escolhas entre itens mais valiosos e preferidos, ajudando a obtê-los por meio de movimentos guiados visualmente.
5. Memória de recursos, que incluiria duas classes de dimensões sensoriais: atributos e métricas. Os atributos estariam relacionados à parte visual, como cores, texturas visuais, transluscência, forma, brilho, e os atributos auditivos, a propriedades similares.

As métricas, por sua vez, incluiriam velocidade, lugares, números, ordem, distâncias, duração e probabilidades.

6. Memória de metas referentes a objetos e lugares, que servem para alvos de uma ação, em conjunto com contextos, ações e resultados de comportamentos que se tornam associados com essas metas.
7. Uma memória sociossubjetiva, que compreenderia as representações de si mesmo e do outro implícito no eu social e a autorreflexão.[77]

Com os estudos de Murray, Wise e Graham,[77] é possível compreender e ampliar a visão sobre o fato de que o processo evolutivo da memória precedeu em milhões de anos o aparecimento do *Homo sapiens*, e que esse processo evoluiu em diferentes momentos, envolveu diferentes ancestrais e foi sendo incorporado aos sistemas preexistentes ao longo da evolução.[77]

No entanto, para entender e pensar com maior profundidade sobre como Murray, Wise e Graham[77] chegaram a esses sete sistemas de memória relacionados ao processo evolutivo na espécie humana, é necessário retornar aos primórdios, especialmente a partir dos antropoides, e entender toda a evolução dos circuitos neurais ligados inicialmente ao cérebro social e à memória.

A memória ancestral

A memória humana é mais antiga do que se possa imaginar. Ela é um processo evolutivo que se aperfeiçoou ao longo dos milhões de anos desde o aparecimento dos primeiros vertebrados. É comum, nos estudos neurocientíficos e comportamentais, apenas dividir a memória nos termos da sua temporalidade e conteúdo, classificando-a como de longo ou de curto prazo; ou explícita ou implícita. Porém, entender como ocorreu a evolução dos sistemas e suas redes exige um grande mergulho filogenético.

Durante a evolução dos primatas, certos aspectos das representações sensoriais ganharam especial destaque, em parte devido ao advento da visão foveal nos haplorrinos. À medida que os primatas antropoides – os antepassados dos macacos, dos símios e dos humanos – passaram de pequenos animais que se alimentavam localmente para grandes animais que ampliaram, com base em cenas visuais, seus locais de forrageamento para extensas áreas com longas distâncias, um grande salto na evolução da memória começou a se desenvolver.

Há milhões de anos, ainda na era cambriana, os primeiros vertebrados adaptaram-se a uma vida de forrageamento móvel e predatória guiada por receptores de distância concentrados nas suas cabeças.[93] Esses vertebrados passaram a desenvolver um sistema muito rudimentar de armazenamento de dados. Pesquisas levantam a hipótese de que, nesses animais, inovações neurais produziram um telencéfalo que continha um homólogo do hipocampo.[93] Este funcionava para armazenar representações altamente especializadas que criavam mapas de navegação alimentados por estímulos originados dos sentidos da olfação, da visão e pela temporalidade e ordem de como os alimentos poderiam ser encontrados ao longo do forrageamento.[93] Vários experimentos com lagartos, roedores, tartarugas, macacos e humanos revelaram dados que comprovaram as vantagens adaptativas surgidas – relacionadas ao homólogo do hipocampo.[93,94]

A princípio esse mapa representacional se resumia a um forrageamento no entorno do hábitat, sem que os animais ousassem alcançar longas distâncias. Assim, ao longo de uma transição evolutiva ocorrida há mais de 500 milhões de anos, a função dos primeiros vertebrados se resumia a um comportamento predatório e móvel guiado por sistemas sensoriais altamente refinados, como a visão monocromática e a olfação, buscando por alimento e refúgio.[93,95]

Essa evolução avançou progressivamente para além da tarefa de navegação. Assim, o homólogo do hipocampo possibilitou que a memória adquirisse uma função de aprendizado para execução de tarefas em ordem serial, sequências de eventos e contextos comportamentais.[93] A evolução dos primatas elevou a complexidade das representações devido, sobretudo, ao aparecimento da visão foveal e na medida em que os antropoides evoluíram de pequenos animais com forrageamento local para animais mais robustos com forrageamento de extensas áreas. Desenvolveram, dessa forma, uma ferramenta fundamental para sua autopreservação, ou seja, uma visão tricomática com base nas cenas visuais que iam memorizando.[96-98]

Dessa forma, evidências de estudos experimentais identificaram que o hipocampo dos macacos se tornou especializado em memórias voltadas para as cenas, mais do que para o processamento espacial, assim como a memória funcionava incluindo a percepção da cena de fundo.[93] Além disso, estudos em cobaias mostraram a presença de células hipocampais, denominadas por O'Keefe e Dostrovsky[99] "*place cells*" (células de lugar), que disparavam quando os animais adentravam uma área espacial de determinado ambiente.[99]

Ademais, os estudos em humanos com lesões hipocampais deram suporte à função de que as representações especializadas estavam relacionadas às cenas e sequências de eventos.[93,96] De acordo com a proposta de Murray *et al.*,[93] a proeminência das representações das cenas no hipocampo humano seria, então, um traço herdado dos ancestrais antropoides que surgiram no Oligoceno, além de afirmar que o primeiro e mais arcaico funcionamento da memória ancestral serviu como base para capacidades cognitivas adicionais, como a memória episódica, a memória autobiográfica, a tomada de perspectiva e a simulação episódica construtiva.[93]

Os antropoides e o primeiro grande salto na evolução da memória

Os antropoides são primatas da subordem dos haplorrinos (macacos do Novo e do Velho Mundo), que divergiram dos primatas estrepsirrinos (lêmures) há milhões de anos.[77,80] Além disso, nada se sabe sobre o período em que ocorreu a divergência entre os macacos do Novo Mundo (platirrinos) e os antropoides do Velho Mundo (catarrinos), entre os quais se incluem os humanos (ver Figura 1.1).[100] Porém, o mais intrigante para a antropologia é tentar entender como, quando e por quê a família Hominini divergiu da linhagem Panini, fato este que permanece como uma interrogação até os dias atuais.

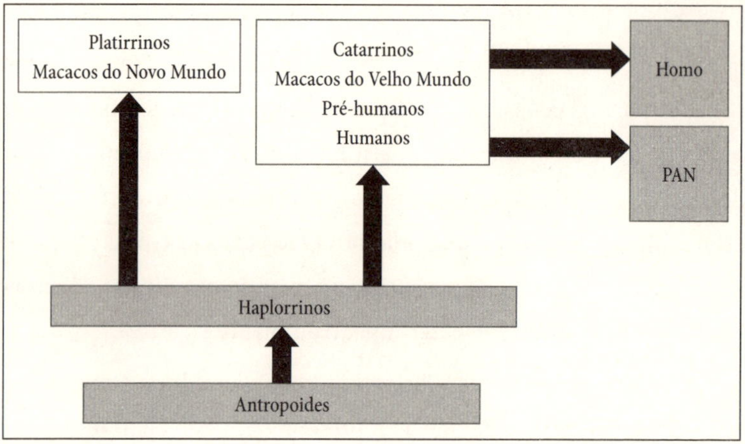

Figura 1.1 Esquema representando a divergência e a evolução das funções visuais e de forrageamento diurno nos primatas antropoides.

Fonte: elaborada pela autora.

Outrossim, segundo Hoffman,[101] existe a hipótese de que, do ponto de vista evolucionário, a escassez de alimentos que ocorreu no leste da África há cerca de 6 milhões de anos poderia ser a causa da mudança nos hábitos alimentares nos pré-humanos, passando de uma dieta restrita a frutas e folhas para uma dieta onívora. Supõe-se que essa mudança influenciou a introdução de uma dieta mais rica em proteína animal, que estaria relacionada com o aumento das catecolaminas, que, por meio de várias reações químicas, se converteriam em tirosina, em L-dopa e, posteriormente, em dopamina.

Coincidindo com a teoria de Hoffman,[101] chamam a atenção os estudos de Raghanti *et al.* (2018).[102] Esses autores descreveram elegantemente a teoria de que nos Hominini, com o surgimento da espécie *sapiens*, a região do corpo estriado, além da função primária de modular o comportamento motor, também desempenhava um papel primordial no comportamento social, e essa função estaria ligada à seleção natural. O estudo revelou que no corpo estriado havia maior concentração de dopamina, serotonina e neuropeptídeo Y, juntamente com uma expressiva redução nos níveis de acetilcolina, achados estes que correspondiam a uma espécie de assinatura do *Homo sapiens*.[102] Essa arquitetura neuroquímica favorecia um comportamento voltado para os estímulos externos, amplificando a sensibilidade para as pistas sociais que promoviam um comportamento mais empático, social e altruístico. Raghanti *et al.* consideram que esse perfil melhorou e aperfeiçoou o comportamento social da espécie, promovendo maior cooperação e aptidão individual.[102] Assim, pode-se supor que essa evolução influenciou a memória sociocultural baseada na tradição e na cooperação.[102]

Apesar de a teoria necessitar de estudos mais aprofundados, um fato que merece ser pontuado é que a dopamina participa diretamente do circuito do aprendizado motor e da recompensa. Esses circuitos funcionaram na modulação da memória motora e de hábitos ao longo da evolução, proporcionando o surgimento de comportamentos mais adaptativos e sociais.[103,104]

Pode-se dizer que a partir dessa memória nossos ancestrais puderam aprender e memorizar atos motores, escolhas e experiências sociais que lhes ensinaram a ganhar recompensas e evitar punições.[105] Ao longo da evolução, a memória de aprendizado armazenou informações úteis para a sobrevivência da espécie, a autopreservação e a convivência social. Assim, pode-se supor que aprender e repassar o aprendizado de que as buscas por alimentos, parceiros e ascensão social dentro de um grupo seriam recompensas prazerosas, bem como que não conseguir alimentos e ser rejeitado dentro do próprio grupo seriam punições dolorosas, proporcionou o amadurecimento do circuito neural do cérebro social, no qual as principais estruturas reguladoras seriam o córtex pré-frontal medial e o estriado ventral, com seu circuito dopaminérgico.

Estudos têm mostrado que o corpo estriado e suas aferências dopaminérgicas participam na regulação do aprendizado, que seleciona opções recompensadoras.[103,104,106-109] Os neurônios dopaminérgicos fornecem sinais de erro de previsão de recompensa para o corpo estriado e aumentam suas taxas de disparos quando recompensas são dadas inesperadamente, ou diminuem suas taxas de disparos quando recompensas são omitidas inesperadamente.[103,106,108] Ao aprenderem sobre os valores e atributos relacionados a punições e recompensas, os nossos ancestrais passaram a adquirir a habilidade de prever eventos futuros, permitindo detectar, modelar e manipular estruturas causais das suas interações com o ambiente.[108,110] Logo, esse tipo de memória de aprendizado é impulsionado por mudanças nas expectativas sobre eventos futuros que possam levar a recompensas e punições. Reforçando essa teoria, foi possível identificar, por meio de estudos fisiológicos, que nos primatas os neurônios dopaminérgicos estão, de fato, atuando para sinalizar mudanças ou previsões de erros de eventos futuros salientes e recompensadores.[107,108]

Mas como funcionaria nos antropoides um sistema de memória de aprendizado do tipo recompensa e punição? Ora, a princípio é importante ressaltar que a tomada de decisão e as representações ligadas ao despertar emocional ou excitação corporal estão intimamente interligadas.[111,112] Estudos comportamentais já comprovaram que o excesso de excitação corporal afeta diretamente a tomada de decisão, indicando uma relação em "U" invertido entre desempenho e excitação. Em níveis mais baixos, essa excitação tende a elevar a chance de sobrevivência da espécie a partir de reações emocionais mais intensas e revigorantes; no entanto, quanto maior for o nível de excitação, maior será o risco de respostas opostas, como a reação de congelamento diante de ameaças iminentes de predadores.[111]

Sabe-se que a influência da excitação corporal no comportamento está ligada diretamente ao *feedback* viscerossensorial, ou despertar interoceptivo/visceral. Essas respostas ocorrem especificamente pela ativação de áreas corticais que modulam as respostas interoceptivas, entre elas o córtex cingulado anterior dorsal (CCAd), o córtex insular anterior, o hipotálamo e a amígdala, que mantêm conexões com o córtex frontal granular e agranular.

Um interessante estudo realizado por Fujimoto *et al.* (2021) revelou que em macacos ocorria maior aumento da atividade cortical orbitofrontal (COF) e do CCAd enquanto eles tomavam decisões guiadas por recompensas.[111] Usando a taxa de frequência cardíaca (FC), foi possível avaliar o grau de despertar emocional ou excitação corporal durante a tarefa. Os autores fizeram os registros comportamentais antes e após os macacos serem submetidos a lesões excitotóxicas bilaterais na amígdala. Sabe-se que a excitação corporal influencia a tomada de decisão. O que não estava claro era como esses processos interagiam individualmente no nível neuronal. Fujimoto *et al.*, então, observaram que a FC e o tamanho da recompensa estavam associados a um tempo de reação (TR) mais rápido em macacos que realizavam uma tarefa de tomada de decisão guiada pela recompensa, ao mesmo tempo que disparos de uma população de neurônios no córtex orbitofrontal e no CCAd eram detectados. O mais notável foi observar que a alteração na FC foi amplamente independente do valor de recompensa, sugerindo que os sinais de excitação e o valor de recompensa seriam representados separadamente no córtex frontal.[111] Por outro lado, lesões excitotóxicas bilaterais da amígdala produziram um aumento tônico na excitação corporal, e isso foi associado a uma mudança acentuada na maneira como a FC e o valor de recompensa impactaram o TR.[111]

Assim, os resultados de Fujimoto *et al.* forneceram dados valiosos e específicos sobre como a excitação corporal afeta a tomada de decisão guiada por recompensas, tanto no processo neural quanto no comportamental. Os autores comprovaram que a codificação dos sinais interoceptivos no córtex frontal funciona como um mecanismo pelo qual a excitação corporal afeta as tomadas de decisão.[111] Esse tipo de resposta interoceptiva proporcionou durante a evolução um tipo de memória baseado no que Damásio *et al.* descreveram como um marcador somático no qual respostas de despertar emocional, ou interoceptivas, guiadas pela ativação do sistema nervoso autônomo (SNA), produziam um tipo de tomada de decisão baseado na memória emocional.[113-117]

No entanto, para além do aprendizado de recompensa e da sinalização dos sinais interoceptivos, o grande salto na evolução do sistema da memória humana iniciou-se quando os ancestrais antropoides começaram a desenvolver o córtex pré-frontal granular e suas conexões com outras áreas corticais, bem como quando a estrutura hipocampal passou a desempenhar uma função mais específica, voltada para o recebimento e o processamento mais rápido das informações.[80,93,95,96,118-127]

Preuss e Wise[128] publicaram um extenso e inovador estudo sobre a evolução do córtex pré-frontal, mostrando que as subdivisões existentes, entre elas as áreas límbicas – que incluíam o córtex orbitofrontal agranular e o córtex frontal medial agranular (áreas 24,32, 25 de Brodmann) –, evoluíram em momentos diferentes. Parte do córtex pré-frontal agranular surgiu inicialmente nos primeiros mamíferos, roedores e primatas, entre outros mamíferos modernos, por meio da herança compartilhada.[128] No entanto, as primeiras áreas granulares do córtex pré-frontal evoluíram a partir dos primatas primitivos até o último ancestral comum dos primatas e do musaranho (pequeno mamífero da família Soricidae). Por sua vez, novas áreas adicionais do córtex pré-frontal granular surgiram a partir da linhagem dos troncos dos primatas representados pelos estrepsirrinos modernos. Outras áreas evoluiriam nos grupos dos símios, que incluíam os macacos de pequeno porte com cauda, os humanos e os macacos de grande porte, como chimpanzés, gorilas, orangotangos e bonobos.[128]

Ou seja, ao longo da evolução dos primatas, tanto anterior quanto posteriormente, novas áreas se desenvolveram até que na linhagem *Homo*, especialmente na espécie *sapiens*, uma expansão do córtex pré-frontal granular, juntamente com o surgimento das áreas de associação multimodal, levou a uma modificação no padrão da expressão gênica e da conectividade corticocortical.[94,95,119,127,129]

O que de fato parece ter ocorrido nos ancestrais pré-humanos foi que nos antropoides o desenvolvimento do novo córtex pré-frontal granular passou a integrar, de forma única e seletiva, as representações de contextos, metas, ações e resultados.[80,122,130] Essas representações serviram para uma evolução que progressivamente alcançou o nível mais elevado no córtex pré-frontal granular do *Homo sapiens*.

Quanto à representação do contexto, dois circuitos desempenham um papel fundamental. Dessa forma, informações oriundas especialmente do córtex visual alcançariam o córtex pré-frontal granular, tanto pela via ventral quanto pela dorsal.[80,93,129] A via ventral, seguindo pelo córtex temporal inferior, superior e perirrinal, projeta-se sobre o córtex granular orbitofrontal e ventrolateral, relacionando-se à função de atributos de objetos e sinais sensoriais das fontes, ou seja, atributos qualitativos como cor, forma, textura visual e transluscência,[77,80,93,131] o que também pode ser denominado o "What system". O circuito dorsal, por sua vez, envia informações do córtex parietal posterior para o córtex pré-frontal dorsolateral e dorsal, e se relaciona à função das métricas quantitativas, como duração, velocidade, distância, ordem e localização,[77] também denominado "Where system" (Figura 1.2).

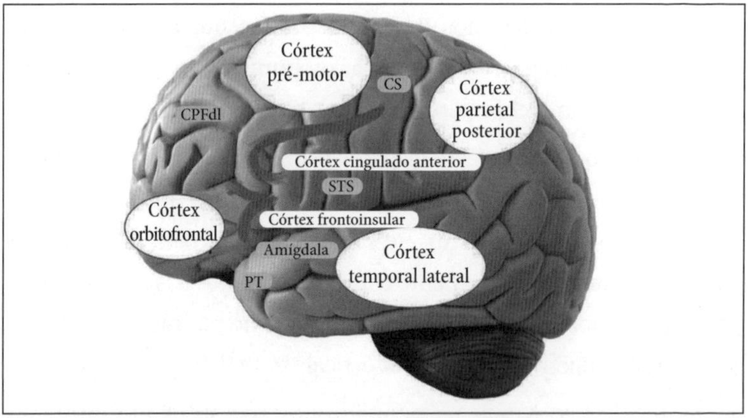

Figura 1.2 Áreas corticais relacionadas ao sistema de memória de metas nos antropoides.
CPFdl: córtex pré-frontal dorsolateral; CS: córtex sensorial; PT: polo temporal; STS: sulco temporal superior.

Fonte: elaborada pela autora.

Para a representação das metas e ações, as principais conexões ocorrem entre o córtex granular pré-frontal e o córtex pré-motor (CPM), o córtex parietal posterior (CPP) e o córtex cingulado anterior (CCa). Assim, as áreas pré-motoras enviam informações para o córtex pré-frontal dorsolateral (CPFdl) para modular ações, e este produzirá um controle de cima para baixo (*top-down*) sobre o CPM. Esse controle permitirá que o córtex pré-frontal module e controle os atos motores de acordo com as necessidades voltadas às contingências ambientais em dado momento.[77,128,132,132]

A via voltada para avaliação de resultados, por sua vez, incluiria componentes visuais e não visuais.[77] Assim, informações que chegassem ao córtex temporal inferior (CTI) e ao córtex perirrinal seriam enviadas para o córtex granular orbitofrontal (CPFob), que teria como função avaliar as características visuais dos resultados. Por outro lado, o córtex agranular orbitoinsular receberia informações viscerais, gustatórias e olfatórias. Para Murray, Wise e Graham,[77] seria essa convergência de sinais sensoriais no CPFob que representaria a conjunção de características de resultados. Além disso, para Craig, seria o *hub* frontoinsular de convergências sensoriais e afetivas oriundas do córtex orbitofrontal, cíngulo anterior, córtex sensorial, via ascendente do tracto solitário e a ínsula posterior e anterior que produziria – nos humanos – o sentido do eu material ("*material me*").[134-139]

A proposta de Murray, Wise e Graham,[77] influenciada pelos estudos de Passingham e Wise (2012), sugere, então, que o sistema de memória de metas dependeria diretamente da evolução do córtex pré-frontal granular, que surgiu inicialmente nos primatas antropoides como uma forma de aperfeiçoar o comportamento de forrageamento para reduzir os erros por meio da geração dessas metas. A redução de erro no forrageamento ocorreria a partir da função representacional dos contextos sensoriais, bem como das representações dos eventos únicos envolvidos nas conjunções de sinais relacionados a metas concretas, ação e resultado, os quais corresponderiam às regras e estratégias comportamentais – algo não existente nos outros ancestrais. Ou seja, nos ancestrais, o sistema representacional mais antigo induzia maior número de erros quando a volatilidade das fontes atingisse níveis mais elevados.[77]

Assim, do ponto de vista biológico e adaptativo, os antropoides evoluíram com o desenvolvimento do córtex pré-frontal granular, que permitiu reduzir os erros relacionados às metas, ações e resultados, diante de um nível muito alto de volatilidade de fontes.[80,110,120,121,128,132,140] A questão maior, no entanto, é que a redução na taxa de erros nos antropoides aumentou a pressão seletiva, permitindo que novos circuitos fossem surgindo à medida que esses ancestrais aumentavam sua área de forrageamento com distâncias maiores, maior risco com predadores, mais necessidade de alimentos, maiores desafios ambientais e de sobrevivência.[1,80,93]

Para Murray, E, Wise, S.P, Graham, K.S, 2017 – capítulo 1, 7, 8)[77] a proposta do sistema de memória de metas compartilharia similaridade com a memória episódica dos humanos, porém com uma diferença crucial: o sistema de metas nos antropoides armazenaria um tipo particular de conjunção, baseado no seguinte sistema: contexto-meta-ação-resultado. Essa conjunção estaria relacionada à conexão direta com o CPP, o córtex temporal lateral, pré-motor e orbitofrontal (Figura 1.2).

Esse sistema de memória, de modo geral, seria diferente da função hipocampal relacionada à memória episódica, no qual o hipocampo estaria funcionando para armazenar conjunções relacionadas, porém diferentes, uma vez que o hipocampo não teria conexões diretas com o CPM (Murray, Wise e Graham, 2017 – capítulos 1, 7, 8)[77]

Considerando o pressuposto de que o hipocampo teria uma capacidade de armazenamento mais rápido que o neocórtex, e este último tenderia a um armazenamento mais lento baseado nas experiências repetidas, esse mecanismo de aprendizado neocortical mais lento terminou por potencializar e aumentar a função hipocampal de armazenamento mais rápido. Porém, com o surgimento do córtex pré-frontal granular e, talvez, outras áreas neocorticais, ocorreu uma posterior adaptação que avançou para um mecanismo de aprendizado neocortical, também mais rápido (Murray, Wise e Graham, 2017-capítulos 1, 7, 8, 11) [77]

Assim, esses dois sistemas de aprendizados rápidos estariam trabalhando em conjunto para gerar poderosas propriedades emergentes.

Porém, segundo Murray, Wise e Graham, (2017)[77] o córtex pré-frontal granular estaria voltado às metas comportamentais de como o mundo funciona ("o que acontece – *what happens*"), ao contrário do hipocampo, que trabalha na questão da temporalidade e do espaço de eventos que já ocorreram ("quando e onde aconteceu – *when and where happened*"). Essa visão dos autores, de certa forma, poderia ser colocada como um sistema que lembra o sistema da memória semântica e episódica em humanos, porém com as devidas peculiaridades.

A evolução da memória nos hominínios

A subtribo Hominini (*Homo*) divergiu da subtribo Panini (chimpanzés e bonobos) há cerca de 6,3 milhões de anos.[88,100,141-143] Estudos mostram que há cerca de 3 milhões de anos os cérebros dos hominídeos tinham poucas diferenças em comparação com os cérebros dos chimpanzés modernos, em seu tamanho relativo.[1] Porém, milhões de anos depois o cérebro dos hominídeos se expandiu dramaticamente sem seguir um padrão de uniformidade adequado. Assim, nos humanos, o córtex pré-frontal granular passou a dominar completamente o lobo frontal, além de novas expansões alcançarem o córtex de associação homotípica dos lobos parietal e temporal.[1,144]

Do ponto de vista evolutivo, sabe-se que certas mudanças genotípicas estão diretamente relacionadas com a programação dos genes – como bem descreveram Fiddes *et al.*[145] Seus estudos mostraram que a sinalização Notch foi essencial para a proliferação das células-tronco da glia radial, e foi um determinante no número de células neuronais no córtex dos mamíferos.[145] Fiddes *et al.* (2018) descreveram que três parálogos* do *NOTCH2NL* específicos para humanos seriam expressos na glia radial. Esses autores teorizaram que há cerca de 14 milhões de anos um erro de replicação inseriu uma cópia funcionalmente defeituosa do gene *NOTCH2* no genoma de um ancestral, que

* Genes da mesma espécie que, por um processo de duplicação, surgem a partir de um gene do ancestral daquela espécie.

foi compartilhado geneticamente nos humanos, gorilas e chimpanzés.[1,145,146] Posteriormente, um segundo erro de replicação inseriu uma sequência adicional de nucleotídeos do mesmo gene, restaurando no DNA humano a função do gene ancestral de 3 milhões de anos.[1] Porém, em um segundo momento, uma correção ao acaso desse mesmo erro fez com que o *NOTCH2NL* voltasse a se duplicar, produzindo três versões ativas no cromossomo 1 dos humanos.

Outro interessante estudo, feito por Suzuki *et al.* (2018),[147] também constatou que a proteína *NOTCH2NL* bloqueia um passo fundamental em uma via de sinalização, e faz as células-tronco se diferenciarem e pararem de se dividir. Esse bloqueio, no entanto, induz a persistência das células-tronco, que continuam a produzir progênie e aumentam o número de neurônios.[147] Assim, estudando o sequenciamento de RNA adaptado (RNA-seq), Suzuki *et al.* (2018) conseguiram perfilar no córtex fetal humano a expressão espacial e temporal dos genes duplicados específicos nos hominídeos, e identificaram 35 genes duplicados (HS) exibindo padrões robustos e dinâmicos durante o período de neurogênese cortical.

Dentre os 35 genes identificados, sem dúvida, o *NOTCH2NL*, parálogos específicos para genes humanos do receptor *NOTCH2*, mostrou-se mais evidente devido à capacidade de induzir a manutenção de células progenitoras corticais. Ou seja, ficou comprovado que o *NOTCH2NL* exercia a função primordial de estimular a expansão clonal e aumentar a produção neuronal. Suzuki *et al.*[23] mostraram, então, que a proteína *NOTCH2NL* bloquearia um sinal, interrompendo a divisão das células-tronco neurais, e esse bloqueio levaria à produção de mais neurônios, favorecendo a neurogênese cortical.[1,147] Ou seja, essa proteína parece influenciar diretamente o desenvolvimento do cérebro humano ao aumentar o número de células-tronco corticais, o que, inicialmente, atrasa a geração de células neuronais, mas posteriormente promove um aumento no número de neurônios e cérebros bem maiores.

Esses achados comprovam cientificamente que o desenvolvimento cortical na espécie *sapiens* seguiu um padrão de herança genética dos ancestrais, e que o processo de pressões evolutivas levou ao desenvolvimento de novas áreas corticais, especialmente o córtex pré-frontal granular e as áreas de associação multimodais, o que tornou o cérebro humano único em termos de capacidade funcional para executar suas metas, ações e avaliação de resultados diante dos altos níveis de volatilidade das fontes.[80,93]

Porém, para além de poder desenvolver um cérebro mais sofisticado em termos de capacidade funcional relacionada às atividades de metas e ações, o desenvolvimento do córtex pré-frontal promoveu conexões corticocorticais relacionadas ao surgimento da área medial, voltada para a percepção subjetiva do próprio eu.

Estudos em primatas e em humanos apresentam evidências robustas de que uma rede cortical de larga escala voltada para a função de reexperimentar eventos passados, bem como da simulação episódica construtiva, denominados na neurociência comportamental rede em modo padrão, ou *default mode network* (DMN) – que inclui o córtex pré-frontal medial (CPFm), hipocampo, CCa, córtex cingulado posterior (CCp) e CPP –, evoluíram e se aperfeiçoaram no *Homo sapiens,* especialmente devido à presença dos neurônios de Von Economo (VEN)[148,149] (Figura 1.4). Esses neurônios bipolares são encontrados apenas nas regiões do córtex frontoinsular (CFI) e do CCa, exclusivamente nos humanos e grandes símios[149] (Figura 1.3).

Os VEN podem ser considerados neurônios de projeção e são maiores do que as células piramidais. Eles contêm um único dendrito basal, que possivelmente resultou da transformação dos programas genético para o desenvolvimento do neurônio piramidal, o qual concentrou o crescimento do dendrito basal primário e suprimiu as ramificações secundárias e terciárias.[150] Como são neurônios de disparos rápidos e se localizam exclusivamente na região frontoinsular e no CCa (Figura 1.3), parecem ter um papel fundamental na comunicação rápida para enviar informações dentro do circuito do CPFm.[150] Assim, essa área teria um papel fundamental na memória episódica e autobiográfica, armazenando memórias relacionadas às características coespecíficas e de si mesmo, algo único nos humanos, e favorecendo o desenvolvimento da cognição social e da memória sociocultural.[151]

Murray *et al.* (2017)[77] propuseram que o sistema de autorrepresentação dotaria o circuito medial de propriedades únicas que iriam caracterizar as memórias episódicas humanas voltadas para o "aqui e agora". Os estudos desses autores sofreram forte influência dos trabalhos de Lau *et al.* (2011) e de Passingham *et al.* (2010),[152,153] que afirmaram que a "re-representação" de ações pessoais, intenções e objetivos estaria relacionada à função do CPFm.

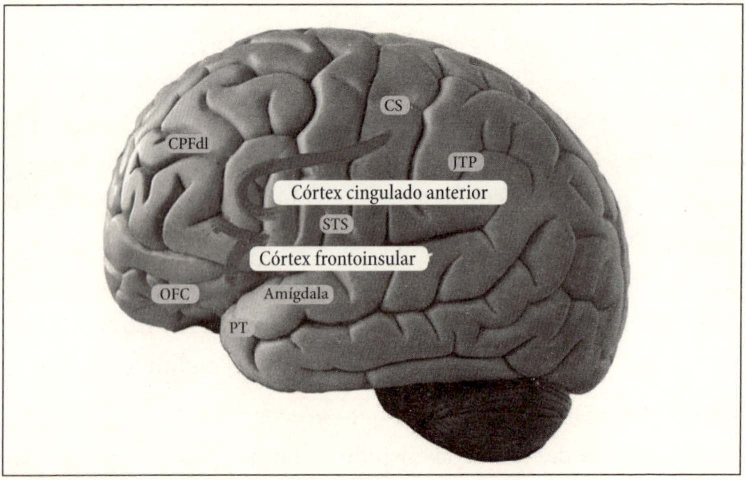

Figura 1.3 Localização dos neurônios de Von Economo.
CPFdl: córtex prefrontal dorsolateral; CS: córtex sensorial; JTP: junção têmporoparietal; OFC: córtex orbitofrontal; PT: polo temporal; STS: sulco temporal superior.

Fonte: elaborada pela autora.

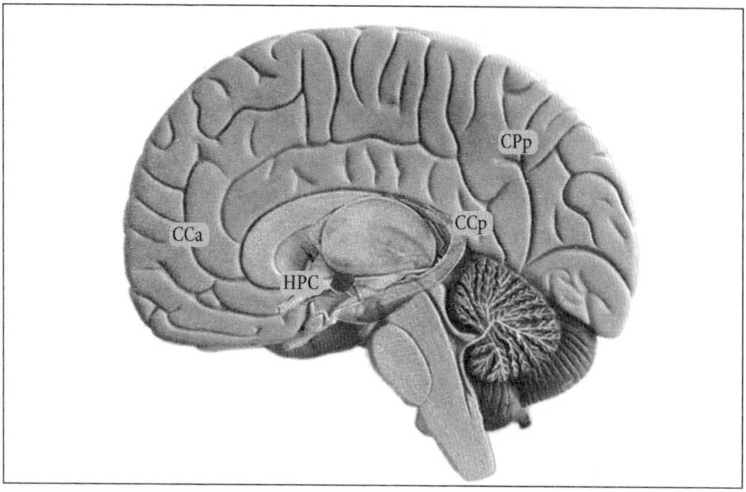

Figura 1.4 Rede em modo padrão.
CCa: córtex cingulado anterior; CCp: córtex cingulado posterior; CPp: córtex parietal posterior; HPC: hipocampo.
Fonte: elaborada pela autora.

Como já descrito, os estudos de neuroanatomia funcional comparativa revelam que o componente rostral e granular do CPFm evoluiu desde os antropoides e teve sua maior expansão durante a evolução do *Homo sapiens*. Para Murray *et al.* (2017),[77] as partes mais rostrais seriam adequadas para a função de representação do eu, com base nas informações que foram codificadas nas áreas filogeneticamente mais antigas. Assim, o sistema de re-representação envolveria a capacidade de abstrair informações de ordem superior pré-frontais. Níveis mais altos de representação surgiram à medida que o córtex pré-frontal granular se expandiu durante a evolução humana. Segundo os referidos autores, cada espécie antropoide poderia desenvolver uma versão modificada de autorrepresentação, adequada ao sistema social de cada espécie, e dessa forma os humanos modernos também teriam desenvolvido sua própria forma de autorrepresentação.

Sabe-se que outros ancestrais igualmente desenvolveram a capacidade de perceber outros indivíduos e suas necessidades e intenções, assim como perceber as próprias necessidades por meio dos sinais interoceptivos como fome, sede etc. Mas na espécie *sapiens* esse circuito representacional do próprio eu e da representação de "outro eu" alcançou um patamar de sofisticação que permitiu ao homem ter a capacidade ilimitada de criar, viajar no tempo, simbolizar e construir seu próprio mundo interior permeado de memórias. Isso permitiu que ao longo da existência humana essas representações funcionassem para organizar a estrutura do aparelho psíquico, que também passou a ser diretamente influenciado pelas relações socioafetivas.

Dessa forma, um aparelho cognitivo e mental altamente complexo e com diferentes dimensões proporcionou o desenvolvimento de uma intelectualidade e uma capacidade única de criação artística, científica, filosófica etc. Por outro lado, essa elaboração levou a maior sofrimento psíquico devido à capacidade da representação do próprio eu de promover uma autorreflexão de sentimentos como angústias, tristeza, medo, ansiedade, e memórias traumáticas.

Como descrito anteriormente, Murray, Wise e Graham (2017)[77] teorizaram que o sistema da memória sociossubjetiva se especializou nas representações do próprio eu e da percepção da intenção de outros indivíduos, muitos dos quais se desenvolveram como adaptação da sociedade dos hominínios. A emergência dessas representações dependeu da expansão do córtex pré-frontal – e de novas hierarquias de ordem superior que surgiram. Com essa evolução no sistema representacional sociossubjetivo, os hominínios se tornaram capazes de construir uma percepção de si e das suas próprias intenções, assim como perceber e estimar as intenções de outros indivíduos colocando-as dentro das suas interpretações cognitivas. Os hominínios, por meio do desenvolvimento de dois grandes sistemas de larga escala corticocortical e do sistema de memória sociossubjetiva, influenciaram sistemas representacionais mais antigos que promoveram:

1. Interações entre a representação sociossubjetiva e um sistema estendido de navegação hipocampal junto a outras regiões da rede do córtex medial, permitindo que pudessem desenvolver a capacidade de reconhecimento de contextos situacionais; tomada de perspectiva; adquirir conhecimento sobre si e os outros com base nas experiências vividas; empregar simulações de eventos mentais; comportamento de erros e outras simulações construtivas de eventos; e, o mais importante, estabelecer memórias dessas atividades mentais.

2. Por meio da interação entre o sistema de representação sociossubjetiva e o *hub* semântico do lobo temporal anterior, e suas áreas de associação da linguagem, além de outras partes da rede cortical lateral, desenvolveram o aprendizado sobre categorias, conceitos referentes às suas regras sociais, generalizações sobre grupos e indivíduos e metas socialmente apropriadas. Essas memórias foram responsáveis por reduzir os erros sociais e de forrageamento – ou evitá-los totalmente (Murray *et al.*, 2017).[77]

Mas podemos dizer também que esses sistemas de memórias foram fundamentais à criação de um aparelho psíquico altamente complexo que levou ao surgimento de um sujeito social que racionalmente recorda e elabora,[154-161] até o sujeito que carrega dentro do seu inconsciente traços mnêmicos oriundos dos seus desejos, experiências e traumas.

Assim, ao recordar e partilhar aprendizados, desejos e sonhos, os ancestrais da linhagem *Homo* desenvolveram um cérebro mais conectado e capaz de elaborar suas experiências e aprendizados – e atingiram o seu maior refinamento com o aparecimento da espécie *sapiens*.[41,80,101,152,157,161-171] Dessa forma, o *Homo sapiens* passou a se "humanizar" e a carregar dentro das suas memórias e reminiscências as memórias de outros indivíduos, que, de certa forma, tornaram-se suas. Foram essas memórias autobiográficas e socioafetivas que passaram a fazer parte da construção de suas narrativas históricas.

A evolução da memória no *Homo sapiens*

Os estudos sobre a memória e o aprendizado humano continuam sendo um dos tópicos mais desafiadores e controversos dentro das neurociências e da neuropsicologia. Do ponto de vista neurocientífico, pode-se afirmar que a memória é a capacidade que todo ser vivo tem de adquirir, reter e usar informações ou conhecimentos apreendidos.[40] Para Tulving, os termos "memória" e "aprendizado" devem ser compreendidos separadamente. Memória seria a capacidade de um organismo adquirir, reter e usar informações ou conhecimentos, enquanto o aprendizado tem relação com o primeiro estágio da memória, relacionado à aquisição da informação. Em outras palavras, o aprendizado é uma aquisição gradual de novas habilidades e comportamentos relativamente estáveis, ou seja, da plasticidade comportamental.[40,172]

No entanto, para além das neurociências, a memória humana é um processo sociocultural, transgeracional e psíquico, que ultrapassa os limites dos circuitos neurofuncionais e anatômicos e se expande para uma dimensão não quantificável, muitas vezes não passível de medição e de ser acessada por ferramentas neuropsicológicas, estudos de neuroimagem ou avaliações clínicas. São memórias que estão retidas em um inconsciente dinâmico individual, ou que existem por meio das expressões culturais, religiosas, folclóricas ou mitológicas, que perpassam séculos e séculos de transferência e partilha de informações.

Falar da memória humana é falar do tempo, tempo este que, cronologicamente, segue uma flecha, um caminho, mas subjetivamente se flexibiliza em um *allez-retour.* Dessa forma, o homem, por meio da percepção do tempo subjetivo, consegue agrupar e trazer todas as memórias para o presente e, assim, adquirir a consciência de que o seu eu foi um viajante de volta ao passado que revisitou suas experiências prazerosas e desprazerosas, para que elas fossem reinterpretadas e recoletadas de maneira diferente – e com outras perspectivas e olhares, por meio do contexto pessoal e das contingências sociais do tempo presente.

Aí está o grande trunfo desse processo tão complexo e enigmático: trazer tudo o que foi experimentado, vivido e aprendido no passado, ou o que foi sonhado, imaginado, construído e projetado no futuro, para junto do contexto presente. Tudo isso para que, aqui e agora, seja possível perceber subjetivamente que a consciência do seu eu somente existe pelas construções das memórias passadas, pelas vivências socioculturais, pelas evocações das reminiscências afetivas, pelos aprendizados executivos fixados e pela percepção das necessidades básicas inerentes à autopreservação. Será essa grande capacidade de se reconhecer em seu próprio corpo, de se imaginar no passado enquanto sujeito de uma história e de se projetar ao futuro, a grande força motivadora de um indivíduo que está sempre retornando para vir a ser.

Por essa razão, é importante esclarecer que recordar é bem mais do que lembrar. Precisamos lembrar, antes de tudo, da nossa existência, do nosso eu.[40,172] Também precisamos lembrar que temos um corpo, que temos necessidades fisiológicas vitais e que existem outros "eus". Aprendemos a usar símbolos, ícones, linguagens, toda uma construção de aprendizados e experiências, e, sem a memória, não seríamos capazes de nos humanizar. É exatamente por essa razão que entender a evolução dos processos da memória é não apenas desafiador mas, acima de tudo, uma grande viagem para dentro do mais profundo vale da função cerebral e do comportamento humano que é a memória.

Para Tulving (2002),[172] relembrar é bem mais que recordar aprendizados práticos para a sobrevivência da espécie. Isso pode ser visto em todos os animais. Mas a capacidade de literalmente viajar no tempo de volta ao passado e, assim, entender que o cérebro humano tem a capacidade de violar a lei da irreversibilidade do fluxo do tempo e conscientemente relembrar e vivenciar de maneira subjetiva essas memórias (memória autonoética*) parece ser uma experiência única do *Homo sapiens*.[40,67,172]

Mas é importante ressaltar que, mesmo voltando ao passado e violando essa lei, o cérebro humano, ainda assim, organiza temporalmente os eventos vividos de tal forma que se torna possível reorganizar cronologicamente aquilo que foi lembrado. Ou seja, de certa forma, o cérebro do *Homo sapiens* foi construído para usar métricas de tempo, distância e velocidades, integrando esses circuitos para que certas memórias, atos, sensações e emoções possam, por meio de estruturas anatômicas e fisiológicas, fazer a marcação de um tempo cronologicamente organizado, apesar de a mente humana, paradoxalmente, violar a lei da flecha do tempo, criando um tempo subjetivo não cronológico e não passível de quantificações.

Além disso, a existência de um aparelho psíquico inconsciente também funciona para armazenar traços mnêmicos sem um espaço-tempo determinado. Em outras palavras, o homem vive em uma dimensão psíquica atemporal, porém necessita de uma estrutura orgânica que siga a cronologia das leis da natureza. E, sendo o homem parte da natureza, seus ciclos biológicos devem ser mantidos por meio desse fluxo de tempo que organiza suas relações interpessoais e sociais. Dessa forma, o homem tem seu ciclo circadiano, seu ciclo de vida, seus ciclos cronológicos sociais como as horas do dia, dias da semana, meses, anos etc., mas, por outro lado, seu aparelho psíquico se organiza de maneira totalmente oposta às leis do fluxo temporal.

Quanto às discussões taxonômicas acerca da memória humana, de modo geral, a grande questão que envolve muitas controvérsias diz

---

* A consciência autonoética é o senso de estar revivendo o evento, incluindo a crença de que ele realmente aconteceu da maneira como está sendo lembrado, e a capacidade de contextualizá-lo no tempo e no espaço.

respeito ao fato de não existir uma resposta sobre se a memória seria um único sistema ou se seria formada por mais de uma variedade de sistemas interligados. Diferentes pesquisadores e teóricos têm debatido sobre esse tema. Teorias como o modelo modal de Atkinson e Shiffrin,[173] os estudos de Baddeley sobre a memória do trabalho,[174-176] assim como a ideia de múltiplos sistemas de memória descritos por Tulving, Cohen e Squire; Kinsbourne, Schacter, Izquierdo, cada um com suas respectivas diferenças,[6,40,172,177-182] por fim, a teoria das memórias dos sistemas ou de um *network* da memória descrita por Fuster,[103, 183-186] revelam a complexidade e o desafio não apenas de entender o funcionamento da memória humana mas, acima de tudo, de buscar compreender como ocorreram a evolução e a organização cognitiva e comportamental relacionadas à capacidade humana de memorizar, aprender, recordar e usar esses dados para sua vida social e pessoal.

Para que seja possível realizar esse processo de reorganização das memórias passadas que serão evocadas e revividas por meio da consciência, diferentes partes do cérebro atuarão como nodos de uma grande rede neural que codificará, armazenará e recuperará as informações que serão usadas para criar essas memórias.

Sabe-se que o córtex pré-frontal, por exemplo, atua durante a ativação da memória de curto prazo ou memória do trabalho, enquanto as áreas da região hipocampal, para-hipocampal e entorrinal, entre outras áreas corticais relacionadas, são ativadas durante a recuperação de informações armazenadas na memória de longo prazo, o que chamamos de memória explícita. Além disso, sabe-se que a amígdala parece armazenar memórias relacionadas a eventos emocionais. Porém, o mais importante é entender que não existe uma estrutura neural, ou um circuito neural separado, que suporte completamente o armazenamento de cada tipo de memória. Isso significa que essas memórias dependem totalmente da conectividade entre as estruturas neurais que enviam e recebem informações em um fluxo dinâmico e constante.[187]

Murray *et al.* (2017),[77] por exemplo, ao se perguntarem em que ancestral a memória explícita primeiro emergiu, ou em que ancestral as capacidades cognitivas relacionadas à produção da percepção de participação em suas narrativas e eventos imaginados (memória episódica) e os conhecimentos dos fatos (memória semântica) surgiram, propõem que apenas os humanos tiveram o pleno desenvolvimento da memória explícita, e que esta evoluiu de maneira relativamente recente nos hominínios. A elaboração de um nível novo e hierárquico de re-representações no córtex pré-frontal reforçou a atenção para as percepções das suas próprias intenções, percepções, ações e estados internos. Esse desenvolvimento, por sua vez, produziu nos hominínios uma nova re-representação de alto nível e espécie-específica do seu próprio eu ao permitir a localização de intenções, percepções, e maior atenção para si e para o outro. Uma vez que essa forma de autorrepresentação no córtex pré-frontal pode se tornar uma dimensão dessa representação processada e armazenada pelo hipocampo e estendida para o restante do sistema de navegação hipocampal, para os autores citados, como dito anteriormente, essa evolução produziu a percepção da existência do próprio eu, participando de eventos contínuos e assistidos. Quando, posteriormente, as memórias com essas dimensões são recuperadas, os humanos reexperimentam os eventos recordados inseridos no contexto do que é lembrado, o que pode ser enquadrado como uma memória episódica ou autobiográfica (Murray *et al.*, 2017).[77]

Em relação à memória semântica, Murray *et al.* (2017)[77] afirmaram que a elaboração de um nível hierárquico novo, no qual o lobo temporal anterior forma uma rede pré-frontal-temporal, produziu uma generalização explosiva dos domínios cognitivos. Como bem descreveram Cosmides e Tooby (2013),[171] isso poderia ser explicado como se inúmeras portas que separam várias capelas dentro de uma grande catedral se abrissem e se comunicassem entre si.[171] Ou seja, parece que uma grande rede de comunicação surgiu e evoluiu para o desenvolvimento da linguagem humana, da inteligência, da criatividade e da autoconsciência (Murray *et al.*, 2017).[77]

Não muito diferente da proposta de Murray *et al.* (2017),[77] outros estudiosos consideraram uma visão mais dinâmica e funcional e lançaram diferentes teorias para a compreensão funcional dos sistemas da memória e da maneira como estes processam as informações que serão armazenadas, recuperadas e elaboradas.[33,40,48,57,59,70,188-204]

A evolução da memória declarativa

A memória declarativa, como descrito anteriormente, pode ser dividida em memória episódica e semântica. A memória episódica implica a retenção de conhecimentos ou experiências adquiridos previamente, em intervalos longos ou curtos, sendo necessária a consciência desses eventos.[40] Segundo Tulving, de modo geral, a memória episódica seria aquela que nos permite lembrar dos eventos passados ocorridos na nossa própria existência.[68] Baddeley, em estudos prévios, já havia descrito que a ideia de uma memória unitária, ou um sistema único de uma memória humana, havia sido desconstruída.[205] Uma primeira violação ocorreu com a revelação de que os princípios relacionados à memória primária, ou de curto prazo, seriam diferentes das leis aplicadas à memória secundária, ou de longo prazo.[173]

Posteriormente, Tulving[40,68,172] formulou a distinção entre memória semântica e episódica ao considerar que a memória episódica estaria relacionada com eventos autobiográficos e pessoais dentro de um espaço-tempo determinado, enquanto a memória semântica estaria voltada para eventos de fatos gerais.[67,172] A memória episódica, dessa forma, diz respeito aos eventos ocorridos em determinado lugar e tempo, ou seja, "o quê", "onde", "quando" (*what; where; when*).[38] Do ponto de vista evolutivo, pode-se considerar que essa memória episódica surgiu mais recentemente na evolução do sistema da memória humana. Como isso ocorreu ainda não é esclarecido.[40,68] Para Tulving, a memória episódica envolveria a capacidade de viajar no tempo com o intuito de reviver eventos passados específicos – capacidade esta que estaria relacionada a um senso de identidade, um tempo subjetivo e uma percepção autonoética, ou seja, ter a consciência de que essa experiência ocorreu no seu passado.[41,68,206]

Além disso, ampliando a visão sobre a memória episódica, Conway e Pleydell-Pearce (2000)[207] refinaram e ampliaram o conceito ao elaborar uma distinção substancial entre memória episódica e memória autobiográfica.[31,207] Esses autores[207] acrescentaram novas ideias relacionadas à questão temporal da memória episódica ao afirmar que esta tenderia a ser curta, enquanto a memória autobiográfica teria um caráter temporal de longo prazo, além de representar diferentes tipos de experiências a serem recordadas. Ou seja, a capacidade de recordar e ter familiaridade com eventos lembrados seria uma função da memória episódica; por outro lado, sentimentos de pertencimento seriam uma função da memória autobiográfica.[207]

Do ponto de vista anatomofuncional, estudos em humanos mostraram que a memória episódica depende diretamente da integridade do hipocampo, bem como de uma grande rede de áreas corticais como a região para-hipocampal e o córtex pré-frontal.[68,206,208] A citoarquitetura do hipocampo tende a ser facilmente identificada no cérebro humano e de outros mamíferos devido a suas densas camadas de corpos celulares dobrados, que subdividem a região hipocampal em subcampos como, por exemplo, o subículo, o giro denteado e o corno de Amon (CA).[206,208,208] Sabe-se que as principais entradas para o hipocampo têm sua origem no córtex entorrinal, com conexões sinápticas em todos os subcampos. Assim, dentro do hipocampo o giro denteado, através das fibras musgosas, projeta-se e faz suas conexões sinápticas para o subcampo hipocampal CA3. Do subcampo CA3 as fibras são projetadas para CA1 através das colaterais de Schaffer e projetam-se para si mesmas através de conexões recorrentes.[206,209] Além disso, as saídas do hipocampo se originam em CA1 e no subículo e terminam no córtex entorrinal.

Em resumo, pode-se concluir que a memória episódica em humanos, ao longo da sua evolução, permitiu que os comportamentos guiados pela memória por meio da codificação do espaço e do tempo, com foco específico na desambiguação de trajetórias espaçotemporais, fossem usados para guiar o comportamento direcionado a um objetivo dependente dessa memória. Para tal função, esse comportamento guiado pela memória episódica dependeria da integridade dos circuitos e das suas interações com múltiplas estruturas, incluindo o hipocampo, o córtex entorrinal e o córtex retroesplenial, além das suas interações com regiões subcorticais, incluindo o corpo estriado e a área septal.[210]

Ao considerar que a memória episódica tem sido definida como uma memória para eventos que ocorrem em um local específico e em um momento específico,[210] e sabendo que essas funções espaçotemporais são fundamentais para formar as representações neurais dessa memória, pode-se afirmar que o conceito de viagem mental no tempo é perfeitamente compreensível, uma vez que muitos instantes armazenados, como várias fotos tiradas em uma máquina fotográfica, possam, ao longo de uma sucessão ordenada, criar uma ilusão mnemônica do fluxo do tempo passado.[68,69]

Em resumo, falar da evolução da memória é apenas o início do entendimento de um sistema complexo ainda não totalmente esclarecido. Por essa razão, é imperioso examinar outros dados teóricos na esfera da biologia molecular e da genética para melhor compreender os diversos sistemas da memória humana – afinal, nossas memórias nascem no nível molecular mais sutil.

A biologia molecular e a memória sináptica

A memória humana é a base de todas as funções cognitivas. E por que não concordar com Freud afirmando que ela também é a base da nossa função psíquica? Sabe-se que a função relacionada à preservação da nossa espécie tem relação direta na maneira como se processam e se armazenam informações sobre o ambiente e se direciona um comportamento em resposta àquela informação anteriormente fixada. Desse modo, para além dos estudos sobre a evolução dos sistemas da memória humana, compreender as bases moleculares e genéticas dessa função mostra-se extremamente relevante quando se considera que um dos principais aspectos comportamentais é a capacidade de se modificar por meio do aprendizado.[22,211] Ressalta-se, contudo, que existem atualmente dois campos de estudos: um sobre a questão neurofuncional, ou seja, quais as redes e os locais onde existe o armazenamento dos dados; outro sobre as bases moleculares e genéticas relacionadas aos mecanismos onde as memórias são armazenadas e mantidas.[19] Neste tópico, optou-se por focar as bases moleculares e genéticas, deixando para um próximo capítulo as questões relacionadas aos circuitos neurofuncionais.

Para compreender a origem do armazenamento das memórias e do aprendizado humano, é necessário avançar e aprofundar os conhecimentos acerca das bases moleculares e genéticas relacionadas à função e à plasticidade sináptica.[10,23,212-215] Compreender tudo o que envolve a função sináptica implica olhar com mais detalhe para a célula neuronal. É interessante saber que no sistema nervoso central (SNC) três grupos celulares trabalham conjuntamente para manter a conectividade entre os neurônios dentro de um estado de equilíbrio aceitável. Assim, os neurônios excitatórios glutamatérgicos (GLU), os neurônios inibitórios GABAérgicos (GABA) e, por fim, as células de sustentação da glia têm papéis indispensáveis nas redes neuronais da memória.[216-218]

Dos mais de 86 bilhões de neurônios[219] existentes no cérebro humano, os neurônios excitatórios se destacam por serem a maioria e possuírem milhares de conexões sinápticas. De maneira muito simplificada, pode-se descrever um neurônio excitatório como tendo um corpo ou soma, inúmeras ramificações dendríticas e um único axônio se estendendo por vários milímetros e se ramificando em vários terminais sinápticos, os quais realizam milhares de conexões.[216,218,220] O corpo neuronal é a parte que abriga o núcleo celular e onde existe a grande estrutura química que promove a síntese proteica e, consequentemente, participa diretamente da plasticidade sináptica. A maioria das ramificações dendríticas recebe os contatos sinápticos excitatórios que ocorrem dentro de pequenas protuberâncias na membrana e são denominadas espinhas dendríticas.[216, 218, 220-222]

Do ponto de vista anatômico, sabe-se que as sinapses podem ocorrer em diferentes partes de um neurônio, assim a comunicação entre duas células neuronais pode se dar do axônio de um neurônio para o dendrito de outro, o que se denomina sinapse axodendrítica; ou de um axônio para o corpo (soma) de outro neurônio, também chamada de sinapse axossomática; e, por fim, em alguns neurônios se identificam sinapses de um axônio para outro, classificados dessa forma como sinapses axoaxônicas.[223]

Durante o processo de neurotransmissão ocorre uma onda de despolarização elétrica axonal que culmina com a liberação de substâncias químicas com funções e sítios de ações específicas no cérebro.[215,216,224] Assim, a comunicação entre os neurônios será sempre de natureza eletroquímica. Por esse motivo, entender do ponto de vista biomolecular como a função sináptica é processada é um dos aspectos mais importantes no entendimento da memória e seus circuitos. Além disso, estudos revelam que determinados neurotransmissores têm ações fundamentais na plasticidade sináptica. Estudos recentes revelam que, por exemplo, a serotonina tende a aumentar a concentração do AMPc (adenosina monofosfato cíclico) nas células sensoriais. Essas moléculas de AMPc, então, sinalizam às células sensoriais que liberem na fenda sináptica o glutamato (outro tipo de neurotransmissor excitatório), fortalecendo, dessa forma, a conexão entre os neurônios sensoriais e motores, mesmo que de maneira temporária – ação esta fundamental na plasticidade e na memória sináptica.[21,23,225-227]

A plasticidade, dessa forma, pode ser entendida como a propriedade que certas experiências têm de alterar a organização e o funcionamento de determinados circuitos neurais e, dessa forma, promoverá uma mudança na forma de pensar, sentir e se comportar diante de certas tarefas ou demandas sociais. Segundo Malenka,[212,214,228] para a maioria dos neurocientistas existem três formas de atividade plástica no âmbito sináptico: a primeira seria a plasticidade dependente da atividade das conexões entre os neurônios, levando à geração de novas sinapses e à poda de outras já existentes; a segunda forma seria a modificação duradoura que dependeria da força entre as sinapses; e a terceira estaria atrelada às mudanças na excitabilidade intrínseca dos neurônios.[228]

Entender a importância da transmissão sináptica para a memória humana é o primeiro passo para decifrar esse circuito e o seu amplo e complexo funcionamento.

Assim, tudo o que envolve o comportamento humano deve ser compreendido como o armazenamento de dados e a elaboração de respostas comportamentais que necessitam de uma base genética, molecular, neuroquímica, anatômica e funcional. Aprender desde cedo a tocar um instrumento, dirigir um carro, calcular uma rota, elaborar uma ideia, responder a um questionamento, decidir e executar alguma tarefa ou lembrar o caminho de casa, tudo depende da comunicação entre os neurônios e das transmissões sinápticas entre milhões e milhões de células neuronais. Sabe-se que essa transmissão sináptica evoluiu ao longo de milhões de anos a partir dos invertebrados até alcançar uma complexidade, bem maior, nos mamíferos vertebrados. Especialmente nos humanos, atingiu a mais elaborada e importante função, que foi a capacidade de memorizar, aprender, pensar e criar.[4,10,20,23,48,61,213,215,224,229,230]

Como bem descreveu Kandel (1999),[19] os estudos pioneiros no campo da memória se deram inicialmente com as pesquisas de Ramon y Cajal no início do século. Posteriormente, porém, os estudos de Donald Hebb (1949)[19] estabeleceram a primeira ideia de que a memória seria armazenada como uma mudança na força de conexões sinápticas específicas. Para Kandel, essa proposta de Hebb trouxe duas questões conceituais: o problema do sistema da memória baseado nos circuitos neurais e de como estes trabalhariam para a armazenagem das informações; e o problema molecular, que estaria relacionado com os mecanismos responsáveis pelas mudanças nas sinapses e com a maneira como essas informações seriam armazenadas.[19]

Donald Hebb teve um papel fundamental no progresso dos estudos sobre a plasticidade sináptica, memória e aprendizado. No seu livro *The organization of behavior,* escrito em 1949, a ideia postulada por Hebb em 1932 pode ser vista como o pressuposto de que,

> *quando um axônio de uma célula A está próximo o suficiente para excitar a célula B, e persistente e repetidamente participa do disparo, algum processo de crescimento ou mudança metabólica ocorre em uma ou ambas as células de modo que a eficiência de A, como uma das células disparando B, fica aumentada.*[231,232]

Esse postulado afirmava que deveria haver algum tipo de coincidência temporal nas descargas neuronais, ou seja, estando os dois neurônios ativos ao mesmo tempo, suas conexões seriam reforçadas, ao passo que, se apenas um estivesse ativado, ocorreria um enfraquecimento nas suas conexões.[231] O legado de Donald Hebb foi confrontado muitas vezes. Porém, em 1973, Bliss e Lomo[233] publicaram um artigo extremamente elegante descrevendo uma potenciação de longo prazo (LPT) após estímulos tetânicos nas vias de transmissões sinápticas hipocampais aferentes. Em 1994, os estudos de Lin e Glansman[234] comprovaram que, ao hiperpolarizar uma célula para evitar um disparo durante a estimulação da via aferente, não se identificava a presença da LPT. De certa forma, o postulado de Donald Hebb, pelo menos em certos neurônios, parecia existir.

Por outro lado, vale comentar de maneira ousada que, no estudo do *Projeto para uma psicologia científica*,[235] existem determinados pressupostos teóricos de Freud que sutilmente se assemelham às ideias de Hebb. Em 1895, Freud escreveu que o fluxo de energia entre dois neurônios (A e B) apresentava facilitações apenas se o segundo neurônio fosse exposto a estímulos prévios dependentes das repetições e intensidades – e que esses estímulos deveriam vir do mundo externo através dos neurônios sensoriais. Ao passar pelos segundos neurônios, esse fluxo de energia os deixaria permanentemente alterados pela passagem das excitações.[235] Freud quis dizer que a memória estaria representada pelas facilitações existentes entre esses neurônios. O que Freud não sabia era que para isso ocorrer era necessária uma cascata de eventos neuroquímicos e moleculares que culminariam em uma LPT,[233] algo que só viria a ser descoberto quase um século depois.

Assim como Donald Hebb, que teve sua teoria tão questionada mas serviu para abrir milhares de possiblidades de pesquisas científicas, Freud ampliou o entendimento sobre o funcionamento fisiológico da memória e do aparelho mental humano.

Os estudos neurobiológicos posteriores a Freud apresentaram uma evolução fenomenal. Isso promoveu grandes avanços sobre como se processa toda a cadeia de reações e modulações fundamentais para o armazenamento da memória e para o desenvolvimento da plasticidade sináptica. Historicamente, o estudo da classificação da memória se iniciou com as avaliações clínicas feitas em pacientes com quadros de amnésia. Foi Larry Squire quem propôs inicialmente a subdivisão da memória em declarativa ou explícita, e implícita ou procedural.[46,47,236] Tulving, como descrito anteriormente, afirmou que a memória explícita, por sua vez, poderia ser subdividida em episódica e semântica.[41,68,172] Esses estudos, segundo Kandel, provocaram questionamentos sobre como os processos moleculares atuariam para promover o armazenamento e a formação da memória sináptica. O Professor Kandel, que tem dedicado toda uma vida aos estudos das bases moleculares da memória,[19,20,25,237,238] questionou quais seriam os mecanismos celulares, moleculares e genéticos responsáveis pelo armazenamento da memória explícita e implícita.

Para aprofundar o entendimento sobre esse tema, bem como obter informações que revelassem o funcionamento do armazenamento da memória do aprendizado, Kandel escolheu estudar um molusco gastrópode marinho denominado *Aplysia califormica*, com características bem primitivas e possuidor de apenas 20 mil neurônios, além de ter neurônios largos o suficiente para se obter boas amostras para cultura.[22,25,227,239] O objetivo de Kandel foi identificar a cadeia molecular que estaria por trás da memória implícita usando um animal invertebrado capaz de aprender certas respostas sensório-motoras relacionados à memória de aprendizado.[22, 238]

A memória implícita está relacionada à capacidade de aprender e executar aprendizados motores e respostas comportamentais com viés emocional.[46,240,241] Para Kandel, uma das formas de aprendizado que podem ser usadas nos estudos científicos seria o condicionamento clássico, que ensina os animais de laboratório, sem aprendizados prévios, a associar dois estímulos sensoriais, sendo um dos estímulos neutro, ou seja, um estímulo condicionado (CS), que produzirá uma resposta mínima, ou nenhuma resposta. Por outro lado, haveria um estímulo sensorial altamente efetivo denominado estímulo não condicionado (US), que produzirá uma resposta reflexa não aprendida (resposta não condicionada – UR).[242-244] Segundo Kandel, após parear os dois estímulos sensoriais os animais são capazes de aprender a fortalecer respostas preexistentes para o estímulo sensorial neutro (CS), ou poderão responder com uma resposta completamente nova para o condicionamento clássico.[23,24,238] Alguns aprendizados serão desenvolvidos pelos animais submetidos aos ciclos de estímulos, que terão respostas comportamentais caracterizadas ou por uma habituação na qual o animal, após estímulos neutros repetidos, torna-se capaz de reconhecer o estímulo como inofensivo e, a partir daí, passa a ignorá-lo. Ou seja, a habituação seria a diminuição da eficácia de uma resposta a um estímulo repetido.[22-24] Por outro lado, poderia ocorrer uma sensibilização, que seria a capacidade de um organismo se tornar mais responsivo quando exposto a estímulos fortes e dolorosos.[22-24,245]

Com base nesses protocolos, Kandel produziu inúmeros estudos em colaboração com diferentes cientistas visando estudar as bases moleculares relacionadas ao aprendizado da memória de curto e longo prazo.[215,246] A principal pergunta feita por esses cientistas era quais seriam os mecanismos moleculares da memória de curto prazo, e como essa memória se converteria em memória de longo prazo. A princípio Kandel e Schwartz[246] concentraram seus esforços na resposta de sensibilização e constataram que, mesmo com a inibição da síntese de proteínas, mudanças sinápticas foram vistas durante a memória de curto prazo. Posteriormente, Brunelli, Castelucci e Kandel (1976)[225] observaram que, ao injetar adenosina monofosfato cíclica (AMPc) nas terminações pré-sinápticas, ocorria uma facilitação.

Comprovou-se, então, que o AMPc tinha um papel fundamental no controle da força sináptica, oferecendo as primeiras evidências dos mecanismos moleculares da memória de curto prazo e da regulação da liberação dos neurotransmissores.[227] Assim, observou-se que tanto a injeção de AMPc como a própria ação da serotonina que seria liberada a partir de estímulos elétricos na cauda da Aplysia levavam a um aumento na excitabilidade e a uma ampliação no potencial de ação devido à redução de correntes de potássio K^+, o que permitia um grande influxo de cálcio para dentro do terminal pré-sináptico para cada potencial de ação.[225,247] Seria, destarte, esse aumento do influxo de cálcio nos terminais pré-sinápticos que contribuiria para a liberação dos neurotransmissores.

Com os estudos de Greengard,[248-253] comprovou-se que o AMPc teria uma ação no SNC a partir de uma proteína quinase dependente do AMPc, chamada de PKA. Posteriormente, Kandel e Klein[254] sugeriram que esse AMPc poderia causar uma fosforilação dos canais de potássio (K^+) pela ativação da PKA.[254] Ao complementar esses estudos, Greengard, Kandel, Castelucci e Schwartz[255] descobriram que seria a subunidade catalítica da PKA que produzia uma ampliação no potencial de ação e aumentava a liberação do glutamato na fenda sináptica. Por outro lado, identificou-se também que um peptídeo inibidor da PKA, denominado PKI, bloqueava a ação da serotonina. Sabendo que a serotonina leva ao aumento pré-sináptico do AMPc, que por sua vez ativa a PKA, levando a um reforço sináptico por meio do aumento de liberação de neurotransmissores, comprovou-se que, por uma combinação de vários mecanismos, a PKA promoveria uma facilitação pré-sináptica de curto prazo.[23]

Ao prosseguir com os estudos *in vitro*, Kandel *et al.* aplicaram um modelo de sensibilização em cultura que consistia em promover a conexão sináptica de uma única célula sensorial com uma única célula motora. Dessa forma foi possível induzir em animais intactos facilitações de curto e longo prazo.[20,22,256] A partir desses estudos, pesquisas mostraram que os processos de longo prazo requeriam a síntese de novas proteínas – algo não observado nos processos de curto prazo.[29]

Com esses achados, Kandel e outros pesquisadores usaram cultura de célula para identificar quais genes seriam ativados para converter o processo de curto prazo em longo prazo, e que tipos de genes estariam envolvidos na memória de longo prazo.[20,29,238,257] Quando aplicaram cinco sopros de serotonina (simulando dessa forma os cinco choques espaçados sobre a cauda da Aplysia), observaram que a PKA era ativada e recrutava a proteína quinase ativada por mitógeno (MAPK). Ambas, então, eram translocadas para o interior do núcleo celular e iniciavam uma cascata de transcrição que iniciava com a ativação do CREB-1 (proteína ligante ao elemento de resposta ao AMPc), assim chamado por sua afinidade e ligação ao elemento de resposta ao AMPc, que promove a transcrição dos genes-alvo.[238]

Segundo Kandel, a primeira pista da importância do CREB-1 nos processos de longo prazo foi apresentada por Dash e Hochner (1990).[258] Esses autores injetaram no núcleo de uma célula neuronal sensorial, em cultura, oligonucleotídeos que carreavam o elemento CRE do DNA. Dessa forma, observaram o bloqueio no processo de longo prazo, porém não no de curto prazo.[258] Posteriormente, Bartsch clonou o CREB-1a da Aplysia (ApCREB-1a) e conseguiu mostrar que a injeção de uma forma fosforilada desse fator transcricional poderia iniciar o processo de memorização de longo prazo.[259,260] Com esses resultados foi possível encontrar na função a jusante do ApCREB dois reguladores adicionais positivos de transcrição.[260] O CREB-1 ativava então esses genes de resposta imediata, os quais, por sua vez, atuavam sobre os genes a jusante para que estes iniciassem o processo de crescimento de novas conexões sinápticas.[261,262]

Sabe-se que muitos são os eventos de transcrição e modificações translacionais de proteínas, e que esses eventos tendem a ser breves ou de curto prazo, variando entre horas e poucos dias.[262] A pergunta mais desafiadora que levou Kandel a aprofundar suas pesquisas foi como a memória de longo prazo se mantinha dentro das conexões sinápticas, que são tão dinâmicas e plásticas, de modo que estas pudessem persistir dentro desses circuitos, muitas vezes por toda uma vida. Conhecendo bem os mecanismos moleculares envolvidos na memória de curto prazo, o foco de investigação passou a ser os mecanismos genéticos e moleculares envolvidos na memória de longo prazo. Nos anos 1980 surgiu a hipótese de que a persistência da memória requeria uma reação autocatalítica intramolecular. Essa reação seria um mecanismo molecular que, uma vez ativado, permaneceria assim de maneira autossustentada.[43-45] O primeiro candidato que poderia justificar a habilidade de autossustentabilidade seria a quinase dependente da cálcio-calmodulina (CaMKII), visto que esta teria a capacidade de autofosforilar um resíduo de treonina. A CaMKII corresponde a 1% do total de proteínas no prosencéfalo, e cerca de 2% no hipocampo.[263] Essa elevada expressão chega a ser dez vezes maior do que outras enzimas de sinalização. Sendo uma espécie de complexo de haloenzima no genoma dos mamíferos, ela é codificada em quatro subunidades, α, β, γ e δ, e as subunidades α e β se expressam fortemente no cérebro humano. Ressalta-se que somente a subunidade α se expressa nos neurônios.[263]

Os achados mais precoces do papel da CaMKII na plasticidade sináptica se originaram de experimentos farmacológicos quando, ao se injetarem inibidores da proteína quinase no nível pós-sináptico, observou-se um bloqueio na LPT.[264] Outro estudo com deleção genética da subunidade α da CaMKII em cobaias mutantes resultou em deficiência da LPT e disfunção no aprendizado espacial.[265]

Outra observação constatada nos estudos da função da CaMKII diz respeito à alta concentração desta nas espinhas dendríticas, bem como na densidade pós-sináptica (PSD). A PSD foi descrita por microscopistas que observaram nas membranas pós-sinápticas das sinapses excitatórias uma placa densamente corada de material proteico oposta aos locais de liberação das vesículas pré-sinápticas.[8,221] A concentração da CaMKII nas espinhas dendríticas e na PSD parece ser bastante variável e regulada pela atividade sináptica.[216]

Posteriormente, uma segunda proteína quinase denominada proteína quinase-M-zeta (PKMζ), uma isoforma atípica de PKC, também passou a ser considerada um componente fundamental para a manutenção da LPT e para a persistência da memória de longo prazo, visto que somente as formas ativamente catalíticas dos genes são transcritas acompanhando a estimulação. Isso porque o RNAm é transportado para os dendritos e localmente traduzido após a indução de LTP. Além disso, sabe-se que PKMζ regula a endocitose dos receptores AMPA-GLUA2 e, possivelmente, parece regular as estruturas das espinhas dendríticas.[50] Outro RNMm de outro gene, o Arc, transportado para ativar as sinapses, também se mostrou fundamental na regulação da endocitose dos receptores AMPA.

Para Kandel, esses achados são de enorme valor, pois sugerem um mecanismo não canônico para a transmissão sináptica da informação que poderá constituir um novo mecanismo para o controle molecular e possível persistência da memória de longo prazo. Vale ressaltar que a via não canônica é usada genericamente para descrever as vias não mediadas pela β-catenina, por exemplo, as vias Wnt/$Ca2^+$ e Wnt/polaridade celular planar (PCP). A importância da via Wnt/$Ca2^+$ é que esta induz a um aumento na concentração do cálcio intracelular $Ca2^+$ e ativa, dessa forma, a CaMKII e a PKC. Por outro lado, na via Wnt/PCP ocorre ativação da proteína G, que, ao ser ativada, aumenta a motilidade celular.[266]

Um dos estudos mais robustos sobre a transição entre memória de curto e longo prazo foi realizado por Bliss e Tomo.[267] Além disso, os estudos de O'Keefe e Dostrovsky (1971)[99] sobre o papel do hipocampo na representação celular do espaço e das células de lugar (*place cells*) abriram muitas portas para o estudo da memória de longo prazo.[13,99,229,268-271]

Um mapa cognitivo do espaço e a descoberta de que o hipocampo interfere nas tarefas espaciais, assim como o estudo da via perfurante no hipocampo, confirmaram que essa estrutura exibia uma plasticidade sináptica dependente de experiências, o que foi denominado potenciação de longo prazo (LPT).[233] Na região hipocampal 1 do corno de Amon (CA1), a LTP é induzida por meio da ativação dos receptores glutamatérgicos do tipo NMDA (N-metil D-aspartato). A importância dos receptores NMDA no hipocampo foi confirmada por meio de testes farmacológicos com bloqueadores do NMDA, que afetaram a LPT e o armazenamento da memória.

Ao considerar que esses estudos utilizavam apenas dois trens de estímulos elétricos, Kandel, Freuy, Huang e Nguyen[271-275] buscaram entender se a LPT poderia ser modificada com estímulos repetidos. Usando esse tipo de estimulação, os autores constataram que a LPT e a memória de longo prazo tendiam a emergir de maneira mais eficaz e que essa memória, nos estudos da Aplysia, apresentava fases.[275,276] A fase inicial da LPT, quando da aplicação de um único trem de estímulos, durava entre uma e três horas sem requerer síntese de novas proteínas, apenas envolvendo modificações covalentes de proteínas que já atuavam na sinapse; além disso, ocorria o fortalecimento das conexões sinápticas preexistentes.[275,277-281] Por outro lado, estímulos elétricos com trens repetidos produziam uma fase tardia da LPT que persistia por mais de um dia, e ativavam o processo molecular de transcrição e tradução com a síntese de novas proteínas. Assim, essa fase tardia levaria a um armazenamento de longo prazo da memória implícita e ao crescimento de novas conexões sinápticas por meio da ativação da PKA, MAPK e CREB.[23,28]

Esses achados revelaram que, como bem disse Kandel, "no processo de longo prazo, a resposta de uma sinapse não é determinada simplesmente por sua própria história de atividade (como na plasticidade de curto prazo), mas também pela história de ativação transcricional no núcleo".[238] Apesar dos avanços científicos no campo dos mecanismos moleculares da memória de longo prazo, a complexidade com que esse processo se desenvolveu requer um olhar bem mais amplo e desafiador.

Muitas perguntas ainda precisam de respostas do ponto de vista do entendimento de quais moléculas sinalizadoras participam da remodelação sináptica, e como elas se relacionam com o processo de crescimento sináptico durante o desenvolvimento. Mas, sem dúvida, o maior desafio é compreender as questões neurofuncionais de transferência de informações de certas regiões, por exemplo, do lobo temporal e do hipocampo para áreas corticais onde são consolidadas. Quais os mecanismos que estão envolvidos na evocação dessas memórias armazenadas por décadas e décadas? Como explicar o papel da consciência na evocação dessas memórias? Por outro lado, como decifrar o enigma das memórias que não se tornam conscientes, mas que provocam outros tipos de despertares emocionais, sinalizando que algo foi, de certa forma evocado, mas não conscientemente percebido? Os problemas dos sistemas da memória precisam ser ampliados e olhados de maneira mais transdisciplinar. E, para além das discussões da psicologia cognitiva, psiquiatria, biologia molecular e neurologia, é fundamental entender as diferentes dimensões psíquicas que envolvem a memória humana. Isto posto, falar sobre o neurodesenvolvimento do aparelho da memória e ampliar a visão para um ponto de vista psicanalítico é mais do que necessário, pois implica uma abertura que deve ser colocada nas discussões para perspectivas futuras com uma abordagem mais científica e humanista.

O neurodesenvolvimento dos sistemas da memória

A ontogênese da memória deve ser compreendida como um longo processo de maturação do SNC que tem seu início ainda na vida fetal. Pensar no neurodesenvolvimento implica o pressuposto de que os circuitos neurofuncionais e suas redes de conectividade têm como objetivo a estruturação do aparelho mental para que seja possível a consciência de si e do mundo, e para que exista um inconsciente dinâmico, fonte da catexia da existência humana. Por essa razão, é imperioso entender todo o processo de desenvolvimento, desde o início do fechamento do tubo neural e a formação do ectoderma até a migração neuronal, a formação da placa subcortical, a sinaptogênese, a formação da placa cortical e o início das redes das conectividades corticossubcorticais.

Considera-se que a partir da 5ª semana da idade gestacional pós-concepção ocorra o fechamento do tubo neural. A partir da 6ª semana, ainda na camada germinal ventricular, ocorre o aparecimento das primeiras células neuronais, que tendem a migrar rapidamente a partir da zona ventricular, de forma tangencial ou radial, para uma região mais superficial onde formarão a placa subcortical.[282-291] Sabe-se que, durante o processo de diferenciação e migração neuronal, os neurônios formados pelas células de Cajal-Retzius, através da via radial, alcançarão a zona marginal para formar os futuros neurônios excitatórios glutamatérgicos (GLU), enquanto os neurônios gabaérgicos, que na vida fetal ainda não se expressam com sua capacidade inibitória, migrarão por via tangencial.[282-291]

Ao pensar no desenvolvimento da memória humana a partir da vida fetal, é fundamental entender que, como descrito no tópico sobre memória e biologia molecular, os primeiros traços armazenados iniciam-se a partir das conexões sinápticas. O desenvolvimento inicial das sinapses axodendríticas e axossomáticas ocorre entre a 8ª e a 10ª semana gestacional pós-concepção,[292] e dessa forma se pode pressupor que, com o grande pico de sinaptogênese na 28ª semana, possa ter início o processo de armazenamento dos estímulos sensoriais que servirão como os primeiros traços mnêmicos das experiências sensoriais mais primitivas.

Mas quais seriam as primeiras experiências sensórias captadas pelo feto? Sabe-se que o primeiro órgão do sentido a desenvolver-se é a pele. Seu desenvolvimento embrionário inicia após a gastrulação, um processo que marca o início da 3ª semana do desenvolvimento embrionário, precedendo o fechamento do tubo neural na 5ª semana.[293-296] Nessa fase, o rápido desenvolvimento do embrião a partir do disco embrionário trilaminar é caracterizado pelo desenvolvimento da notocorda. Nessa fase de gastrulação ocorre uma invaginação do epiblasto ao longo da linha primitiva e proliferação e migração descendente das células do epiblasto. Será durante o processo de gastrulação que as três camadas germinativas distintas das linhagens celulares, ou seja, ectoderma, mesoderma e endoderma, serão formados.[297,298] Dessas três camadas, ressalta-se o ectoderma, que dará origem tanto ao sistema nervoso quanto ao epitélio da pele. É importante pontuar que os destinos neurais e epidérmicos das células ectodérmicas são baseados nos efeitos da sinalização Wnt, que regula os diversos fenômenos e eventos durante o desenvolvimento embrionário, entre eles a orgonogênese, a diferenciação, a polarização e a migração celular.[266,295,298,299]

Existem três tipos de células que migram para a epiderme humana em diferentes pontos de desenvolvimento: os melanócitos, células derivadas da crista neural, que migram para a epiderme fetal humana a partir da 12ª semana da data da última menstruação; as células de Langerhans, que atuarão como antígenos do sistema imunológico e surgem a partir da 6ª semana, porém somente serão ativadas por volta da 12ª até a 14ª semana; por fim, as células de Merkel, que surgem por volta da 18ª semana e estão associadas às fibras nervosas sensoriais ao longo da junção dermoepidérmica.[297]

A importância do conhecimento acerca do desenvolvimento da pele humana como o primeiro órgão sensorial a desenvolver-se pode ser afirmada a partir dos estudos *in vitro* de Hooker (1952, 1954, 1960). Hooker descreveu que, em fetos humanos, havia uma resposta a estímulos de carícia suave na região perioral entre a 8,5ª e a 9,5ª semanas.[299,300] Os estudos de Hooker foram confirmados por Arabin *et al.* (1996) em estudo *in vivo* com embriões.[292] Arabin *et al.* estudaram o comportamento de 25 gêmeos por meio de ultrassonografia para avaliar o primeiro contato ou toque entre os dois gêmeos, com o intuito de avaliar o comportamento da ação e reação. A princípio, uma primeira e discreta reação pouco óbvia foi observada entre 51 e 91 dias. Porém, uma primeira reação de toque inter-humano vista com mais clareza foi identificada entre 67 e 97 dias da data da última menstruação. Em relação a essa primeira reação comportamental de um contato primário, observou-se que ela ocorreu de maneira mais lenta em 87% dos gêmeos, sendo que 69% tiveram um TR < 3 segundos, e 31% um tempo > 3 segundos.

Em todo o grupo estudado, ficou claro que o primeiro contato sempre ocorreu com toques leves e lentos – e o contato lento dos braços foi percebido em torno de 85 dias. Contatos primários mais rápidos foram observados a partir dos 71 dias, com a média de 92 dias desde a data da última menstruação. Arabin *et al.* também observaram que os primeiros contatos sempre ocorreram pelas extremidades dos membros. Assim, os autores definiram o primeiro contato intergêmeos como um modelo de ação-reação.[292] Ou seja, quando feito um toque de um dos gêmeos, uma resposta lenta ou rápida era observada no segundo gêmeo. Porém, com o avançar da idade gestacional e a maior aproximação entre os corpos dos dois fetos, padrões mais complexos foram identificados. Entre 85 e 99 dias da data da última menstruação, observou-se um contato mais próximo entre os corpos ou extremidades, e de longa duração.

Um segundo tipo de contato foi identificado como contato com a boca. Esse tipo de contato foi observado a partir de 92 dias, com média de 110 dias. Vale ressaltar que, nesse estudo, os autores observaram que o contato entre gêmeos monozigóticos ocorreu mais precocemente do que entre gêmeos dizigóticos.[292] Arabin *et al.*, apesar de reconhecerem as limitações do seu estudo qualitativo, levantaram questões importantes. Primeiro observaram uma relação entre o tempo em que as primeiras sinapses axossomáticas e axodendríticas se desenvolviam, identificada por volta da 8ª até a 10ª semana, e o rápido desenvolvimento dos movimentos motores, com os primeiros contatos entre gêmeos monozigóticos. Além disso, constataram que, por volta da 12ª até a 15ª semana da data da última menstrução, período de grande crescimento sináptico axossomático, havia o aparecimento de contato entre gêmeos dizigóticos que provocava reação em um dos gêmeos. Dessa forma, os autores ofertaram uma grande contribuição para o entendimento do processo de neurodesenvolvimento dos circuitos sensoriais e motores.

Outro estudo de grande importância na estruturação da nossa ideia acerca dos primeiros traços mnêmicos fetais foi desenvolvido por uma teoria de Bystrova em 2009.[293] A autora levantou a hipótese de que a regulação do crescimento fetal humano estaria relacionada com o ambiente uterino, no sentido de existir um segundo sistema tátil de fibras aferentes tipo C de baixo limiar. Essas fibras seriam ativadas pelas condições ambientais do líquido amniótico e, conjuntamente com o lanugo e o vérnix caseoso, formariam um instrumento natural único ao acelerar o crescimento fetal a partir da metade da gestação, e diminuiria o seu ritmo ao final do período gestacional. A ideia era a de que oscilações repetidas dos lanugos, envoltos no vérnix caseoso durante os movimentos fetais, no líquido amniótico, poderiam ativar os mecanorreceptores conectados às fibras tipo C-aferentes não mielinizadas, e assim conduzir impulsos dos dermatomas da pele fetal para o SNC. Essa teoria apresenta um fundamento de grande robustez. No meu entender, essa teoria oferece uma ferramenta bastante útil para pensar a memória da pele como os primeiros traços mnêmicos, além de ser a primeira fonte de captação de energia exógena oriunda do meio uterino.

Segundo Brystova,[293] a principal função dessas fibras tipo C seria a de conduzir impulsos via medula espinhal e ativar a zona sensorial vagal, o hipotálamo e o córtex insular. Esse circuito seria, então, responsável pelo efeito antiestresse por meio da liberação de ocitocina e da estimulação do crescimento fetal pelo efeito da icretina dos hormônios gastrointestinais. Esse primeiro efeito antiestresse relacionado ao crescimento fetal, segundo Brystova,[293] diminui ao final da gestação, e essa afirmativa corrobora a nossa ideia de que, no final do período gestacional, o excesso de estímulos sensoriais como o visual e auditivo, devido ao amadurecimento do córtex sensorial e das projeções talamocorticais, aumenta o fluxo da energia Q.* Esse aumento provocaria uma tensão sobre um aparelho psíquico, ainda em estruturação, causando, assim, uma sensação de desprazer, que culminaria com o ato de nascer.[301]

Esses achados permitem pensar sobre um primeiro estágio do desenvolvimento da memória fetal, visto que, ao considerarmos os estudos da biologia molecular, é mais fácil entender que esses primeiros contatos tácteis sensoriais com respostas motoras podem ser explicados por meio da teoria da memória sináptica, descrita por Kandel *et al.*[302] Para Kandel, a sensibilização seria a capacidade de um organismo tornar-se mais responsivo quando exposto aos estímulos fortes e dolorosos. Ainda não é possível afirmar se um feto sente dor, mas sabe-se que todo o circuito da dor já se encontra organizado durante a vida fetal.[303] Além disso, já é possível identificar que existem reações a certos estímulos sensoriais, e isso, por si só, já seria suficiente para pensar na possibilidade de que os primeiros estímulos sensoriais que provocam reação fetal podem iniciar toda a cadeia biomolecular que culminará com a formação de memórias mais arcaicas.

Assim, é possível teorizar que redes e conexões podem ser criadas, e estas irão, em uma crescente, amadurecer e formar os sistemas da memória na vida adulta. Vale salientar, dessa forma, que Kandel e Schwartz,[177] ao estudarem essas bases moleculares das respostas de sensibilização, constataram que, mesmo com a inibição da síntese de proteínas, ocorriam mudanças sinápticas durante a memória de curto prazo. Além disso, Brunelli, Castelucci e Kandel (1976),[225] ao injetarem AMPc nas células pré-sinápticas, observaram uma facilitação pré-sináptica, comprovando que o AMPc tinha um papel

* A energia Q foi descrita por Freud no *Projeto para uma psicologia científica*, de 1895, como o fluxo de energia exógena oriunda do mundo e que alcançaria o sistema nervoso central através dos neurônios *phi*.

fundamental no controle da força sináptica, oferecendo as primeiras evidências dos mecanismos moleculares da memória de curto prazo e da regulação da liberação dos neurotransmissores.[225] Os estudos de Greengard[248-253] comprovaram, então, que a AMPc teria uma ação no SNC a partir de uma proteína quinase dependente do AMPc, chamada dessa forma de PKA.

Estudos posteriores[254] sugeriram que essa AMPc poderia causar uma fosforilação dos canais de potássio (K^+) pela ativação da PKA,[254] e que a subunidade catalítica da PKA produzia uma ampliação no potencial de ação e aumentava a liberação do glutamato na fenda sináptica. Ora, sabe-se que uma das funções no desenvolvimento do SNC é, sem dúvida, a criação das redes neurais e da plasticidade cerebral. A comunicação entre diferentes áreas corticocorticais e corticossubcorticais, além da imensa capacidade de reorganizar-se e ter plasticidade, especialmente no período fetal e nos primeiros anos de vida, torna o cérebro humano uma grande máquina armazenadora de dados. Então, pensar que toda uma cascata biomolecular já se encontra funcionando dentro de um SNC fetal, e que já tem sua sinaptogênese e formação de redes expectantes de plasticidade, mesmo sem experiências de aprendizado,[290,291] é uma maneira muito robusta de teorizar que na vida fetal já se inicia a formação das memórias mais primitivas e, também, o início de uma estruturação de aparelho psíquico rudimentar e arcaico. Essa hipótese fundamenta a ideia de que a energia psíquica oriunda do meio exógeno e endógeno pode promover uma tensão com uma enorme sensação de desprazer, culminando com o ato de nascer. Seriam esses os primeiros traços mnêmicos arcaicos de natureza traumática?

Do ponto de vista neurobiológico, considera-se que no último trimestre gestacional a placa subcortical começa a sofrer uma morte autoprogramada ou apoptose; assim, ocorre uma importante redução na sua espessura. Porém, metade dos neurônios dessa placa transforma-se em neurônios intersticiais gabaérgicos da substância branca subcortical e nos futuros feixes que serão fundamentais para a formação das redes neurais da conectividade cerebral – e da memória e seus sistemas. Vale ressaltar que toda essa diferenciação neuronal segue uma base neuroquímica extremamente complexa. Essa ação molecular neuroquímica é fundamental na plasticidade sináptica, na sinaptogênese, na migração e na formação das placas corticais e das conexões cerebrais.[283-285,287,304,305]

A noradrenalina, por exemplo, por volta da 6ª semana, começa a regular o desenvolvimento das células de Cajal, que são os primeiros neurônios de origem cortical. Os neurônios glutamatérgicos passam a desenvolver atividade sináptica nas células piramidais por volta da 9ª semana. Os neurônios dopaminérgicos iniciam sua migração e sua função na migração e sinaptogênese por volta da 6ª até a 8ª semana. Além disso, os neurônios serotoninérgicos surgem por volta da 12ª semana da data da última menstruação, e são considerados um dos neurotransmissores mais importantes na migração, na sinaptogênese e na diferenciação das células progenitoras.[306,307] Como descrito anteriormente, a serotonina exerce um papel fundamental na memória, visto que o seu aumento na fenda pré-sináptica aumenta a liberação do AMPc, que, por sua vez, ativa a PKA e leva a um reforço sináptico por meio do aumento da liberação de neurotransmissores.[23]

Diante desses dados fica claro que, ainda na vida fetal, todo o processo biomolecular e neurofuncional da memória humana já começa a estruturar-se para formar as diversas redes que servirão para armazenar informações mais preliminares e preparar esse organismo para uma grande quantidade de informações e aprendizados que surgirão após o nascimento, especialmente nos dois primeiros anos da vida pós-natal, período em que ocorre um aumento nas conexões cortico-corticais e um novo pico de sinaptogênese.[284,287,308-310]

Falar de sinaptogênese fetal é falar de plasticidade sináptica estrutural. E quando se fala em plasticidade sináptica imediatamente se pensa que a função plástica cerebral depende de estímulos e experiências. Esse processo representa a ação do ambiente na organização biológica do cérebro humano, assim como a ação do ambiente na expressão gênica ao longo da evolução da espécie *sapiens*.

Os primeiros estudos que comprovaram a presença de plasticidade sináptica dependente de experiência foram feitos por Hubel e Wiesel.[311-314] Os autores comprovaram que gatinhos recém-nascidos, quando expostos à privação visual monocular do olho dominante, transferiam a dominância visual para o olho não dominante, que não sofrera privação. A partir desse estudo surgiu o termo "plasticidade sináptica dependente de experiência", de fundamental importância na compreensão do desenvolvimento dos circuitos e redes neurais.

O estudo descrito serviu de base para pensar o processo de plasticidade sináptica estrutural e o seu papel no desenvolvimento do cérebro humano.[309,314] No entanto, a questão mais desafiadora foi investigar em que momento do desenvolvimento embrionário e fetal iniciar-se-ia a função da plasticidade sináptica e se esta já seria dependente de experiências ainda na vida intrauterina. O que se sabe é que existe um processo de sinaptogênese durante o período mais precoce da vida fetal, logo após o fechamento do tubo neural, e um pico de expressão de genes que atuam na função das sinapses ocorrendo logo após esse período.[315-317] Sabe-se, também, que nos primeiros meses da vida fetal ocorre um grande crescimento de sinapses, que alcança seu pico por volta da 28ª semana. As aferências talâmicas, fundamentais na integração sensório-motora, desenvolvem-se a partir da 12ª até a 16ª semana gestacional e alcançam a placa subcortical, onde ficam aguardando a formação da placa cortical.[318] Durante essa fase, somente longas despolarizações de camadas mais profundas podem chegar ao córtex.[319] O mais interessante é que após a 24ª semana os axônios talamocorticais crescem e projetam-se para o córtex somatossensorial auditivo-visual e o córtex frontal, e assim toda a via que mediará a percepção da dor torna-se funcional por volta da 29ª até a 30ª semana. Além disso, a partir da 26ª semana os neurônios piramidais do córtex visual desenvolvem espinhas dendríticas fundamentais para as conexões sinápticas de curto e longo prazo.[303,319]

Dessa forma, é absolutamente pertinente pensar que o cérebro humano já nasce preparado para criar sistemas de memória que servirão como a base de todo o comportamento humano, pois será por meio do aprendizado, inicialmente motor e sensorial, que todos os circuitos relacionados às memórias implícitas e explícitas serão construídos para que o ser humano possa, por meio dessas memórias de aprendizados cognitivo-comportamentais, conseguir se relacionar com o ambiente sociocultural, adaptando-se às contingências ambientais para sua autopreservação – e para a própria preservação da espécie.[284,303]

O neurodesenvolvimento da memória e o aparelho psíquico

Quando Freud pensou sobre o psiquismo humano, considerou como base de toda a estruturação psíquica e comportamental o fluxo de energia oriunda do mundo externo e do nosso mundo interior. O pioneirismo de falar de energia não foi de Freud. Os gregos antigos já discutiam sobre a energia e a sua conservação.

Outra grande base teórica e uma das grandes descobertas da física moderna surgiu com a descrição de Schrödinger sobre a função de onda, que conseguiu descrever nos átomos a energia dos elétrons. Schrödinger, para além da teoria da mecânica ondulatória, em que descreve as estruturas materiais subatômicas como eventos ondulatórios no espaço-tempo, foi responsável por uma grande produção intelectual na busca pelo diálogo entre a ciência e a filosofia. Ele sempre defendeu que toda ciência faz parte da filosofia, ou seja, não pode existir ciência que não seja filosófica.[320,321] Para Schrödinger, todos os desdobramentos da ciência tiveram como nascedouro a Grécia antiga, e tiveram como maior precursor o grande Tales de Mileto.[322] Em seu livro intitulado *Nature and the Greeks* (A natureza e os gregos), fica claro que os pré-socráticos foram os pioneiros nos estudos da natureza e da ideia de que[322] "Toda a matéria que compõe o mundo tem, em toda a sua infinita variedade e apesar de tudo, tanto em comum que deve ser, intrinsecamente, o mesmo elemento".

Além disso, a ideia atomista de Leucito e Demócrito formou a base científica para o que viria a ser a física moderna da mecânica quântica: a matéria e a energia.[322]

Sabe-se que a física mecânica quântica tem oferecido um entendimento do problema mente-cérebro no que diz respeito à questão da consciência, e que os avanços neurocientíficos têm levado à compreensão dos circuitos neurais para uma dimensão molecular de nanoescalas. Além disso, várias pesquisas e estudos identificaram nos canais de cálcio dos terminais sinápticos um possível efeito de tunelamento quântico. Eccles, prêmio Nobel de Fisiologia ou Medicina em 1963, usou os estudos da física mecânica quântica na medicina, supondo que haveria um efeito de nuvem quântica nos terminais sinápticos dos neurônios piramidais e que essa nuvem quântica poderia ser pensada como o processo da consciência humana.[323-326]

Os estudos de Beck e Eccles (1992)[327] revelaram que as microestruturas neocorticais poderiam produzir impulsos nervosos que levariam à emissão de moléculas transmissoras pelo processo de exocitose. Ao afirmar que a exocitose seria um fenômeno quântico da grade vesicular pré-sináptica, os autores propuseram uma teoria afirmando que todo ato voluntário consciente tornar-se-ia efetivo pelo aumento da probabilidade da liberação de vesículas de milhares de sinapses de cada célula piramidal com base em uma seleção quântica. Dessa forma, os estudos de John Eccles promoveram um olhar profundo sobre a mecânica quântica e os efeitos da mente sobre o aparelho físico cerebral.[327-330]

Ao estudar o problema mente-cérebro, Eccles propôs que eventos mentais poderiam causar eventos cerebrais analogamente como a função de onda $\Psi\ (x,t)$ que, na mecânica quântica, determina a probabilidade $|\Psi\ (x,t)|^2$ de dada partícula quântica ser encontrada em uma posição x em certo momento do tempo t.[327] Destarte, Eccles sugeriu como hipótese que os efeitos quânticos poder-se-iam manifestar nos processos de liberação de neurotransmissores pelas vesículas sinápticas ao identificar que as vesículas sinápticas apresentavam cerca de 40 nm de diâmetro e estavam sujeitas à relação da incerteza quântica.[327] Para Beck e Eccles, essa ação de liberação de neurotransmissores nas vesículas sinápticas estaria sujeita à relação de incerteza devido à probabilidade de a exocitose ser muito baixa após cada despolarização. Isso seria pensado ao considerar o efeito de tunelamento quântico (fenômeno descrito pela mecânica quântica, no qual partículas podem transpor um estado de energia – algo que, pelas leis da física clássica, não seria possível).[327]

O pressuposto da física quântica assume que uma partícula pode transpor regiões cercadas por barreiras potenciais mesmo que sua energia cinética seja menor que a energia potencial da barreira. Quando a energia ultrapassa a barreira, sabe-se que a energia da partícula se mantém – o que muda é a amplitude da onda quântica. Ao considerar esse pressuposto, Beck e Eccles usaram o modelo da exocitose neuronal para explicar que cada terminal axonal poderia conter aproximadamente 50 vesículas sinápticas ancoradas em uma grade de vesículas pré-sinápticas, e, se um potencial elétrico fosse aplicado e despolarizasse o axônio terminal, mais de uma vesícula sináptica liberaria neurotransmissores dentro da fenda sináptica.

Beck e Eccles (1992) consideraram que, devido ao fato de cada axônio apresentar mais de mil terminais pré-sinápticos, se a liberação dos neurotransmissores fosse devida ao clássico modelo de flutuações térmicas aleatórias, então o mecanismo funcional do cérebro seria lançado em poucos segundos dentro de um completo caos.[327] Por essa razão, ele considerou que a estrutura organizacional do cérebro não era compatível com esse tipo de desorganização, então seria plausível levantar a hipótese de existir uma probabilidade de a liberação neuroquímica na fenda pré-sináptica ser de provável origem mecânica, e esta estaria sujeita à influência causal direta por meios da sua própria consciência. Assim, para Beck e Eccles, a mente composta de experiências conscientes poderia interagir de maneira causal com o cérebro sem violar as leis da física quântica.[327]

Os estudos de Beck e Eccles, por mais teóricos que sejam, ajudam a supor que as memórias retidas ainda na vida fetal, e que expressam experiências primitivas arcaicas, podem se comportar como um tipo de experiência inconsciente que interage de maneira causal com o cérebro. Ora, se os neurônios glutamatérgicos começam a produzir atividades sinápticas axossomáticas e axodendríticas nas células piramidais por volta da 9ª semana, e sendo esses neurotransmissores glutamatérgicos excitatórios um dos primeiros a migrar para a placa subcortical e, posteriormente, para a placa cortical, existe a probabilidade de que uma onda de energia possa produzir efeitos quânticos. É possível teorizar, desse modo, que o fluxo de energia produzido pelas experiências arcaicas do feto pelo contato com o ambiente uterino, ou seja, energia exógena, e pelas demandas endógenas das necessidades fisiológicas fetais, funcione produzindo um fluxo de energia.

Ao associar a teoria freudiana aos estudos neurofisiológicos, que demonstram que na fase pré-termo o cérebro fetal já apresenta uma intensa sinaptogênese e migração de neurônios para a placa cortical, é aceitável supor que o fluxo de estímulos exógenos e endógenos funcione como a fonte de traços mnêmicos arcaicos carregados de um grande *quantum* de energia. Esse *quantum* de energia, relacionado aos traços mnêmicos implícitos/interoceptivos e explícitos/sensório-motores, representa os primeiros sinais de um psiquismo fetal ainda em estruturação. Dessa forma, pensar sobre um inconsciente dinâmico e preenchido por um *quantum* de energia, que também poderia influenciar o aparelho físico-cerebral, só foi possível a partir do momento em que Freud, com toda a sua experiência como neurologista e neurofisiologista, elaborou um construto teórico acerca do aparelho psíquico humano.

Memórias inconscientes

Quantas reminiscências escondem-se nas profundezas do nosso inconsciente? Sabemos que muitos são os segredos que guardamos de nós mesmos, segredos estes que surgem disfarçados ora de desejos, ora de medos e traumas, e cujas razões nem sequer conhecemos. Freud foi, sem dúvida, o primeiro a buscar entender o porquê de as reminiscências retornarem ao presente em busca de reviver seus prazeres e desprazeres. Talvez seja esta a pergunta que nos persegue por toda a vida: por que o passado assombra e alegra? Por que o passado, as memórias, lembranças e culpas, sempre acompanham e provocam as mais diversas reações emocionais e moldam os afetos e relações? A memória humana, para além de uma rede de informações e aprendizados armazenados em diferentes sistemas, alcança dimensões que vão desde as memórias que facilmente chegam à consciência até aquelas que ficam profundamente enraizadas no inconsciente.

É sobre essa memória que a psicanálise se debruça: sobre as memórias que deixam marcas no mais profundo lugar do psiquismo humano. Freud, no início do desenvolvimento da sua teoria, ainda na fase pré-psicanalítica, ao escrever o *Projeto para uma psicologia científica*, em 1895, já buscava explicações sobre como os traços mnêmicos eram criados a partir das grandes massas de energia descarregadas sobre o sistema nervoso, energia esta relacionada às percepções sensoriais (energia exógena) e às necessidades básicas corporais (energia endógena).

De modo geral, o tema da energia psíquica e da memória sempre influenciou as obras de Freud. Em vários trabalhos, observou-se que

Freud formulou pressupostos teóricos e progressivamente foi acrescentando, revendo e criando teorias. As funções da memória, suas distorções, falsas memórias e fantasias, a própria amnésia infantil, foram temas aprofundados e construídos por Freud – e que têm, sem dúvida, um valor científico inestimável para quem estuda a memória humana. Para compreender toda a grandiosidade dos seus estudos, retornar ao seu primeiro trabalho, *Projeto para uma psicologia científica*, é um convite desafiador e necessário.

No *Projeto*, Freud inicia sua construção teórica partindo de uma primeira concepção quantitativa do sistema nervoso. Observações clínicas com quadros de histeria e obsessões fizeram-no pensar em processos como descargas, conversões, levando à ideia da excitação neuronal como "uma quantidade em estado de fluxo".[235] Antes de chegar à concepção inicial da memória, Freud fala sobre um sistema nervoso que, ao receber uma grande quantidade de energia oriunda do mundo externo (energia exógena), busca uma forma de descarregar esse excesso de energia, por ele denominada Qs. Ele, então, fala sobre o "princípio da inércia", que seria a necessidade de os neurônios descarregarem essa energia sobre o aparelho motor e retornarem ao seu estado anterior. O princípio da inércia poderia, segundo Freud, explicar a dicotomia entre os neurônios sensoriais e motores, na qual estes últimos teriam como principal objetivo reduzir ou livrar-se da energia intercelular Qn – e essa seria a função primária do sistema nervoso.

Por outro lado, para Freud, na medida em que um organismo se tornasse mais complexo do ponto de vista biológico, uma função secundária passaria a ser desenvolvida. Isso ocorreria quando o sistema nervoso passasse a receber energia oriunda do aparelho somático – os estímulos endógenos, que se originariam das células do corpo e que, também, precisariam ser descarregados. Nesse caso, sendo essa energia fruto das necessidades básicas vitais do ser vivo (alimentação, sexualidade, respiração etc.), seria impossível se esquivar, ou seja, ocorrer uma fuga de estímulo.[235]

A fim de haver uma reserva de energia que permitisse a resposta imediata caso houvesse uma necessidade endógena emergencial que ameaçasse a vida, seria importante que os neurônios não se livrassem de toda a sua catexia, e mantivessem o mínimo possível de Qn. Mas, ao mesmo tempo, seria necessário resguardar-se de seu excesso, quer dizer, manter um princípio de constância para dar conta de um possível predomínio para a execução de uma ação específica necessária.[235] Do ponto de vista neurobiológico, no nosso entender, essa teoria freudiana seria a mesma que a homeostase relacionada à função do SNA e suas vias simpáticas e parassimpáticas.

No entanto, para Freud, a energia que flui pelos neurônios – e que será descarregada – poderá sofrer, especialmente durante a passagem de uma célula para outra, uma redução da sua Qn, devido às inúmeras ramificações "sinápticas"* com diferentes calibres e vias, dissipando o fluxo da energia Qn e desenvolvendo resistências a essas passagens – podendo criar as chamadas barreiras de contato.[235]

Dessa forma, as barreiras de contato da teoria freudiana teriam como principal vantagem criar memórias.[235] Segundo Freud, a memória seria "a capacidade do sistema nervoso de ser alterado por simples ocorrências"[*,235]

Freud, então, afirma que uma teoria psicológica robusta deveria fornecer uma explicação digna para a "memória". Na sua visão, isso levaria a pensar em um sistema nervoso que possuísse neurônios ao mesmo tempo indiferenciados, inalterados e influenciados, algo que ele considerou improvável para um sistema tão complexo. Assim, Freud foi levado a pensar em uma classe de neurônios que estariam sempre influenciados pela excitação, e que depois de cessadas essas

---

* Esse termo ainda não era usado na época da escrita do *Projeto*.

excitações ficariam permanentemente modificados em relação ao seu estado anterior. Haveria também uma segunda classe que teria a imutabilidade – estar livre para excitações inéditas, como a função-chave. Essas duas classes representariam as células perceptuais e mnêmicas.[235]

Para Freud, a teoria das barreiras de contato trouxe a ideia de que haveria neurônios que deixariam passar livremente a energia Qn, os chamados neurônios permeáveis; e outros que deixariam passar essa energia de forma parcial, ou com dificuldade, os neurônios impermeáveis. Seriam estes últimos tipos de neurônios possuidores de barreiras de contato com graus de resistências e facilitações que, após a passagem da energia, ficariam modificados em relação ao estado anterior, tornando-se catexizados, o que forneceria a possibilidade de representar a memória. De acordo com Freud, existiriam, então, neurônios permeáveis que não ofereceriam resistência e nada reteriam, e que seriam destinados às percepções sensoriais. E aqueles que seriam impermeáveis, que possuiriam barreiras de contato e resistência à passagem da Qn, os quais seriam portadores das memórias e, com isso, "provavelmente também dos processos psíquicos em geral".[235]

Freud denominou esses dois tipos de neurônios permeáveis e impermeáveis de phi e psi, respectivamente. Para estes últimos, sobre os quais nos interessa sua função, Freud os descreve como neurônios que ficariam permanentemente alterados pela passagem da Qn (excitação), o que quer dizer que suas barreiras de contato estariam permanentemente alteradas. Porém, considerando que o sistema nervoso sempre se encontra em estado de reaprendizagem baseado na memória, isso seria o mesmo que pensar que essas barreiras de contato deveriam ficar mais permeáveis e com mais facilitações para a passagem de Qn quando da presença de um novo fluxo de energia proveniente de uma memória já aprendida. Dessa forma, Freud afirma que "a memória está representada pelas facilitações entre os neurônios psi".[235]

Ao aprofundar sua teoria, Freud volta a afirmar que essas facilitações não poderiam ser todas iguais para os diversos neurônios psi: tanto a Qn poderia passar por certas vias como sofrer bloqueios por outras, e a tendência seria sempre a de seguir pelas vias com maior facilitação. Em outras palavras: "A memória está representada pelas diferenças entre as facilitações dos neurônios psi".[235]

E de que dependeriam essas facilitações? Para Freud, seria exatamente da memória de uma experiência, ou seja, da sua força contínua, da magnitude e da frequência com que essas impressões experenciadas se repetiriam.[235]

Quando desenvolveu a ideia das barreiras de contato e pensou que seriam as facilitações entre os neurônios psi que poderiam representar a memória, Freud precisou aprofundar seus estudos para tentar explicar como a quantidade de energia Qn se transformaria em qualidade. Ou seja, como uma descarga, ou por que não dizer uma despolarização neuronal (seguindo o fluxo axonal até alcançar os dendritos e as terminações sinápticas), poderia criar traços mnêmicos? Para entender esse pressuposto, Freud afirmou que seria fundamental encontrar um lugar para a consciência dentro dos processos psi quantitativos, apesar de afirmar que nem todos os processos psíquicos estariam dentro da consciência e que muitos ocorriam de forma inconsciente.

Para Freud, a consciência nos daria o que chamou de "qualidades", e ele se perguntou como e de onde elas se originariam. Para ele, não seria no mundo externo, pois lá somente haveria massas de energia em movimento. Muito menos no aparelho phi, que serviria apenas para descarregar a quantidade de Qn exógena. Também não poderia ser no aparelho psi, pois este estaria voltado para a reprodução dessa energia, e não teria qualidades perceptuais. Dessa forma, Freud introduziu a ideia de outro tipo de neurônio, denominado ômega. Esses neurônios seriam excitados com a percepção produzindo diversas qualidades – ou sensações conscientes.[235]

Segundo Freud, o fluxo de energia Qn para alcançar os neurônios ômega produzia qualidades conscientes e teria que reduzir sua quantidade ao mínimo possível. Ou seja, quanto menor a quantidade de energia, maior seria a possibilidade de representar a consciência. Dessa forma, Freud descreve que seria pertinente pensar que o fluxo de energia exógena ao penetrar no sistema phi (neurônios permeáveis ligados ao mundo exterior) sofreria sua primeira redução de intensidade ao ter que esbarrar em telas, ou peneiras, existentes nas terminações desses neurônios e suas ramificações. Além disso, o fluxo de energia de phi alcançaria as barreiras de contato dos neurônios psi, sofrendo um segundo bloqueio: desta vez passaria pelas barreiras facilitadas, ou outros desvios que fossem encontrados até psi. A Qn projetada de psi chegaria a ômega substancialmente reduzida e pronta para representar a consciência de uma memória – o que poderia ser uma experiência de satisfação, de um desejo, de uma dor etc.

Para compreender a experiência de satisfação descrita por Freud, é necessário lembrar que, ao conceber a ideia dos processos psi como aqueles que recebem a catexia tanto dos neurônios phi quanto do interior do corpo, Freud levantou a hipótese de que haveria dois tipos de neurônios psi: uns mais corticais e superficiais, que receberiam o fluxo de energia oriundo dos neurônios phi (ou seja, do mundo externo); e os neurônios nucleares, que receberiam a catexia da via endógena.[235] Para Freud, todo fluxo de energia oriunda do interior do corpo para psi tenderia a uma descarga imediata sobre a via motora, e a primeira a ser descarregada seria a que conduziria à alteração interna (como uma reação emocional, gritos, inervação vascular, expressões das emoções). Inclusive, é possível supor, atualmente, que do ponto de vista da neurociência essa descarga seria uma alteração do sistema nervoso simpático. Mas Freud considerou, de forma bem coerente, que esse tipo de descarga não seria completo, visto que o sistema nervoso e os processos psi continuariam se enchendo de mais catexia ou energia Qn – até que a necessidade fosse suprida a partir de uma oferta vinda do mundo externo (como no caso de uma severa hipoglicemia, na qual seria necessário um alimento etc.).

Freud diz que, no princípio do desenvolvimento humano, a criança é incapaz de prover essa necessidade básica com autossuficiência, necessitando de um outro para auxiliá-la. Caso isso não ocorra, a tensão em psi continuará aumentando e a sensação de desprazer será sentida pelos neurônios ômega. Somente com a oferta de um alimento feito por um adulto, por exemplo, é que essa criança descarregará sua Qn, reduzindo desse modo a tensão em psi – e assim experimentará a sensação de prazer vivendo a experiência de satisfação. Para Freud, o desamparo inicial é a fonte de todos os motivos morais, e a presença de um outro na experiência de satisfação seria a primeira concepção da comunicação.[235]

Quando os neurônios psi são catexizados pela via endógena e por phi, facilitações nas barreiras de contato ocorrem por um princípio de simultaneidade. Em outras palavras, se um neurônio psi "a" for simultaneamente catexizado com um neurônio psi "b", ocorrerá uma facilitação da barreira de contato entre "a-b", ou seja, a Qn sempre passará mais facilmente por um neurônio catexizado.

Ao considerar o pressuposto acima descrito, o que ocorre após esse processo é que Freud vai pensar que o curso da Qn do neurônio "a" não só tomará a direção da barreira mais facilitada como também do neurônio mais catexizado do lado oposto, e os dois fatores podem associar-se ou antagonizar-se. Assim, a experiência de satisfação descrita por Freud pode ser explicada ao considerar que o resultado da experiência de satisfação promove uma facilitação entre as duas imagens mnêmicas "a-b", e entre os neurônios nucleares que ficam catexizados em estado de urgência. Por essa razão, Freud afirma que, nesse momento, junto à descarga de satisfação, esvaem-se, também, as imagens mnêmicas criadas. Ao reaparecer o estado de desejo ou de urgência, reaparece uma ativação das imagens mnêmicas – que agora voltam a ficar catexizadas. Dessa forma, a teoria freudiana afirma que a imagem mnêmica do objeto, ou a memória do objeto, seria a primeira a ser afetada pela ativação do desejo.

Essa experiência de satisfação no indivíduo tem consequências que, segundo Freud, seriam as mais radicais no desenvolvimento das funções do sujeito, visto que três processos ocorreriam no sistema psi:

1. Uma descarga permanente e, assim, a eliminação da urgência que causou o desprazer em ômega.
2. A catexização no *pallium* de um ou vários neurônios, que corresponde à percepção do objeto.
3. A chegada de informações a outros pontos do *pallium* sobre a descarga do movimento reflexo liberado que se segue à ação específica.

Dessa maneira, estabelece-se uma facilitação entre as catexias e os neurônios nucleares.[235] Para Freud, o caminho inaugurado por esse processo promove uma oportunidade para provocar novas excitações sensoriais provenientes da pele e dos músculos, visto que a descarga reflexa de cada movimento produziria em psi uma memória cinestésica ou uma imagem motora desses movimentos.

Freud foi um autor de vanguarda. Para se ter uma ideia do pioneirismo do seu pensamento, que do fim do século retrasado, até hoje podemos utilizar sua teoria na compreensão dos processos psíquicos. Com a finalidade de ilustrar essa atualidade, remeteremos a um exemplo contendo as ideias do *Projeto* (1895) e o cotidiano do bebê como ainda hoje, do ponto de vista psíquico, o compreendemos.

Diante de uma necessidade biológica, o bebê sofre um aumento de tensão psíquica devido ao acúmulo de energia endógena proveniente do interior do corpo, e relacionada a uma necessidade vital urgente. Essa tensão provoca o desequilíbrio homeostático em virtude da iminência de um risco à vida (fome gerando hipoglicemia severa, por exemplo). A energia endógena, então, atua sobre os neurônios psi e ômega, e é descarregada sobre o aparelho motor para que uma ação seja executada (gritos, choro etc.). Nesse momento, a presença de um outro, no caso, a mãe com seu seio, oferece o nutriente necessário para que a necessidade seja suprida. Assim, a descarga da Qn reduz a sensação de desprazer em ômega – e ao mesmo tempo catexiza os neurônios psi do *pallium* (corticais) correspondentes à percepção do objeto (o peito materno). Na sequência, em outros pontos do *pallium,* chegam informações referentes à descarga motora do movimento reflexo associado à ação específica. Pode-se conjecturar que esse processo resulta na formação de uma memória motora reflexa acerca da ação necessária para que esta possa ser aprendida e executada com mais facilidade (esse movimento reflexo pode vir a acontecer mesmo sem a presença do objeto – quando o bebê, com fome e chorando, executa movimentos motores reflexos como se estivesse buscando o peito materno, mesmo sem este ainda ser apresentado – ele alucina). Assim posto, uma memória motora ou cinestésica é produzida nos neurônios psi, que, por meio das suas facilitações, descarregam a Qn acumulada relacionada à sensação de desprazer. Ao fazê-lo, armazena a lembrança de uma experiência de satisfação, que, segundo Freud, no seu *Projeto para uma psicologia científica*, seria o conceito de desejo primário.

A experiência de satisfação levará à facilitação entre as duas imagens mnêmicas e os neurônios nucleares, e, por essa razão, Freud, desde o primeiro momento da sua teorização, vai afirmar que o Ego é antes de tudo corporal. Em outras palavras, nossas memórias primordiais correspondem aos processos de necessidades básicas de autopreservação. No início da vida, essas necessidades não podem ser supridas a não ser por um outro que ofertará sua ajuda. Essa experiência será refletida no psiquismo desse ser frágil e vulnerável, como a descarga de uma quantidade de energia acumulada, uma tensão psíquica sobre o núcleo de psi. Essa energia, retornando ao corpo, através do que Freud chamou de neurônio-chave, será descarregada, liberando substâncias químicas necessárias para o retorno ao equilíbrio homeostático.

A descarga sentida visceralmente a partir dos neurônios psi nucleares, em conexão direta com os neurônios psi corticais, produzirá uma percepção subjetiva consciente de prazer, e uma memória motora cinestésica de qual ação será executada para alcançar novamente aquele ato que o fará sobreviver. Quando, em um segundo momento, essa mesma sensação de desprazer ocorrer por uma necessidade outra, todas essas conexões entre o corpo e as redes de neurônios corticais estarão facilitadas para que, novamente, seja acionado o ato motor necessário para buscar a forma de suprimir a necessidade básica e reviver a experiência de satisfação. Porém, uma vez que essa memória fica fixada nos neurônios psi, a ativação de um desejo, sem uma necessidade fisiológica iminente, mas existindo apenas o desejo de ter o objeto de satisfação, produzirá algo idêntico à percepção – o que Freud chamou de alucinação.[235]

A segunda questão abordada por Freud no *Projeto para uma psicologia científica* diz respeito à experiência da dor. Esse assunto será abordado no Capítulo 2, "A dor e suas memórias". Para Freud, a vivência de um estímulo doloroso real seria o único processo capaz de romper com os bloqueios psíquicos e deixar a energia exógena Qs, que, de forma irruptiva, transpassaria as telas ou peneiras das terminações dos neurônios phi e causaria um aumento da tensão psíquica em psi. Esta, por sua vez, seria sentida como uma forte sensação de desprazer nos neurônios ômega. Esse aumento de tensão em ômega levaria a uma tendência à descarga sobre o aparelho motor, além da criação de uma facilitação entre a sensação de desprazer sentida e a imagem mnêmica do objeto hostil causador da dor.[235]

Entre outras palavras, o que Freud explica é:[235]

> *Na experiência da dor propriamente dita, era a Q externa irruptiva que elevava o nível psi. Na reprodução da experiência – no afeto – a única Q adicional é a que catexiza a lembrança, sendo evidente que esta é da mesma natureza de qualquer outra percepção e não pode ter como resultado o aumento geral da Qn (p. 372).*

Freud fala que os resíduos das experiências de dor e satisfação culminam com estados de afetos e desejos. Esses, por sua vez, produzirão o aumento da Qn no sistema psi, onde no estado do afeto as descargas tendem a ser súbitas, ao passo que no estado de desejo ocorrerão em somatório. O estado de desejo, como descrito por Freud no *Projeto* (1895), resultará em um tipo de comportamento de atração positiva pelo objeto desejado, especificamente por sua imagem mnêmica, sua memória, o que corresponderia ao desejo primário. Por outro lado, a experiência da dor leva à repulsa, uma aversão ao objeto danoso devido à catexização dessa imagem mnêmica hostil, o que corresponderia ao que Freud denominou defesa primária.[235]

Quando Freud descreveu sua teoria sobre os estados de desejo e dor, nada se sabia acerca das atividades corticais cerebrais. Nem sequer o eletroencefalograma havia sido descoberto. Com os avanços científicos, especialmente os estudos de Davidson[331-332] sobre os padrões de assimetria da frequência alfa frontal, ficou comprovado que, de fato, estímulos aversivos, hostis, provocavam ativação do córtex frontal direito, o que corresponderia às emoções negativas. Por outro lado, estímulos prazerosos ligados ao desejo promoviam a ativação do córtex frontal esquerdo, correspondendo às emoções positivas. Os estudos de Davidson também revelaram que não só a presença dos estímulos aversivos, ou não aversivos, provocava esse tipo de ativação, mas certas percepções de experiências sociais provocavam um comportamento de aproximação ao objeto desejado ou de afastamento desse objeto.[333] Dessa forma, pensar na ideia de

Freud, seria interpretar que o aumento da tensão psíquica diante de uma lembrança, ou imagem mnêmica de uma experiência vivida, poderia descarregar sobre o aparelho físico cerebral essa Qn, alterando a ativação cortical no lobo frontal direito ou esquerdo, dependendo do seu conteúdo afetivo negativo ou positivo, e essa ativação alteraria o comportamento humano para uma ação de aversão ou aproximação do objeto apresentado, ora de forma consciente, ora totalmente inconsciente.

Em situações da vida cotidiana, é comum deparar com situações em que, sem o devido conhecimento das razões conscientes, tomam-se atitudes de afastar-se de certas pessoas, lugares etc. devido às percepções subjetivas de que aquilo é desconfortável ou desprazeroso. O mesmo ocorre de maneira inversa. Esse desprazer ou esse prazer sentido psiquicamente tem agora a possiblidade de ser compreendido por meio dos pressupostos teóricos de Freud sobre as imagens mnêmicas acima mencionadas.

Pode-se observar que Freud ampliou seus estudos sobre a memória humana em escritos como o "O Eu e o Id".[334] Esse trabalho inicia com uma discussão acerca da consciência e do inconsciente. Para Freud, seria importante entender que a consciência não é algo duradouro, que ela invoca uma percepção imediata e segura, e tende a passar com rapidez. Segundo ele, "uma ideia agora consciente não o é mais no instante seguinte, mas pode voltar a sê-lo com determinadas condições fáceis de se produzirem".[334]

Durante o estado de não consciência, uma ideia, por exemplo, estaria em estado de latência, mas poderia ser facilmente acessada pela consciência; no entanto, para Freud, também se pode afirmar que estaria inconsciente. De acordo com a teoria freudiana, esse inconsciente passível de se tornar consciente seria chamado de pré-consciente. Por outro lado, o verdadeiro conceito de inconsciente, usado a partir da metapsicologia, foi construído de uma necessidade de compreender a dinâmica psíquica do porquê de certos conteúdos, como as memórias não conseguirem alcançar a consciência devido à presença de forças opostas. Freud denominou essas forças repressão e afirmou: "O reprimido é, para nós, o protótipo do que é inconsciente".[334]

Freud inicia seu texto emblemático para a virada de sua teoria acerca do aparelho psíquico recapitulando a noção de dois inconscientes: um latente, que chamou de pré-consciente (pcs), que estaria mais próximo do consciente (cs); e um reprimido, inconsciente (ics). As memórias, ou os traços mnêmicos, podem estar inscritos tanto no pré-consciente quanto no inconsciente, sendo, portanto, sempre inconscientes no sentido descritivo. Ou seja, estariam sujeitas à quantidade, ao deslocamento, ao aumento da descarga de energia ligada a elas. São entendidas como imagens representacionais carregadas de energia às quais se ligam afetos prazerosos ou desprazerosos.

Freud considerava a consciência a superfície do aparelho psíquico, que estaria em comunicação com as percepções sensoriais externas e com as internas, as quais ele chamou de sensações e sentimentos. Por outro lado, ao falar sobre outros processos internos, os pensamentos, ele questionou se se efetivariam como deslocamento da energia psíquica em direção a uma ação dentro do aparelho psíquico, e que, avançando para superfície, faria emergir a consciência, ou se a consciência abriria caminho até eles. Sua conclusão é a de que deve haver uma terceira via. Essa questão demonstra para Freud a dificuldade de pensar nos processos psíquicos apenas sob o ponto de vista topográfico ou de localização mental.

Para Freud, uma ideia inconsciente (ics) estaria em algum lugar desconhecido, enquanto uma ideia pré-consciente (pcs) (um pensamento) estaria ligada a representações verbais com mais chance de se tornarem conhecidas.[334,335]

O mais importante no que concerne à questão da memória é que essas representações verbais seriam, segundo Freud, os resíduos mnêmicos que outrora foram uma vez percepções, e que poderiam voltar a ser conscientes. Ou seja, para Freud,[334]

> *apenas pode tornar-se consciente aquilo que uma vez foi percepção consciente, e que, excluindo os sentimentos, qualquer coisa proveniente de dentro que procure tornar-se consciente deve tentar converter-se em percepções externas. O que se torna possível mediante os traços mnemônicos. (p. 24)*

Freud explica que os resíduos de memória estariam contidos em sistemas adjacentes ao sistema perceptual-consciente (Pcp-Cs), e, assim, os investimentos desses resíduos mnêmicos poderiam, com facilidade, estender-se, a partir do interior, para os elementos do sistema Pcp-Cs.

É importante ressaltar que Freud vai fazer uma distinção entre os resíduos de memória, a percepção externa e as alucinações. Para ele, a lembrança mais viva seria diferenciada tanto da alucinação quanto da percepção externa, e, ao se reavivar uma lembrança (ativar os resíduos mnêmicos), o investimento seria conservado no sistema mnemônico, ao passo que a alucinação surgiria quando o investimento não só se estendesse para o elemento perceptual (Pcp), a partir do traço mnemônico, mas se transferisse inteiramente para ele.[334]

Quanto aos resíduos verbais, ou os traços mnemônicos verbais, estes seriam derivados de percepções acústicas, nas quais a palavra seria o resíduo mnemônico da palavra ouvida.[334] Por outro lado, os resíduos mnemônicos óticos, ou os traços mnêmicos – da coisa –, apesar de não ser o principal mecanismo de acesso da memória à consciência, em alguns indivíduos poderiam se tornar conscientes mediante o retorno aos resíduos visuais. Para Freud, pensar em imagens seria uma forma bastante incompleta de tornar-se consciente. Essa forma de pensamento em imagens seria mais arcaica, primitiva, ontogenética e filogeneticamente falando, e para Freud estaria mais próxima dos processos inconscientes.[334]

A ideia freudiana de que os resíduos de memórias óticas seriam mais arcaicos pode ser vista do ponto de vista evolutivo como algo que precedeu o aparelho da linguagem e, por essa razão, apresenta-se como algo mais primitivo, menos elaborado, por que não dizer mais próximo do inconsciente, como bem falou Freud. Nos ancestrais pré-humanos, antes do *big bang* da linguagem no Paleolítico superior (a evolução da mente humana), o que predominava em termos de função de memória mais descriminada era a função de navegação dependente do mapa cognitivo fundamental para o comportamento de forrageamento; uma memória de forrageamento manual para escolhas entre itens valiosos e preferidos, ajudando a obtê-los por meio de movimentos guiados visualmente; memória de recursos sensoriais como atributos relacionados a cores, texturas visuais, transluscência, forma, brilho, além de propriedades auditivas semelhantes, e métricas como velocidade, lugares, números, ordem, distâncias, duração etc.[77]

Em outras palavras, sem dúvida, a comunicação dos nossos ancestrais, por meio da descrição de cenas e experiências, era menos elaborada e mais visual e motora, predominando as pantomimas e as vocalizações. Sabe-se que a linguagem gestual evoluiu do sistema de espelho no cérebro dos primatas. Isto é, esse sistema seria mais voltado para a produção e percepção de ações manuais. Porém, com a evolução e o surgimento do bipedismo nos hominídeos, as mãos passaram a ter a função de atos intransitivos de comunicação como as mímicas de eventos.[336]

Dessa forma, é coerente pensar que o sistema visual de aprendizado e memória, que funciona por meio da observação, pode ser considerado nosso primeiro e mais arcaico resíduo mnemônico originado do aparelho perceptual visual, o que pode ser entendido como o primeiro sistema perceptual, que, *a posteriori*, viria a formar uma estrutura mais rudimentar do aparelho psíquico nos hominídeos. Estrutura esta mais primitiva, composta de resíduos mnêmicos visuoespaciais e motores, os quais comporiam o sistema Pcp-Cs (perceptual-consciente), que por meio de seus investimentos e da energia psíquica iriam funcionar para aumentar a pressão sobre um aparelho físico-cerebral e, assim, contribuir para maior plasticidade, reorganização sináptica e estruturação psíquica. Considerando o pressuposto freudiano, podemos dizer que o pensar em imagens precedeu o pensar em palavras. Por essa razão, os resíduos verbais estariam mais próximos do consciente do que os resíduos óticos.

Ao ampliar essa visão baseada na teoria freudiana do aparelho psíquico, suponho que, com a evolução e o surgimento do gênero *Homo* há cerca de 2 milhões de anos, as pressões evolutivas levaram a uma comunicação mais complexa, à perda da representação icônica, ao aumento do vocabulário e a uma mudança gradual para gestos vocais no lugar de gestos manuais e faciais.[336] Com a evolução da memória episódica e do amadurecimento do circuito da Teoria da Mente (fazer inferências mentais de outros dentro das nossas interpretações cognitivas) e da viagem mental no tempo, combinando fatos pessoais, planejamento futuro, compartilhamento de informações e experiências, partilhas de ideias e imaginações etc., o *Homo sapiens* passou a desenvolver uma capacidade única de expressar-se verbalmente, e para Freud essa capacidade de trazer para a consciência resíduos de memórias verbais foi fundamental para o desenvolvimento do aparelho psíquico e da estruturação do psiquismo humano.

O papel das representações verbais é de fundamental importância, visto que por sua intermediação os processos de pensamento internos são transformados em percepções, por meio da linguagem é possível que a energia psíquica reprimida dos traços mnêmicos inconscientes se manifeste de forma consciente.[334]

Dando continuidade aos seus estudos sobre o sistema consciente e inconsciente, Freud avança para concepção do Eu. A partir da elaboração do que seria percepção externa e interna, o sistema Pcp-Cs, bem como as funções das representações verbais para o consciente, assim como as representações ópticas – da coisa – para o inconsciente, Freud vai construir a ideia de um Eu que, partindo do sistema Pcp (perceptual), abarca inicialmente o Pcs, que se apoia nos resíduos mnemônicos. Mas esse Eu, também inconsciente, pode ser visto como aquele que guarda os traços das nossas memórias e reminiscências. Dessa forma, o aparelho psíquico humano parece ter uma ilimitada capacidade de receber novas percepções e criar duradouras, porém não imutáveis, marcas mnêmicas destas.

No texto "Nota sobre o "bloco mágico"",[337] Freud refere que, ao escrever, em 1900, a *Interpretação dos sonhos*, teorizou que essa incomum capacidade de reter percepções e traços mnêmicos seria devida à existência de dois sistemas diferentes, porém inter-relacionados.

> *Um sistema Pcp-Cs (percepção-consciência), que acolhe as percepções, mas não conserva traço duradouro delas, podendo se comportar como uma folha em branco diante de cada nova percepção. Enquanto os traços duradouros das excitações recebidas se produziriam em "sistemas mnemônicos" situados por trás deles*

Em outras palavras, o sistema Pcp-Cs não tem a capacidade de criar traços de memórias duradouros, por isso a base das lembranças ou reminiscências é organizada em um sistema adjacente a ele.[337]

Mas como os traços mnemônicos inconscientes alcançam a consciência? Para Freud, as representações verbais na forma de negação, atos falhos e chistes acessariam o sistema inconsciente por meio dos seus representantes. Dessa forma, pode-se teorizar que uma complexa e desafiadora teoria das memórias e seus traços mnêmicos inconscientes pode ser elaborada a partir da ideia de um aparelho psíquico que se divide em um sistema percepção-consciência, e um sistema mnemônico inconsciente, que deu base para a elaboração da concepção do Eu. Esse Eu, relacionando-se com o mundo externo e interno, possibilitou o entendimento de que o *Homo sapiens*, ao desenvolver um aparelho psíquico tão complexo, foi capaz de se tornar singular e socialmente engajado e, para além do sujeito que pensa e sente, evoluiu para um sujeito que deseja. E esses desejos somente emergem a partir das memórias e das reminiscências armazenadas pelas relações afetivas, pelas experiências e pela capacidade de sempre ressignificar a sua existência a partir das memórias.

Considerações finais

Por mais que se tenha atingido um patamar de conhecimentos científicos sobre nosso funcionamento físico e psíquico, até agora pouco se sabe sobre esse corpo que levou milhões de anos para evoluir e se constituir como um ser pensante, pulsante e social. Compreende-se que muitos são os mistérios da vida. Sem dúvida, o enigma da existência humana se encontra nos espaços não alcançados.

Por que o homem desenvolveu sistemas de memórias? Talvez sirvam para repassar através das gerações aquilo que foi construído ao longo dos milhares de anos, ou para memorizar aprendizados para tomadas de decisão assertivas e de autopreservação. O *Homo sapiens* seria uma máquina perfeita se pudesse executar exatamente o papel como a genética e a biologia molecular o programou. Mas algo falhou, e a máquina perfeita colapsou quando o homem se distanciou do seu devir coletivo, cooperativo e humano. Ademais, ao longo dos milhares de anos de evolução, o *Homo sapiens* foi se afastando cada vez mais das suas memórias socioafetivas, da sua memória "humana", coletiva e ancestral. Um devir coletivo parece dar lugar a um homem autocentrado, escravo e senhor das suas próprias escolhas. Um homem livre, mas prisioneiro das suas próprias metas inalcançáveis, onde muito é sempre muito pouco. Esse homem sem tempo não consegue guardar memórias; tudo se perde em um fluxo de informações e demandas que não permitem a elaboração e o armazenamento das experiências.

Ao falar sobre a memória de maneira ampla e complexa, fica claro que, olhando para os diversos momentos da história, como a revolução agrícola, a industrial e, mais recentemente a tecnológica, parece existir um processo que caminha para uma alienação coletiva, uma demência social. Observamos a sociedade reforçar cada vez mais seus comportamentos destrutivos em relação ao seu hábitat, criando uma cultura que reforça esse domínio e esse comportamento. Assim, fica explícito que o adoecimento psíquico é, acima de tudo, um adoecimento da sociedade, uma doença psíquica de origem cultural.

O homem autocentrado, vivendo dentro da sua bolha virtual, não tem tempo para olhar para suas memórias nem para o outro e suas histórias. Em um tempo fluido povoado de excessos, as memórias se esvaziam de conteúdos afetivos – suas lembranças são apenas imagens aleatórias em que o cérebro se esforça para organizar e criar algo que faça sentido. Não raro, é normal deparar com pacientes que dizem não conseguir parar de pensar, mas pensam desorganizadamente ao serem inundados por um intenso fluxo de informações desordenadas e improdutivas – para a sociedade e para si. Esse ser humano adoecido de tantas informações termina por perder suas memórias e não consegue lembrar de si e do seu devir. Além disso, para além de uma estrutura biológica, o sistema de memórias tem uma estrutura psíquica. Em uma contemporaneidade na qual os excessos de consumo e a escassez do tempo para o estado contemplativo tornam-se cada vez mais presentes, a pergunta que fica é: para onde caminham as memórias e as construções das narrativas históricas da humanidade?

É fundamental entender que a memória humana como produto do cérebro e da mente é, acima de tudo, pessoal e recôndita na vida de cada um, mas ela somente pode emergir diante das relações sociais, culturais e coletivas. Somente existimos na presença de um outro que nos marca, nos afeta e deixa suas memórias. Assim, jamais perdemos nossas lembranças; elas são repassadas e estão espalhadas entre todas as pessoas que cruzaram os nossos caminhos e que, de uma forma ou de outra, partilharam ideias, ensinamentos, segredos, sonhos e medos. Dessa forma, pode-se afirmar que não perdemos as memórias; elas estarão presentes em cada história futura que for contada.

Assim, é pertinente afirmar que as memórias são transgeracionais, perpassam centenas de milhares de anos de aprendizados que humanizaram aquele ser primitivo e selvagem que um dia existiu. Por essa razão, falar da memória é falar sobre o tempo, e sobre o homem inserido em seu contexto biopsicossocial. Afinal, somos aquilo que acreditamos ser através das nossas lembranças; somos aquilo que os outros nos lembram que somos; e somos aquilo que não sabemos que somos, porque, de fato, a nossa verdadeira essência se esconde dentro das nossas memórias inconscientes. Essas memórias inconscientes são catexizadas e recatexizadas todos os dias através das nossas relações afetivas. Por essa razão, quanto mais nos distanciamos e nos tornamos virtualmente conectados, mais e mais caminhamos para um homem alienado.

Mas é importante considerar que a espécie *sapiens* tem sobrevivido a grandes cataclismos históricos. Reinventar-se sempre foi a sua maior habilidade. Percebe-se que não existe outro caminho na contemporaneidade senão buscar unir as diversas faces da existência humana como a biológica, a psíquica e a social. Devemos acreditar que esse caminho resgatará as memórias emocionais que permitirão a criação de outras possibilidades de existir – para que, dessa forma, jamais esqueçamos do ser e do seu devir.

Para que se entenda quão necessário é compreender de maneira transdisciplinar o que é a memória humana, é fundamental para aqueles que trabalham com pacientes e com a mente e a cognição olhar de forma mais profunda e não apenas biológica para as condições patológicas que hoje se tornaram uma epidemia pós-moderna.

Não é raro que profissionais de saúde, em suas práticas clínicas, deparem com pacientes com queixas de que "não lembram de mais nada!". Muitos relatos são bem comuns: viajei e não consigo lembrar dos nomes de lugares onde estive, dos restaurantes, dos museus; participei de um encontro de família e amigos e não lembro o nome de todos que estavam lá; esqueci o caminho que faço todos os dias; senti que estava meio desorientado, sem saber para onde ir; esqueci meu filho na escola; esqueci um compromisso com meus amigos. Na maioria das vezes são os próprios pacientes que trazem seus diagnósticos: excesso de trabalho, muita informação, uso excessivo de redes sociais, muitas demandas familiares, muitos cursos, aulas, jornadas excessivas, muitas horas de trabalho e exigências de metas e desempenhos que são extenuantes. Esses relatos diários e recorrentes colocam uma questão sobre a mesa: o que é a memória na contemporaneidade? Será que a memória é apenas um processo neurobiológico de aprendizados e evocações? Ou a memória está permanentemente atrelada à cultura que molda a forma como nos relacionamos com nossas lembranças e recordações?

Ora, em uma época em que nada mais é necessário ser contado e repassado como memórias, uma vez que tudo o que se vive é permanentemente partilhado e acompanhado virtualmente momento a momento, as experiências pessoais armazenadas nas nuvens, ou nas redes sociais, não servem mais para alimentar as memórias afetivas e sociais. Houve visivelmente uma mudança na forma de lembrar do passado. O antigo saudosismo romântico de contar sobre as memórias da infância, ou de ouvir os relatos e contos passados de geração em geração através dos encontros de família, os comentários de viagens e encontros afetivos muitas vezes compartidos nas rodas de conversas entre amigos, ou os momentos contemplativos sem *selfies* etc., deram lugar ao vazio e isolamento pessoal no qual os algoritmos direcionam um sujeito autômato para redes manipuladas e empobrecidas de afetos e empatia.

A pergunta que fica agora é: como entender a memória nessa contemporaneidade? O excesso de excitações, as pressões sociais por desempenhos cada vez mais elevados, a escassez de tempo para os estados de relaxamento e contemplação, as exigências narcísicas por uma vida e uma existência perfeitas parecem funcionar como uma máquina de prensar que esmaga o cérebro humano com pressões externas e internas, provocando um sofrimento ainda maior que a própria depressão e o vazio existencial. Trata-se de um progressivo e irreversível adoecimento na memória, no qual o mais grave é a perda das lembranças e das memórias autobiográficas relacionadas aos valores morais passados de geração em geração, valores estes que constituem a essência moral e ética do ser humano.

Por essa razão, é imperioso para quem trabalha com o comportamento e a memória aprofundar seus conhecimentos transdisciplinares para construir um olhar mais humano, terno e crítico – e, dessa forma, perceber e compreender que aquele sujeito que diz perder a memória é, de fato, o sujeito que clama por alguém que lembre da sua existência.

Referências

1. Pine, D. S., Wise, S. P., & Murray, E. A. (2021). Evolution, emotion, and episodic engagement. *Am J Psychiatry*, *178*(8), 701-14.
2. Grant, S. G. N. (2019). Synapse diversity and synaptome architecture in human genetic disorders. *Hum Mol Genet*, *28*(R2), R219-R25.
3. Greengard, P. (2001). The neurobiology of slow synaptic transmission. *Science*, *294*(5544), 1024-30.
4. Izquierdo, I. (1975). The hippocampus and learning. *Prog Neurobiol*,*5*(1), 37-75.

5. Izquierdo, I. (1991). Role of NMDA receptors in memory. *Trends Pharmacol Sci, 12*(4), 128-129.
6. Izquierdo, I., Barros, D. M., Mello e Souza, T., de Souza, M. M., Izquierdo, L. A., & Medina, J. H. (1998). Mechanisms for memory types differ. *Nature, 393*(6686), 635-636.
7. Izquierdo, I., & Medina, J. H. (1997). Memory formation: the sequence of biochemical events in the hippocampus and its connection to activity in other brain structures. *Neurobiol Learn Mem, 68*(3), 285-316.
8. Kennedy, M. B. (1993). The postsynaptic density. *Curr Opin Neurobiol, 3*(5), 732-737.
9. Lin, X. Y., & Glanzman, D. L. (1994). Hebbian induction of long-term potentiation of Aplysia sensorimotor synapses: Partial requirement for activation of an NMDA-related receptor. *Proc Biol Sci, 255*(1344), 215-221.
10. Malenka, R. C., & Nicoll, R. A. (1997). Learning and memory. Never fear, LTP is hear. *Nature, 390*(6660), 552-553.
11. Merzenich, M. M., Nahum, M., & Van Vleet, T. M. (2013). Neuroplasticity: Introduction. *Prog Brain Res, 207*, xxi-xxvi.
12. Merzenich, M. M., & Sameshima, K. (1993). Cortical plasticity and memory. *Curr Opin Neurobiol, 3*(2), 187-196.
13. O'Keefe, J. (1993). Hippocampus, theta, and spatial memory. *Curr Opin Neurobiol, 3*(6), 917-924.
14. Quevedo, J., Vianna, M. R., Martins, M. R., Barichello, T., Medina, J. H., Roesler, R., & Izquierdo, I. (2004). Protein synthesis, PKA, and MAP kinase are differentially involved in short- and long-term memory in rats. *Behav Brain Res, 154*(2), 339-343.
15. Rossato, J. I., Bevilaqua, L. R., Myskiw, J. C., Medina, J. H., Izquierdo, I., & Cammarota, M. (2007). On the role of hippocampal

protein synthesis in the consolidation and reconsolidation of object recognition memory. *Learn Mem, 14*(1), 36-46.

16. Szapiro, G., Galante, J. M., Barros, D. M., Levi de Stein, M., Vianna, M. R., Izquierdo, L. A., & Medina, J. H. (2002). Molecular mechanisms of memory retrieval. *Neurochem Res, 27*(11), 1491-1498.
17. Garrido Zinn, C., Clairis, N., Silva Cavalcant,e L. E., Furini, C. R., de Carvalho Myskiw, J., & Izquierdo, I. (2016). Major neurotransmitter systems in dorsal hippocampus and basolateral amygdala control social recognition memory. *Proc Natl Acad Sci U S A, 113*(33), E4914-9.
18. Kandel, E. R., & Tauc, L. (1965). Mechanism of heterosynaptic facilitation in the giant cell of the abdominal ganglion of Aplysia depilans. *J Physiol, 181*(1), 28-47.
19. Kandel, E. R., & Pittenger, C. (1999). The past, the future and the biology of memory storage. *Philos Trans R Soc Lond B Biol Sci, 354*(1392), 2027-2052.
20. Kandel, E. R., & Pittenger, C. (2003). [Past and future studies of memory]. *Kos*, (211), 38-43.
21. Kandel, E. R., Dudai, Y., & Mayford, M. R. (2014). The molecular and systems biology of memory. *Cell, 157*(1), 163-186.
22. Kandel, E. R. (2009). The biology of memory: a forty-year perspective. *J Neurosci, 29*(41), 12748-12756.
23. Kandel, E. R. (2012). The molecular biology of memory: cAMP, PKA, CRE, CREB-1, CREB-2, and CPEB. *Mol Brain, 5*, 14.
24. Kandel, E. R. (2004). The molecular biology of memory storage: a dialog between genes and synapses. *Biosci Rep, 24*(4-5), 475-522.
25. Kandel, E. R. (2005). Eric Kandel: a life in learning and memory. *Drug Discov Today, 10*(5), 302-304.

26. Kandel, E. R. (1983). From metapsychology to molecular biology: explorations into the nature of anxiety. *Am J Psychiatry, 140*(10), 1277-1293.

27. Kandel, E. R. (1983). Neurobiology and molecular biology: the second encounter. *Cold Spring Harb Symp Quant Biol, 48*(Pt 2), 891-908.

28. Kandel, E. R. (1989). Genes, nerve cells, and the remembrance of things past. J *Neuropsychiatry Clin Neurosci, 1*(2), 103-125.

29. Kandel, E. R. (1997). Genes, synapses, and long-term memory. *J Cell Physiol, 173*(2), 124-125.

30. Conway, M. A., & Howe, M. L. (2022). On the nature of human memory. *Memory, 30*(1), 1.

31. Conway, M. A. (2009). Episodic memories. *Neuropsychologia, 47*(11), 2305-2313.

32. Dickerson, B. C., & Eichenbaum, H. (2010). The episodic memory system: neurocircuitry and disorders. *Neuropsychopharmacology, 35*(1), 86-104.

33. Eichenbaum, H. (1997). Declarative memory: Insights from cognitive neurobiology. *Annu Rev Psychol, 48*, 547-572.

34. Eichenbaum, H. (1999). The hippocampus: The shock of the new. *Curr Biol, 9*(13), R482-4.

35. Eichenbaum, H. (2010). Memory systems. *Wiley Interdiscip Rev Cogn Sci, 1*(4), 478-490.

36. Klein, S. B., Cosmides, L., Gangi, C. E., Jackson, B., Tooby, J., & Costabile, K. A. (2009). Evolution and episodic memory: An analysis and demonstration of a social function of episodic recollection. *Soc Cogn, 7*(2), 283-319.

37. Madore, K. P., Thakral, P. P., Beaty, R. E., Addis, D. R., & Schacter, D. L. (2019). Neural mechanisms of episodic retrieval support divergent creative thinking. *Cereb Cortex, 29*(1), 150-166.

38. Nyberg, L, McIntosh, A. R., Cabeza, R., Habib, R., Houle, S., & Tulving, E. (1996). General and specific brain regions involved in encoding and retrieval of events: What, where, and when. *Proc Natl Acad Sci U S A, 93*(20), 11280-11285.

39. Tulving, E. (1969). Retrograde amnesia in free recall. *Science, 164*(3875), 88-90.

40. Tulving, E. (1987). Multiple memory systems and consciousness. *Hum Neurobiol, 6*(2), 67-80.

41. Tulving, E. (2004). [Episodic memory: From mind to brain]. *Rev Neurol (Paris), 160*(4 Pt 2), S9-23.

42. Murray, E. A., & Gaffan, D. (2006). Prospective memory in the formation of learning sets by rhesus monkeys (Macaca mulatta). *J Exp Psychol Anim Behav Process, 32*(1), 87-90.

43. Saeedian, M., Khalighi, M., Azimi-Tafreshi, N., Jafari, G. R., & Ausloos, M. (2017). Memory effects on epidemic evolution: The susceptible-infected-recovered epidemic model. P*hys Rev E,* 95(2-1), 022409.

44. Bernecker, S. (2010). *Memory: A philosophical study.* Oxford University Press.

45. Bernecker, S. (2017). *The Routledge handbook of philosophy of memory.* Routledge, Taylor & Francis Group.

46. Squire, L. R. (1998). Memory systems. *C R Acad Sci III, 321*(2-3), 153-156.

47. Squire, L. R. (1992). Declarative and nondeclarative memory: Multiple brain systems supporting learning and memory. *J Cogn Neurosci, 4*(3), 232-243.

48. Squire, L. R. (2004). Memory systems of the brain: A brief history and current perspective. *Neurobiol Learn Mem, 82*(3), 171-177.

49. Legendy, C. R. (2016). Synaptic and extrasynaptic traces of long-term memory: The ID molecule theory. *Rev Neurosci, 27*(6), 575-598.

50. Krumhansl, C. L., Mohs, R. C., & Atkinson, R. C. (1976). Sequential search processes in long-term memory. *Mem Cognit, 4*(4), 401-408.

51. Manns, J. R., Hopkins, R. O., & Squire, L. R. (2003). Semantic memory and the human hippocampus. *Neuron, 38*(1), 127-133.

52. Pomi, A., & Mizraji, E. (2004). Semantic graphs and associative memories. *Phys Rev E Stat Nonlin Soft Matter Phys, 70*(6 Pt 2), 066136.

53. Schmolck, H., Kensinger, E. A., Corkin, S., & Squire, L. R. (2002). Semantic knowledge in patient HM and other patients with bilateral medial and lateral temporal lobe lesions. *Hippocampus, 12*(4), 520-533.

54. Smith, C., & Squire, L. R. (2005). Declarative memory, awareness, and transitive inference. *J Neurosci, 25*(44), 10138-10146.

55. Smith, C. N., & Squire, L. R. (2009). Medial temporal lobe activity during retrieval of semantic memory is related to the age of the memory. *J Neurosci, 29*(4), 930-938.

56. Binder, J. R., & Desai, R. H. (2011). The neurobiology of semantic memory. *Trends Cogn Sci, 15*(11), 527-536.

57. Conway, M. A. Sensory-perceptual episodic memory and its context: Autobiographical memory. *Philos Trans R Soc Lond B Biol Sci, 356*(1413), 1375-1384.

58. Conway, M. A., & Howe, M. L. (2022). Memory construction: A brief and selective history. *Memory, 30*(1), 2-4.

59. Baddeley, A. D. (2021). Developing the concept of working memory: The role of neuropsychology. *Arch Clin Neuropsychol, 36*(6), 861-873.

60. Verduzco-Flores, S., Bodner, M., Ermentrout, B., Fuster, J. M., & Zhou, Y. (2009). Working memory cells' behavior may be explained by cross-regional networks with synaptic facilitation. *PLoS One, 4*(8), e6399.

61. Kandel, E. R. (2001). The molecular biology of memory storage: A dialogue between genes and synapses. *Science, 294*(5544), 1030-1038.

62. Fuster, J. M. (2000). Memory networks in the prefrontal cortex. *Prog Brain Res, 122*, 309-316.

63. Squire, L. R., & Zola, S. M. (1997). Amnesia, memory and brain systems. *Philos Trans R Soc Lond B Biol Sci, 352*(1362), 1663-1673.

64. Squire, L. R., & Zola-Morgan, S. (1988). Memory: Brain systems and behavior. *Trends Neurosci, 11*(4), 170-175.

65. Squire, L. R., Genzel, L., Wixted, J. T., & Morris, R. G. (2015). Memory consolidation. *Cold Spring Harb Perspect Biol, 7*(8), a021766.

66. Tulving, E. (1992). Memory systems and the brain. *Clin Neuropharmacol, 15(*Suppl 1 Pt A), 327A-8A.

67. Tulving, E. (1977). Context effects in the storage and retrieval of information in man [proceedings]. *Psychopharmacol Bull, 13*(1), 67-68.

68. Tulving, E. (2001). Episodic memory and common sense: How far apart? *Philos Trans R Soc Lond B Biol Sci, 356*(1413), 1505-1515.

69. Tulving, E., & Markowitsch, H. J. (1998). Episodic and declarative memory: Role of the hippocampus. *Hippocampus, 8*(3), 198-204.

70. Tulving, E., & Schacter, D. L. (1990). Priming and human memory systems. *Science, 247*(4940), 301-306.

71. Glenberg, A. M. (1997). What memory is for [Discussion 55]. *Behav Brain Sci, 20*(1), 1-19.

72. Bernecker, S. (2017). *The Routledge handbook of philosophy of memory*. Routledge, Taylor & Francis Group.

73. Bernecker, S. (2010). *Memory: A philosophical study.* Oxford University Press.

74. Freud, S. *The major works of Sigmund Freud* (2nd ed.).

75. Freud, S. *The unconscious* (105 p.).

76. Freud, S. *An outline of psycho-analysis* (75 p.).

77. Murray, Wise, S., & Graham, K. (2017). *The evolution of memory systems: Ancestors, anatomy and adaptation*- Oxford University Press – first edition.

78. Murray, E. A. (2007). The amygdala, reward and emotion. *Trends Cogn Sci, 11*(11), 489-497.

79. Morgan, T. J. H., Suchow, J. W., & Griffiths, T. L. (2020). Experimental evolutionary simulations of learning, memory and life history. *Philos Trans R Soc Lond B Biol Sci, 375*(1803), 20190504.

80. Murray, E. A., & Fellows, L. K. (2022). Prefrontal cortex interactions with the amygdala in primates. *Neuropsychopharmacology, 47*(1), 163-179.

81. Nettle, D., & Bateson. M. (2015). Adaptive developmental plasticity: What is it, how can we recognize it and when can it evolve? *Proc Biol Sci, 282*(1812), 20151005.

82. Portelli, C. (1975). Learning and evolution. *Physiologie, 12*(2), 137-142.

83. Pribram, K. H. (1986). The cognitive revolution and mind/brain issues. *Am Psychol, 41*(5), 507-520.

84. Pribram, K. H. (2006). What makes humanity humane. *J Biomed Discov Collab, 1*, 14.

85. Raghanti, M. A., Stimpson, C. D., Marcinkiewicz, J. L., Erwin, J. M., Hof, P. R., & Sherwood, C. C. (2008). Cortical dopaminergic innervation among humans, chimpanzees, and macaque monkeys: A comparative study. *Neuroscience, 155*(1), 203-220.

86. Read, D., & van der Leeuw, S. (2008). Biology is only part of the story. *Philos Trans R Soc Lond B Biol Sci, 363*(1499), 1959-1968.

87. Reilly, P. F., Tjahjadi, A, Miller, S. L., Akey, J. M., & Tucci, S. (2022). The contribution of Neanderthal introgression to modern human traits. *Curr Biol, 32*(18), R970-R983.

88. Roth, G, Dicke, U. (2019). Origin and evolution of human cognition. *Prog Brain Res, 250*, 285-316.

89. Semendeferi, K., Armstrong, E., Schleicher, A., Zilles, K., & Van Hoesen, G. W. (2001). Prefrontal cortex in humans and apes: Acomparative study of area 10. *Am J Phys Anthropol, 114*(3), 224-241.

90. Vallender, E. J. (2019). Genetics of human brain evolution. Prog Brain Res, 250, 3-39.

91. van den Heuvel, M. P., Scholtens, L. H., de Lange, S. C., Pijnenburg, R., Cahn, W., van Haren, N. E. M., Sommer, I. E., Bozzalli, M., Koch, K., Boks, M. P., Reple, J., Pievani, M., Li, L., Press, T. M., & Rilling, J. K. (2019). Evolutionary modifications in human brain connectivity associated with schizophrenia. *Brain, 142*(12), 3991-4002.

92. Damasio, H., Grabowski, T., Frank, R., Galaburda, A. M., & Damasio, A. R. (1994). The return of Phineas Gage: Clues about the brain from the skull of a famous patient. *Science, 264*(5162), 1102-1105.

93. Murray, E. A., Wise, S. P., & Graham, K. S. (2018). Representational specializations of the hippocampus in phylogenetic perspective. *Neurosci Lett, 680*, 4-12.

94. Murray, E. A., & Wise, S. P. (2012). Why is there a special issue on perirhinal cortex in a journal called hippocampus? The perirhinal cortex in historical perspective. *Hippocampus, 22*(10), 1941-1951.

95. Murray, E. A., & Rudebec, P. H. (2018). Specializations for reward-guided decision-making in the primate ventral prefrontal cortex. *Nat Rev Neurosci, 19*(7), 404-417.

96. Murray, E. A., & Richmond, B. J. (2001). Role of perirhinal cortex in object perception, memory, and associations. *Curr Opin Neurobiol, 11*(2), 188-193.

97. Murray, E. A., Moylan, E. J., Saleem, K. S., Basile, B. M., & Turchi, J. (2015). Specialized areas for value updating and goal selection in the primate orbitofrontal cortex. *Elife, 4*.

98. Murray, E. A., & Mishkin, M. (1986). Visual recognition in monkeys following rhinal cortical ablations combined with either amygdalectomy or hippocampectomy. J *Neurosci, 6*(7), 1991-2003.

99. O'Keefe, J., & Dostrovsky, J. (1971). The hippocampus as a spatial map. Preliminary evidence from unit activity in the freely-moving rat. *Brain Res, 34*(1), 171-175.

100. Schrago, C. G., & Russo, C. A. (2003). Timing the origin of New World monkeys. *Mol Biol Evol, 20*(10), 1620-5.

101. Hoffmann, M. (2013). The human frontal lobes and frontal network systems: An evolutionary, clinical, and treatment perspective. *ISRN Neurol*, 892459.

102. Raghanti, M. A., Edler, M. K., Stephenson, A. R., Munger, E. L., Jacobs, B., Hof, P. R., Sherwood, C. C., Holloway, R. L., & Lovejoy, C. O. (2018). A neurochemical hypothesis for the origin of hominids. *Proc Natl Acad Sci U S A, 115*(6), E1108-E1116.

103. Taswell, C. A., Costa, V. D., Murray, E. A., & Averbeck, B. B. (2018). Ventral striatum's role in learning from gains and losses. *Proc Natl Acad Sci U S A, 115*(52), E12398-E12406.

104. Previc, F. H. (1999). Dopamine and the origins of human intelligence. *Brain Cogn, 41*(3), 299-350.

105. Fuster, J. M. (2021). Cognitive networks (cognits) process and maintain working memory. *Front Neural Circuits, 15*, 790691.

106. Bayer, H. M., & Glimcher, P. W. (2005). Midbrain dopamine neurons encode a quantitative reward prediction error signal. *Neuron, 47*(1), 129-141.

107. Schultz, W. (1997). Dopamine neurons and their role in reward mechanisms. *Curr Opin Neurobiol, 7*(2), 191-197.

108. Schultz, W., Dayan, P., & Montague, P. R. (1997). A neural substrate of prediction and reward. *Science, 275*(5306), 1593-9.

109. Butler, A. B. (2008). Evolution of brains, cognition, and consciousness. *Brain Res Bull, 75*(2-4), 442-449.

110. Chudasama, Y, Daniels, T. E., Gorrin, D. P., Rhodes, S. E., Rudebeck, P. H., & Murray, E. A. (2013). The role of the anterior cingulate cortex in choices based on reward value and reward contingency. *Cereb Cortex, 23*(12), 2884-2898.

111. Fujimoto, A, Murray, E. A., & Rudebeck, P. H. (2021). Interaction between decision-making and interoceptive representations of bodily arousal in frontal cortex. *Proc Natl Acad Sci U S A, 118*(35).

112. Basile, B. M., Joiner, J. A., Dal Monte, O., Fagan, N. A., Karaskiewicz, C. L., Lucas, D. R., Chang, S. W. C., & Murray, E. A. (2021). Autonomic arousal tracks outcome salience not valence in monkeys making social decisions. *Behav Neurosci, 135*(3), 443-452.

113. Damasio, A. R. (1996). The somatic marker hypothesis and the possible functions of the prefrontal cortex. *Philos Trans R Soc Lond B Biol Sci, 351*(1346), 1413-1420.

114. Damasio, A. R., Grabowski, T. J., Bechara, A, Damasio, H., Ponto, L. L., Parvizi, J., & Hichwa, R. D. (2000). Subcortical and cortical brain activity during the feeling of self-generated emotions. *Nat Neurosci, 3*(10), 1049-1056.

115. Bechara, A. (2001). Neurobiology of decision-making: Risk and reward. *Semin Clin Neuropsychiatry, 6*(3), 205-2016.

116. Bechara, A., Damasio, H., & Damasio, A. R. (2003). Role of the amygdala in decision-making. *Ann N Y Acad Sci, 985*, 356-369.

117. Bechara, A., Damasio, H., Tranel, D., & Damasio, A. R. (2005). The Iowa Gambling Task and the somatic marker hypothesis: Some questions and answers [Discussion 62-64]. *Trends Cogn Sci, 9*(4), 159-62.

118. Murray, E. A., & Bussey, T. J. (2001). Consolidation and the medial temporal lobe revisited: Methodological considerations. *Hippocampus, 11*(1), 1-7.

119. Murray, E. A., Bussey, T. J., Hampton, R. R., & Saksida, L. M. (2009). The parahippocampal region and object identification. *Ann N Y Acad Sci, 911*, 166-174.

120. Wise, S. P. (2008). Forward frontal fields: Phylogeny and fundamental function. *Trends Neurosci, 31*(12), 599-608.

121. Passingham, R. E. (2002). The frontal cortex: Does size matter? *Nat Neurosci, 5*(3), 190-192.

122. Passingham, D., & Sakai, K. (2004). The prefrontal cortex and working memory: Physiology and brain imaging. *Curr Opin Neurobiol, 14*(2), 163-168.

123. Passingham, R. E. (1996). Functional specialization of the supplementary motor area in monkeys and humans. *Adv Neurol, 70,* 105-116.

124. Passingham, R. E. (1989). Premotor cortex and the retrieval of movement. *Brain Behav Evol, 33*(2-3), 189-192.

125. Passingham, R. E. (1985). Premotor cortex: Sensory cues and movement. *Behav Brain Res, 18*(2), 175-185.

126. Passingham, R. E. (1973). Anatomical differences between the neocortex of man and other primates. *Brain Behav Evol, 7*(5), 337-359.

127. Bush, E. C., & Allman, J. M. (2004). The scaling of frontal cortex in primates and carnivores. *Proc Natl Acad Sci U S A, 101*(11), 3962-3966.

128. Preuss, T. M., & Wise, S. P. (2022). Evolution of prefrontal cortex. *Neuropsychopharmacology, 47*(1), 3-19.

129. Murray, E. A., & Wise, S. P. (2010). Interactions between orbital prefrontal cortex and amygdala: Advanced cognition, learned responses and instinctive behaviors. *Curr Opin Neurobiol, 20*(2), 212-220.

130. Passingham, R. E. (1985). Prefrontal cortex and the sequencing of movement in monkeys (Macaca mulatta). *Neuropsychologia, 23*(4), 453-462.

131. Rudebeck, P. H., & Murray, E. A. (2014). The orbitofrontal oracle: Cortical mechanisms for the prediction and evaluation of specific behavioral outcomes. *Neuron, 84*(6), 1143-1156.

132. Genovesio, A., & Wise, S. P., Passingham, R. E. (2014). Prefrontal-parietal function: From foraging to foresight. *Trends Cogn Sci, 18*(2), 72-81.

133. Murray, E. A., Bussey, T. J., & Wise, S. P. (2000). Role of prefrontal cortex in a network for arbitrary visuomotor mapping. *Exp Brain Res, 133*(1), 114-129.

134. Craig, A. D. (2003). Interoception: The sense of the physiological condition of the body. *Curr Opin Neurobiol, 13*(4), 500-505.

135. Craig, A. D. (2009). Emotional moments across time: A possible neural basis for time perception in the anterior insula. *Philos Trans R Soc Lond B Biol Sci, 364*(1525), 1933-1942.

136. Craig, A. D. (2009). How do you feel now? The anterior insula and human awareness. *Nat Rev Neurosci, 10*(1), 59-70.

137. Craig, A. D. (2010). Why a soft touch can hurt. *J Physiol, 588*(Pt 1), 13.

138. Craig, A. D. (2010). The sentient self. *Brain Struct Funct, 214*(5-6), 563-577.

139. Craig, A. D. (2011). Significance of the insula for the evolution of human awareness of feelings from the body. *Ann N Y Acad Sci, 1225*, 72-82.

140. Wise, S. P. (1996). Evolutionary and comparative neurobiology of the supplementary sensorimotor area. *Adv Neurol, 70*, 71-83.

141. Williams, B. A., Kay, R. F., & Kirk, E. C. (2010). New perspectives on anthropoid origins. *Proc Natl Acad Sci U S A, 107*(11), 4797-4804.

142. Staes, N., Guevara, E. E., Helsen, P., Eens, M., & Stevens, J. M. G. (2021). The Pan social brain: An evolutionary history of neurochemical receptor genes and their potential impact on sociocognitive differences. *J Hum Evol, 152*, 102949.

143. Ponce de Leon, M. S., Bienvenu, T., Marom, A., Engel, S., Tafforeau, P., Alatorre Warren, J. L., Lordkipanidze, D., Kurniawan, I., Murti, D. B., Suriyanto, R. A., Koesbardiati, T., & Zollikofer,

C. P. E. (2021). The primitive brain of early Homo. *Science, 372*(6538), 165-171.

144. Donahue, C. J., Glasser, M. F., Preuss, T. M., Rilling, J. K., & Van Essen, D. C. (2018). Quantitative assessment of prefrontal cortex in humans relative to nonhuman primates. *Proc Natl Acad Sci U S A, 115*(22), E5183-E5192.

145. Fiddes, I. T., Lodewijk, G. A., Mooring, M., Bosworth, C. M., Ewing, A. D., Mantalas, G. L., Novak, A. M., van den Bout, A., Bishara, A., Rosenkrantz, J. L., Lorig-Roach, R., Field, A. R., Hauessler, M., Russo, L., Bhaduri, A., Nowakowski, T. J., Pollen, A. A., Doughertry, M. L., Nuttle, X., Addor, M. C., *et al.* Human-specific NOTCH2NL genes affect notch signaling and cortical neurogenesis. *Cell, 173*(6), 1356-1369 e22.

146. Fiddes, I. T., Pollen, A. A., Davis, J. M., & Sikela, J. M. (2019). Paired involvement of human-specific Olduvai domains and NOTCH2NL genes in human brain evolution. *Hum Genet, 138*(7), 715-721.

147. Suzuki, I. K., & Gacquer, D., Van Heurck, R., Kumar, D., Wojno, M., Bilheu, A., Herpoel, A., Lambert, N., Cheron, J., Polleux, F., Detours, V., Vanderhaeghen, P. (2018). Human-Specific NOTCH2NL genes expand cortical neurogenesis through Delta/Notch regulation. *Cell, 173*(6), 1370-1384 e16.

148. Cauda, F., Torta, D. M., Sacco, K., D'Agata, F., Geda, E., Duca, S., Geminiani, G., & Vercelli, A. (2013). Functional anatomy of cortical areas characterized by Von Economo neurons. *Brain Struct Funct, 218*(1), 1-20.

149. Allman, J. M., Tetreault, N. A., Hakeem, A. Y., Manaye, K. F., Semendeferi, K., Erwin, J. M., Park, S., Goubert, V., & Hof, P. R. (2011). The von Economo neurons in the frontoinsular and anterior cingulate cortex. *Ann N Y Acad Sci, 1225*, 59-71.

150. Allman, J. M., Tetreault, N. A., Hakeem, A. Y., Manaye, K. F., Semendeferi, K., Erwin, J. M., Park, S., Goubert, V., & Hof, P. R. (2010). The von Economo neurons in frontoinsular and anterior cingulate cortex in great apes and humans. *Brain Struct Funct, 214*(5-6), 495-517.

151. Fivush, R. The sociocultural functions of episodic memory. *Behav Brain Sci, 41*, e14.

152. Passingham, R. E., Bengtsson, S. L., & Lau, H. C. (2010). Medial frontal cortex: From self-generated action to reflection on one's own performance. *Trends Cogn Sci, 14*(1), 16-21.

153. Lau, H., & Rosenthal, D. (2011). Empirical support for higher--order theories of conscious awareness. *Trends Cogn Sci, 15*(8), 365-373.

154. Donald, M. (1995). The neurobiology of human consciousness: An evolutionary approach. *Neuropsychologia, 33*(9), 1087-1102.

155. Duchaine, B., Cosmides, L., & Tooby, J. (2001). Evolutionary psychology and the brain. *Curr Opin Neurobiol, 11*(2), 225-230.

156. Fabbro, F., Cantone, D., Feruglio, S., & Crescentini, C. (2019). Origin and evolution of human consciousness. *Prog Brain Res, 250*, 317-343.

157. Carruthers, P. (2013). Evolution of working memory. *Proc Natl Acad Sci U S A, 110*(Suppl 2), 10371-10378.

158. Hofman, M. A. (2019). On the nature and evolution of the human mind. *Prog Brain Res, 250*, 251-283.

159. Bruner, E., Esteve-Altava, B., & Rasskin-Gutman, D. (2019). A network approach to brain form, cortical topology and human evolution. *Brain Struct Funct, 224*(6), 2231-2245.

160. Corballis, M. C. (2017). Language evolution: A changing perspective. *Trends Cogn Sci, 21*(4), 229-236.

161. Lieberman, P. (2016). The evolution of language and thought. *J Anthropol Sci, 94*, 127-146.

162. Nairne, J. S., & Pandeirada, J. N. (2016). Adaptive memory: The evolutionary significance of survival processing. *Perspect Psychol Sci, 11*(4), 496-511.

163. Rattenborg, N. C., & Martinez-Gonzalez, D. (2013). Episodic-like memory and divergent brain systems in mammals and birds. *Proc Natl Acad Sci U S A, 110*(40), E3741.

164. Suddendorf, T., Addis, D. R., & Corballis, M. C. (2009). Mental time travel and the shaping of the human mind. *Philos Trans R Soc Lond B Biol Sci, 364*(1521), 1317-1324.

165. Premack, D. (2007). Human and animal cognition: Continuity and discontinuity. *Proc Natl Acad Sci U S A, 104*(35), 13861-13867.

166. Fuster, J. M. (2002). Frontal lobe and cognitive development. *J Neurocytol, 31*(3-5), 373-385.

167. Macphail, E. M., & Bolhuis, J. J. (2001). The evolution of intelligence: Adaptive specializations versus general process. *Biol Rev Camb Philos Soc, 76*(3), 341-364.

168. Suddendorf, T., & Corballis, M. C. (1997). Mental time travel and the evolution of the human mind. *Genet Soc Gen Psychol Monogr, 123*(2), 133-167.

169. Kavanau, J. L. (1997). Memory, sleep and the evolution of mechanisms of synaptic efficacy maintenance. *Neuroscience, 79*(1), 7-44.

170. Richerson, P. J., & Boyd, R. (2020). The human life history is adapted to exploit the adaptive advantages of culture. *Philos Trans R Soc Lond B Biol Sci, 375*(1803), 20190498.

171. Cosmides, L., & Tooby, J. (2013). Evolutionary psychology: new perspectives on cognition and motivation. *Annu Rev Psychol, 64*, 201-229.

172. Tulving, E. (2002). Episodic memory: From mind to brain. *Annu Rev Psychol, 53*, 1-25.

173. Atkinson, R. C., & Shiffrin, R. M. (1971). The control of short--term memory. *Sci Am, 225*(2), 82-90.

174. Baddeley, A.D., & Hitch, G. J. (2000). Development of working memory: Should the Pascual-Leone and the Baddeley and Hitch models be merged? *J Exp Child Psychol, 77*(2), 128-137.

175. Baddeley, A. D., Hitch, G. J., & Allen, R. J. (2019). From short--term store to multicomponent working memory: The role of the modal model. *Mem Cognit, 47*(4), 575-588.

176. Baddeley, A. D., & Warrington, E. K. (1973). Memory coding and amnesia. *Neuropsychologia, 11*(2), 159-165.

177. Kinsbourne, M. (1987). Brain mechanisms and memory. *Hum Neurobiol, 6*(2), 81-92.

178. Schacter, D. L. (1997). The cognitive neuroscience of memory: Perspectives from neuroimaging research. *Philos Trans R Soc Lond B Biol Sci, 352*(1362), 1689-1695.

179. Schacter, D. L. (2013). Memory: Sins and virtues. *Ann N Y Acad Sci, 1303*, 56-60.

180. Schacter, D. L., & Buckner, R. L. (1998). Priming and the brain. *Neuron, 20*(2), 185-195.

181. Squire, L. R. (2009). Memory and brain systems: 1969-2009. *J Neurosci, 29*(41), 12711-12716.

182. Izquierdo, I. (1989). Different forms of post-training memory processing. *Behav Neural Biol, 51*(2), 171-202.

183. Fuster, J. M. (1995). Memory in the cortex of the primate. *Biol Res, 28*(1), 59-72.

184. Fuster, J. M. (1997). Network memory. *Trends Neurosci, 20*(10), 451-459.

185. Fuster, J. M. (1998). Cellular dynamics of network memory. *Z Naturforsch C J Biosci, 53*(7-8), 670-676.

186. Fuster, J. M. (2000). Prefrontal neurons in networks of executive memory. *Brain Res Bull, 52*(5), 331-336.

187. Baddeley, A, Bueno, O., Cahill, L., Fuster, J. M., Izquierdo, I., McGaugh, J. L., Morris, R. G. M., Nadel, L., Routtenberg, A., Xavier, G., & Da Cunha, C. (2000). The brain decade in debate: I. Neurobiology of learning and memory. *Braz J Med Biol Res, 33*(9), 993-1002.

188. Fuster, J. M., & Bressler, S. L. (2012). Cognit activation: A mechanism enabling temporal integration in working memory. *Trends Cogn Sci, 16*(4), 207-218.

189. Fuster, J. M., & Alexander, G. E. (1971). Neuron activity related to short-term memory. *Science, 173*(3997), 652-654.

190. Squire, L. R., & Bayley, P. J. (2007). The neuroscience of remote memory. *Curr Opin Neurobiol, 17*(2), 185-196.

191. Squire, L. R. (1992). Memory and the hippocampus: A synthesis from findings with rats, monkeys, and humans. *Psychol Rev, 99*(2), 195-231.

192. Squire, L. R., Kim, S., Frascino, J. C., Annese, J., Bennett, J., Insausti, R., & Amaral, D. G. (2020). Neuropsychological and neuropathological observations of a long-studied case of memory impairment. *Proc Natl Acad Sci U S A, 117*(47), 29883-29893.

193. Tulving, E., Schacter, D. L., McLachlan, D. R., & Moscovitch, M. (1988). Priming of semantic autobiographical knowledge: A case study of retrograde amnesia. *Brain Cogn, 8*(1), 3-20.

194. Bourboulou, R., Marti, G., Michon, F. X., El Feghaly, E., Nouguier, M., Robbe, D, Koenig, J., & Epsztein, J. (2019). Dynamic

control of hippocampal spatial coding resolution by local visual cues. *Elife, 8.*

195. Corballis, M. C. (2018). Space, time, and language. *Cogn Process, 19*(Suppl 1), 89-92.

196. Devito, L. M., & Eichenbaum, H. (2011). Memory for the order of events in specific sequences: Contributions of the hippocampus and medial prefrontal cortex. J *Neurosci, 31*(9), 3169-3175.

197. Doeller, C. F., Opitz, B., Krick, C. M., Mecklinger, A., & Reith, W. (2005). Prefrontal-hippocampal dynamics involved in learning regularities across episodes. *Cereb Cortex, 15*(8), 1123-1133.

198. Dusek, J. A., & Eichenbaum, H. (1997). The hippocampus and memory for orderly stimulus relations. *Proc Natl Acad Sci U S A, 94*(13), 7109-7114.

199. Eichenbaum, H. (2006). The secret life of memories. *Neuron, 50*(3), 350-352.

200. Ergorul, C., & Eichenbaum, H. (2004). The hippocampus and memory for "what," "where," and "when". *Learn Mem, 11*(4), 397-405.

201. Friedman, W. J. (1987). A follow-up to "scale effects in memory for the time of events": The earthquake study. *Mem Cognit, 15*(6), 518-520.

202. Hasselmo, M. E. (2009). A model of episodic memory: mental time travel along encoded trajectories using grid cells. *Neurobiol Learn Mem, 92*(4), 559-573.

203. Schacter, D. L. (1994). Implicit knowledge: New perspectives on unconscious processes [Discussion 85-88]. *Int Rev Neurobiol, 37*, 271-284.

204. Schacter, D. L. (2019). Implicit memory, constructive memory, and imagining the future: A career perspective. *Perspect Psychol Sci, 14*(2), 256-272.

205. Baddeley, A.D., & Patterson. K. (1971). The relation between long-term and short-term memory. *Br Med Bull, 27*(3), 237-242.

206. Allen, T. A., & Fortin, N. J. (2013). The evolution of episodic memory. *Proc Natl Acad Sci U S A, 110*(Suppl 2), 10379-10386.

207. Conway, M. A., & Pleydell-Pearce, C. W. (2000). The construction of autobiographical memories in the self-memory system. *Psychol Rev, 107*(2), 261-288.

208. Arbib, M. A. (2020). From spatial navigation via visual construction to episodic memory and imagination. *Biol Cybern, 114*(2), 139-167.

209. Manns, J. R., Eichenbaum, H. (2006). Evolution of declarative memory. *Hippocampus, 16*(9), 795-808.

210. Alexander, A. S., Robinson, J. C., Dannenberg, H., Kinsky, N. R., Levy, S. J., Mau, W., Chapman, G. W., Sullivan, D. W., & Hasselmo, M. E. (2020). Neurophysiological coding of space and time in the hippocampus, entorhinal cortex, and retrosplenial cortex. *Brain Neurosci Adv, 4*, 2398212820972871.

211. Mayford, M., & Kandel, E. R. (1999). Genetic approaches to memory storage. *Trends Genet, 15*(11), 463-470.

212. Malenka, R. C. (1994). Synaptic plasticity: Mucking up movements. *Nature, 372*(6503), 218-219.

213. Malenka, R. C. (2013). Rapid release revealed: honoring the synapse. *Cell, 154*(6), 1171-1174.

214. Malenka, R. C. (1994). Synaptic plasticity in the hippocampus: LTP and LTD. *Cell, 78*(4), 535-538.

215. Mayford, M., Siegelbaum, S. A., Kandel, E. R. (2012). Synapses and memory storage. *Cold Spring Harb Perspect Biol, 4*(6).

216. Kennedy, M. B. (2013). Synaptic signaling in learning and memory. *Cold Spring Harb Perspect Biol, 8*(2), a016824.

217. Kennedy, M. B. (1999). On beyond LTP: Long-term potentiation. *Learn Mem, 6*(5), 417-421.

218. Kennedy, M. B. (1988). Cellular neurobiology: Synaptic memory molecules. *Nature, 335*(6193), 770-772.

219. Herculano-Houzel, S. (2009). The human brain in numbers: A linearly scaled-up primate brain. *Front Hum Neurosci, 3*, 31.

220. Kennedy, M. B. (2000). Signal-processing machines at the postsynaptic density. *Science, 290*(5492), 750-754.

221. Kennedy, M. B. (1997). The postsynaptic density at glutamatergic synapses. *Trends Neurosci, 20*(6), 264-268.

222. Kennedy, M. B. (1987). Neurobiology: Molecules underlying memory. *Nature, 329*(6134), 15-16.

223. *Sthal's Essential Psychopharmacology*, Neuroscientific Basis Pratical Application. Cambridge Universtiy Press 5th ed, 2021.

224. Luscher, C., Nicoll, R. A., Malenka, R. C., & Muller, D. (2000). Synaptic plasticity and dynamic modulation of the postsynaptic membrane. *Nat Neurosci, 3*(6), 545-550.

225. Brunelli, M, Castellucci, V., & Kandel, E. R. (1976). Synaptic facilitation and behavioral sensitization in Aplysia: Possible role of serotonin and cyclic AMP. *Science, 194*(4270), 1178-1181.

226. Kandel, E. R., & Hawkins, R. D. (1992). The biological basis of learning and individuality. *Sci Am, 267*(3), 78-86.

227. Kandel, E. R., & Gardner, D. (1972). The synaptic actions mediated by the different branches of a single neuron. *Res Publ Assoc Res Nerv Ment Dis, 50*, 91-146.

228. Malenka, R. C. (2011). QnAs with Robert C. Malenka. *Proc Natl Acad Sci U S A, 108*(40), 16501.

229. O'Keefe J. J., 3rd. (1983). Understanding information systems. *Issues Health Care, 4*(1), 57-60.

230. Kandel, E. R., Markram, H., Matthews, P. M., Yuste, R., & Koch, C. (2013). Neuroscience thinks big (and collaboratively). *Nat Rev Neurosci, 14*(9), 659-664.

231. Brown, R. E., & Milner, P. M. (2003). The legacy of Donald O. Hebb: More than the Hebb synapse. *Nat Rev Neurosci, 4*(12), 1013-1019.

232. Carew, T. J., Hawkins, R. D., Abrams, T. W., & Kandel, E. R. (1984). A test of Hebb's postulate at identified synapses which mediate classical conditioning in Aplysia. *J Neurosci, 4*(5), 1217-1224.

233. Bliss, T. V., & Gardner-Medwin, A. R. (1973). Long-lasting potentiation of synaptic transmission in the dentate area of the unanaestetized rabbit following stimulation of the perforant path. *J Physiol, 232*(2), 357-374.

234. Glanzman, D. L. (1994). Postsynaptic regulation of the development and long-term plasticity of Aplysia sensorimotor synapses in cell culture. *J Neurobiol, 25*(6), 666-693.

235. Freud, S. (1996). *Obras psicológicas completas de Sigmund Freud.* Edição *standard* brasileira. Imago. Trabalho original publicado em 1856-1939.

236. Kandel, E. R., & Squire, L. R. (2000). Neuroscience: Breaking down scientific barriers to the study of brain and mind. *Science, 290*(5494), 1113-1120.

237. Kandel, E. R. (2008). Interview with eric R. Kandel: From memory, free will, and the problem with Freud to fortunate decisions. *J Vis Exp,* (15).

238. Kandel, E. R. (2001). The molecular biology of memory storage: A dialog between genes and synapses. *Biosci Rep, 21*(5), 565-611.

239. Kandel, E. R., Frazier, W. T., & Wachtel, H. (1969). Organization of inhibition in abdominal ganglion of Aplysia. I. Role of inhibition and disinhibition in transforming neural activity. *J Neurophysiol, 32*(4), 496-508.

240. Squire, L. R. (1986). Mechanisms of memory. *Science, 232*(4758), 1612-1619.

241. Squire, L. R. (2017). Memory for relations in the short term and the long term after medial temporal lobe damage. *Hippocampus, 27*(5), 608-612.

242. Carew T. J., Castellucci V. F., & Kandel E. R. (1971). An analysis of dishabituation and sensitization of the gill-withdrawal reflex in Aplysia. *Int J Neurosci, 2*(2), 79-98.

243. Carew, T., Castellucci, V. F., & Kandel, E. R. (1979). Sensitization in Aplysia: Restoration of transmission in synapses inactivated by long-term habituation. *Science, 205*(4404), 417-419.

244. Kandel, E. (2005). Eric Kandel: The future of memory. *Mol Interv, 5*(2), 65-69.

245. Castellucci, V., & Kandel. E. R. (1976). Presynaptic facilitation as a mechanism for behavioral sensitization in Aplysia. *Science, 194*(4270), 1176-1178.

246. Schwartz, J. H., Bernier, L., Castellucci, V. F., Palazzolo, M., Saitoh, T., Stapleton, A., & Kandel, E. R. (1983). What molecular steps determine the time course of the memory for short-term sensitization in Aplysia? *Cold Spring Harb Symp Quant Biol, 48*(Pt 2), 811-819.

247. Hawkins, R. D., Kandel, E. R., & Bailey, C. H. (2006). Molecular mechanisms of memory storage in Aplysia. *Biol Bull, 210*(3), 174-191.

248. Greengard, P, & Kuo, J. F. (1970). On the mechanism of action of cyclic AMP. *Adv Biochem Psychopharmacol, 3*, 287-306.

249. Greengard, P., Kuo, J. F., & Miyamoto, E. (1970). Studies on the mechanism of action of cyclic AMP in nervous and other tissues. *Adv Enzyme Regul*, 9, 113-125.

250. Greengard, P., & McAfee, D. A. (1972). Adenosine 3':5'-cyclic monophosphate as a mediator in the action of neurohumoral agents. *Biochem Soc Symp*, (36), 87-102.

251. Greengard, P., McAfee. D. A., & Kebabian. J. W. (1972). On the mechanism of action of cyclic AMP and its role in synaptic transmission. *Adv Cyclic Nucleotide Res, 1*, 337-355.

252. Greengard, P., Jen, J., Nairn. A. C., & Stevens, C. F. (1991). Enhancement of the glutamate response by cAMP-dependent protein kinase in hippocampal neurons. *Science, 253*(5024), 1135-1138.

253. Greengard, P., & Kebabian, J. W. (1974). Role of cyclic AMP in synaptic transmission in the mammalian peripheral nervous system. *Fed Proc, 33*(4), 1059-1067.

254. Kandel, E. R., Klein, M., Castellucci, V. F., Schacher, S, & Goelet, P. (1986). Some principles emerging from the study of short- and long-term memory. *Neurosci Res,* 3(6), 498-520.

255. Castellucci, V. F., Kandel, E. R., Schwartz, J. H., Wilson, F. D., Nairn, A. C., & Greengard, P. (1980). Intracellular injection of the catalytic subunit of cyclic AMP-dependent protein kinase simulates facilitation of transmitter release underlying behavioral sensitization in Aplysia. *Proc Natl Acad Sci U S A, 77*(12), 7492-7496.

256. Mayford, M., Wang, J., Kandel, E. R., & O'Dell, T. J. (1995). CaMKII regulates the frequency-response function of hippocampal synapses for the production of both LTD and LTP. *Cell, 81*(6), 891-904.

257. Jin, I., Udo, H., Kassabov, S., Kosmidis, S., Zhu, H., Kandel, E. R., & Hawkins, R. D. (2018). Anterograde and retrograde signaling

by an Aplysia neurotrophin forms: A transsynaptic functional unit. *Proc Natl Acad Sci U S A, 115*(46), E10951-E10960.

258. Dash, P. K., Hochner, B., & Kandel, E. R. (1990). Injection of the cAMP-responsive element into the nucleus of Aplysia sensory neurons blocks long-term facilitation. *Nature, 345*(6277), 718-721.

259. Bartsch, D., Casadio, A., Karl, K. A., Serodio, P., & Kandel, E. R. (1998). CREB1 encodes a nuclear activator, a repressor, and a cytoplasmic modulator that form a regulatory unit critical for long-term facilitation. *Cell, 95*(2), 211-223.

260. Bartsch, D., Ghirardi, M., Skehel, P. A., Karl, K. A., Herder, S. P., Chen, M., Bailey, C. H., & Kandel, E. R. (1995). Aplysia CREB2 represses long-term facilitation: relief of repression converts transient facilitation into long-term functional and structural change. *Cell, 83*(6), 979-992.

261. Bartsch, D., Ghirardi, M., Casadio, A., Giustetto, M., Karl K. A., Zhu, H., & Kandel, E. R. (2000). Enhancement of memory-related long-term facilitation by ApAF, a novel transcription factor that acts downstream from both CREB1 and CREB2. *Cell, 103*(4), 595-608.

262. Alberini, C. M., & Kandel, E. R. (2014). The regulation of transcription in memory consolidation. *Cold Spring Harb Perspect Biol, 7*(1), a021741.

263. Bennett, M. K., Erondu, N. E., & Kennedy, M. B. (1983). Purification and characterization of a calmodulin-dependent protein kinase that is highly concentrated in brain. *J Biol Chem, 258*(20), 12735-12744.

264. Malinow, R., & Malenka, R. C. (2002). AMPA receptor trafficking and synaptic plasticity. *Annu Rev Neurosci, 25*, 103-126.

265. Silva, A.J., Stevens, C. F., Tonegawa, S., & Wang, Y. (1992). Deficient hippocampal long-term potentiation in alpha-calcium-calmodulin kinase II mutant mice. *Science, 257*(5067), 201-206.

266. Maeda, K., Kobayashi, Y., Koide, M., Uehara, S., Okamoto, M., Ishihara, A., Kayama, T., Saito, M., & Marumo, K. (2019). The regulation of bone metabolism and disorders by Wnt signaling. *Int J Mol Sci, 20*(22).

267. Bliss, T. V., & Lomo, T. (1973). Long-lasting potentiation of synaptic transmission in the dentate area of the anaesthetized rabbit following stimulation of the perforant path. *J Physiol, 232*(2), 331-356.

268. Ormond, J., & O'Keefe, J. (2022). Hippocampal place cells have goal-oriented vector fields during navigation. *Nature, 607*(7920), 741-746.

269. Speakman, A., & O'Keefe, J. (1990). Hippocampal complex spike cells do not change their place fields if the goal is moved within a cue controlled environment. Eur J *Neurosci, 2*(6), 544-555.

270. O'Keefe, J. (1991). An allocentric spatial model for the hippocampal cognitive map. *Hippocampus, 1*(3), 230-235.

271. O'Keefe, J. Place units in the hippocampus of the freely moving rat. *Exp Neurol, 51*(1), 78-109.

272. Huang, Y. Y., & Kandel, E. R. (1998). Postsynaptic induction and PKA-dependent expression of LTP in the lateral amygdala. *Neuron, 21*(1), 169-178.

273. Huang, Y. Y., & Kandel, E. R. (1996). Modulation of both the early and the late phase of mossy fiber LTP by the activation of beta-adrenergic receptors. *Neuron, 16*(3), 611-617.

274. Huang, Y. Y., & Kandel, E. R. (2006). Age-related enhancement of a protein synthesis-dependent late phase of LTP induced by low frequency paired-pulse stimulation in hippocampus. *Learn Mem, 13*(3), 298-306.

275. Huang, Y. Y., Nguyen, P. V., Abel, T., & Kandel, E. R. (1996). Long-lasting forms of synaptic potentiation in the mammalian hippocampus. *Learn Mem, 3*(2-3), 74-85.

276. Huang, Y. Y., Zakharenko, S. S., Schoch, S., Kaeser, P. S., Janz, R., Sudhof, T. C., Siegelbaum, S. A., & Kandel, E. R. (2005). Genetic evidence for a protein-kinase: A-mediated presynaptic component in NMDA-receptor-dependent forms of long-term synaptic potentiation. *Proc Natl Acad Sci U S A, 102*(26), 9365-9670.

277. Huang, Y. Y., Martin, K. C., & Kandel, E. R. (2000). Both protein kinase A and mitogen-activated protein kinase are required in the amygdala for the macromolecular synthesis-dependent late phase of long-term potentiation. *J Neurosci, 20*(17), 6317-6325.

278. Huang, Y. Y., Pittenger, C., & Kandel, E. R. (2004). A form of long-lasting, learning-related synaptic plasticity in the hippocampus induced by heterosynaptic low-frequency pairing. *Proc Natl Acad Sci U S A, 101*(3), 859-864.

279. Huang, Y. Y., Simpson, E., Kellendonk, C., & Kandel, E. R. (2004). Genetic evidence for the bidirectional modulation of synaptic plasticity in the prefrontal cortex by D1 receptors. *Proc Natl Acad Sci U S A, 101*(9), 3236-3241.

280. Huang, Y. Y., Li, X. C., & Kandel, E. R. (1994). cAMP contributes to mossy fiber LTP by initiating both a covalently mediated early phase and macromolecular synthesis-dependent late phase. *Cell, 79*(1), 69-79.

281. Kandel, E., & Abel, T. (1995). Neuropeptides, adenylyl cyclase, and memory storage. *Science, 268*(5212), 825-826.

282. Kostovic, I. (2020). The enigmatic fetal subplate compartment forms an early tangential cortical nexus and provides the framework for construction of cortical connectivity. *Prog Neurobiol, 194*, 101883.

283. Kostovic, I., Isasegi, I. Z., & Krsnik, Z. (2019). Sublaminar organization of the human subplate: Developmental changes in the distribution of neurons, glia, growing axons and extracellular matrix. *J Anat, 235*(3), 481-506.

284. Kostovic, I, & Jovanov-Milosevic, N. (2006). The development of cerebral connections during the first 20-45 weeks' gestation. *Semin Fetal Neonatal Med, 11*(6), 415-422.

285. Kostovic, I., & Jovanov-Milosevic, N. (2008). Subplate zone of the human brain: Historical perspective and new concepts. *Coll Antropol, 32*(Suppl 1), 3-8.

286. Kostovic, I., Jovanov-Milosevic, N., Rados, M., Sedmak, G., Benjak, V., Kostovic-Srzentic, M., Vasung, L., Culjat, M., Rados, M., Huppi, P., & Judas, M. (2014). Perinatal and early postnatal reorganization of the subplate and related cellular compartments in the human cerebral wall as revealed by histological and MRI approaches. *Brain Struct Funct, 219*(1), 231-253.

287. Kostovic, I., Judas, M., Petanjek, Z., & Simic, G. (1995). Ontogenesis of goal-directed behavior: Anatomo-functional considerations. *Int J Psychophysiol, 19*(2), 85-102.

288. Kostovic, I., Judas, M., & Sedmak, G. (2011). Developmental history of the subplate zone, subplate neurons and interstitial white matter neurons: Relevance for schizophrenia. *Int J Dev Neurosci, 29*(3), 193-205.

289. Kostovic, I., Kostovic-Srzentic, M., Benjak, V., Jovanov-Milosevic, N., & Rados, M. (2014). Developmental dynamics of radial vulnerability in the cerebral compartments in preterm infants and neonates. *Front Neurol, 5*, 139.

290. Kostovic, I., & Krmpotic, J. Early prenatal ontogenesis of the neuronal connections in the interhemispheric cortex of the human gyrus cinguli. *Verh Anat Ges,* (70 Pt 1), 305-316.

291. Kostovic, I., Lukinovic, N., Judas, M., Bogdanovic, N., Mrzljak, L., Zecevic, N., & Kubat, M. (1989). Structural basis of the developmental plasticity in the human cerebral cortex: The role of the transient subplate zone. *Metab Brain Dis, 4*(1), 17-23.

292. Arabin, B., Bos, R., Rijlaarsdam, R., Mohnhaupt, A., & van Eyck, J. (1996). The onset of inter-human contacts: Longitudinal ultrasound observations in early twin pregnancies. *Ultrasound Obstet Gynecol, 8*(3), 166-173.

293. Bystrova, K. (2009). Novel mechanism of human fetal growth regulation: A potential role of lanugo, vernix caseosa and a second tactile system of unmyelinated low-threshold C-afferents. *Med Hypotheses, 72*(2), 143-146.

294. McGlone, F., & Spence, C. The cutaneous senses: touch, temperature, pain/itch, and pleasure. *Neurosci Biobehav Rev, 34*(2), 145-147.

295. McGlone, F., Vallbo, A. B., Olausson, H., Loken, L., & Wessberg, J. (2007). Discriminative touch and emotional touch. *Can J Exp Psychol, 61*(3), 173-183.

296. McGlone, F., Wessberg, J., & Olausson, H. (2014). Discriminative and affective touch: Sensing and feeling. *Neuron, 82*(4), 737-755.

297. Hu, M. S., Borrelli, M. R., Hong, W. X., Malhotra, S., Cheung, A. T. M., Ransom, R. C., Rennert, R. C., Morrison, S. D., Lorenz, H. P., & Longaker, M. T. (2018). Embryonic skin development and repair. *Organogenesis, 14*(1), 46-63.

298. Humphrey, T., & Hooker, D. (1959). Double simultaneous stimulation of human fetuses and the anatomical patterns underlying the reflexes elicited. *J Comp Neurol, 112*, 75-102.

299. Hooker, D. (1952). Early human fetal activity. *Anat Rec, 113*(4), 503-504.

300. Hooker, D. (1954). Early human fetal behavior, with a preliminary note on double simultaneous fetal stimulation. *Res Publ Assoc Res Nerv Ment Dis, 33*, 98-113.

301. Laurentino, S. et Boxwell, S. (2022). Fetal psychism: neurodynamic and psychoanalytic bases. *J Hum Growth Dev, 32(1)*:10-20.

302. Kandel, E. R. (2001). The molecular biology of memory storage: A dialogue between genes and synapses. *Science's Compass, 294*.

303. Lee, S. J., Ralston, H. J., Drey, E. A., Partridge, J. C., & Rosen, M. A. (2005). Fetal pain: A systematic multidisciplinary review of the evidence. *JAMA, 294*(8), 947-954.

304. Kostovic, I., Rados, M., Kostovic-Srzentic, M., & Krsnik, Z. (2021). Fundamentals of the development of connectivity in the human fetal brain in late gestation: From 24 weeks gestational age to term. *J Neuropathol Exp Neurol, 80*(5), 393-414.

305. Kostovic, I., Seress, L., Mrzljak, L., & Judas, M. (1989). Early onset of synapse formation in the human hippocampus: a correlation with Nissl-Golgi architectonics in 15- and 16.5-week-old fetuses. *Neuroscience, 30*(1), 105-116.

306. Carroll, L., Braeutigam, S., Dawes, J. M., Krsnik, Z, Kostovic, I., Coutinho, E., Dewing, J. M., Horton, C. A., Gomez-Nicola, D., & Menassa, D. A. (2021). Autism spectrum disorders: Multiple routes to, and multiple consequences of, abnormal synaptic function and connectivity. *Neuroscientist, 27*(1), 10-29.

307. Kostovic, I., Sedmak, G., & Judas, M. (2019). Neural histology and neurogenesis of the human fetal and infant brain. *Neuroimage, 188*, 743-773.

308. Kostovic, I. (1990). Structural and histochemical reorganization of the human prefrontal cortex during perinatal and postnatal life [Discussion 39-40]. *Prog Brain Res, 85*, 223-239.

309. Ayoub, A. E., & Kostovic, I. (2009). New horizons for the subplate zone and its pioneering neurons. *Cereb Cortex, 19*(8), 1705-1707.

310. Johnson, M. H., & Mareschal, D. (2001). Cognitive and perceptual development during infancy. *Curr Opin Neurobiol, 11*(2), 213-218.

311. Wiesel, T. N. (1971). Effects of monocular deprivation on the cat's visual cortex. *Trans Am Acad Ophthalmol Otolaryngol, 75*(6), 1186-1198.

312. Wiesel, T. N., & Brown, K. T. (1959). Analysis of receptive fields in the cat's retina. *Ann N Y Acad Sci, 74*(2), 405-406.

313. Hubel, D. H., & Wiesel, T. N. (1998). Early exploration of the visual cortex. *Neuron, 20*(3), 401-412.

314. Hubel, D. H., & Wiesel, T. N. (1964). Effects of monocular deprivation in kittens. *Naunyn Schmiedebergs Arch Exp Pathol Pharmakol, 248*, 492-497.

315. Kostovic, I., & Judas, M. (1998). Transient patterns of organization of the human fetal brain. *Croat Med J, 39*(2), 107-114.

316. Kostovic, I., & Judas, M. (2002). Correlation between the sequential ingrowth of afferents and transient patterns of cortical lamination in preterm infants. Anat Rec, 267(1), 1-6.

317. Kostovic, I., Judas, M., Kostovic-Knezevic, L., Simic, G., Delalle, I., Chudy, D., Sajin, B., & Petanjek, Z. (1991). Zagreb research collection of human brains for developmental neurobiologists and clinical neuroscientists. *Int J Dev Biol, 35*(3), 215-230.

318. Kostovic, I., & Judas, M. (2010). The development of the subplate and thalamocortical connections in the human foetal brain. *Acta Paediatr, 99*(8), 1119-1127.

319. Lagercrantz, H., & Changeux, J. P. (2009). The emergence of human consciousness: From fetal to neonatal life. *Pediatr Res, 65*(3), 255-260.

320. Schrödinger, E. (1954). *Nature and the Greeks.* University Press.

321. Schrödinger, E., Penrose, R., & Schrödinger, E. (1967). *What is life? The physical aspect of the living cell, & mind and matter.* Cambridge University Press.

322. Schrödinger, E., & Schrödinger, E. (1996). Nature and the Greeks and Science and humanism. Cambridge University Press.

323. Eccles, J. C. (1953). *The neurophysiological basis of mind: the principles of neurophysiology.* At the Clarendon Press.

324. Eccles, J. C. (1965). *The brain and the unity of conscious experience.* Cambridge University Press.

325. Eccles, J. C. (1977). *The understanding of the brain* (2nd ed.). McGraw-Hill.

326. Eccles, J. C. (1989). *Evolution of the brain: Creation of the self.* Routledge.

327. Beck, F., & Eccles, J. C. (1992). Quantum aspects of brain activity and the role of consciousness. *Proc Natl Acad Sci U S A, 89*(23), 11357-11361.

328. Eccles, J. C. (1992). Evolution of consciousness. *Proc Natl Acad Sci U S A, 89*(16), 7320-7324.

329. Eccles, J. C. (1973). Brain, speech and consciousness. *Naturwissenschaften, 60*(4), 167-176.

330. Eccles, J. C. (1965). Conscious experience and memory: Academic address. *Recent Adv Biol Psychiatry, 8*, 235-256.

331. Davidson, R. J. (1988). EEG measures of cerebral asymmetry: Conceptual and methodological issues. *Int J Neurosci, 39*(1-2), 71-89.

332. Davidson, R. J. (2003). Darwin and the neural bases of emotion and affective style. *Ann N Y Acad Sci, 1000*, 316-336.

333. Davidson, R. J. (2004). What does the prefrontal cortex "do" in affect: Perspectives on frontal EEG asymmetry research. *Biol Psychol, 67*(1-2), 219-233.

334. Freud, S. (2021). O Eu e o Id, autobiografia e outros textos – 1923-1925. In S. Freud, *Obras completas* (Vol. 16). Companhia de Letras.

335. Freud, S. (1969/1895). *Publicações pré-psicanalíticas e esboços inéditos: Edição standard brasileira das obras completas de Sigmund Freud 1856-1839*. Rio de Janeiro: Imago.

336. Corballis M. C. The evolution of language. *Ann N Y Acad Sci, 2009*;1156, 19-43.

337. Freud, S. (2021). O Eu e o Id, autobiografia e outros textos – 1923-1925. In S. Freud, *Obras completas* (Vol. 26). Companhia de Letras.

2. A dor e suas memórias

A vida dos mortos é colocada na memória dos vivos.

Marco Túlio Cícero

Introdução

A dor é a razão da existência humana. O homem evoluiu de tal forma que sua dor, para além de uma experiência aversiva sensorial causada por uma injúria atual, ou potencial,[1,2] transformou-se em marcas de um aprendizado e de memórias de uma vida. A experiência da dor intensa pode ser considerada uma das experiências mais convincentes do comportamento humano, e, dessa forma, argumenta-se que os mecanismos biológicos e comportamentais da dor não apareceram em uma mutação "de novo" nos humanos, mas sim como produto de um processo evolutivo anterior.[1]

Olhar a questão da dor do ponto de vista evolutivo ainda é um campo pouco explorado e não compreendido em sua totalidade. Porém, é essencial incluir esse olhar para que haja uma compreensão mais ampla e profunda sobre o processo que serviu tanto para a proteção e evolução da espécie como se transformou no maior martírio da humanidade, no qual as dores agudas e crônicas passaram a refletir os sofrimentos do corpo e da alma.

A dor e o prazer sempre foram forças que motivaram o ser humano. Do ponto de vista evolutivo, os ancestrais aprenderam a criar mecanismos de autodefesa e autopreservação ao memorizar experiências dolorosas com o intuito de melhorar suas adaptações às contingências ambientais.[1,3,4] Assim, evitar certas plantas que provocavam ferimentos na pele durante o forrageamento dos campos, afastar-se de certos predadores, buscar lugares ou cavernas para se abrigar do desconforto das altas e baixas temperatura etc., todas essas memórias que serviram de aprendizados tiveram a dor como a marca fundamental para a lembrança dos perigos e riscos impostos pelo ambiente e pelas condições socioculturais. Esses aprendizados, como já dito, serviram de mecanismos protetivos para a autopreservação e para a perpetuação da espécie.[1,5] Além disso, os mecanismos neurofisiológicos da dor aguda serviram para reforçar os cuidados sobre determinada lesão ou ferimento e, desse modo, promover com maior rapidez o processo de cura.[1,6,7]

Dessa forma, é importante destacar que os aspectos evolutivos adaptativos, neutros e mal adaptados, moldaram os mecanismos fundamentais para a dor, apesar de essa compreensão ser de extrema complexidade.[1] Sabe-se que, em humanos com insensibilidade congênita à dor, a elevada morbidade é um dado fundamental para entender as funções protetoras da nocicepção aguda e da dor propriamente dita. De fato, do ponto de vista de seleção natural, não é a dor, mas a capacidade de sentir a dor, que se mostra sujeita a essa seleção.[1] Assim, o grande desafio quanto à questão de explicar qual seria a função adaptativa da dor na evolução humana diz respeito a sua filogenia, ontogenia e a seus mecanismos.

Para Nesse e Schulkin,[6] a visão da medicina evolutiva gerou um grande progresso na compreensão de como a capacidade para a dor proporcionou vantagens seletivas.[6] Uma das explicações diz respeito ao "princípio do detector de fumaça", que explica como a evolução natural compensou com alarmes falsos de ferimentos de pequena intensidade o custo muito elevado de não responder a determinada ameaça de ferimentos e infecções mais graves.[1,6] Além disso, haveria outra hipótese, a de que um sistema poderia sensibilizar prontamente e levar à dor crônica devido ao alto custo da vulnerabilidade desses sistemas em relação ao *feedback* positivo descontrolado.[1] Por fim, Nesse e Schulkin[6] questionam se o estilo de vida do homem moderno não resultaria em lesões por atividades profissionais repetitivas, ou hábitos sedentários, devido à relação entre esse estilo de vida e o ambiente no qual o sistema da dor foi adaptado.

Outro importante fator diz respeito à adaptação à dor persistente. Observações de estudos em fósseis revelam que as especializações dos nociceptores ocorreram a partir de pressões seletivas desde a Era Pré-Cambriana. Isso provocou modificações persistentes e evolutivas nos sistemas nociceptivos, no sentido de proteção contra os predadores ou membros agressivos da mesma espécie. Por exemplo, Hearn e Williams,[8] em uma metanálise sistemática de evidências fósseis da Era Mesozoica, concluíram que os dinossauros tinham condições de sobreviver por um longo tempo após um ferimento grave, e isso seria acompanhado por um possível comportamento de vigilância à dor persistente.[8]

Os modelos evolutivos sobre os mecanismos da dor em humanos são ferramentas fundamentais para o estudo da memória. Com base em inúmeros estudos, pode-se afirmar que a dor aguda e seus mecanismos neurofisiológicos, por meio da sensibilização periférica e central, têm um profundo valor evolutivo. Isso se deve aos mecanismos de sensibilização que sustentam os cuidados para uma lesão tecidual ao aumentar a vigilância durante a cicatrização.[1,7-9] Dessa forma, o estímulo doloroso agudo funciona como mecanismo de lembrança do ferimento que precisa de cuidado, e que não pode ser esquecido pelo risco de um agravamento e não promoção da cura.[10-14]

No entanto, quando a dor aguda se transforma em dor crônica, ou seja, o mecanismo de cura se torna duradouro, o que parece existir é um inevitável mau funcionamento dos mecanismos da dor relacionados, como dito anteriormente, à sensibilização periférica e central. Esse mecanismo, ao assegurar o cuidado da ferida, aumenta em demasia a vigilância durante o processo de cicatrização e pode induzir à ativação de circuitos centrais que são influenciados pelos estímulos ambientais e emocionais. Esse processo promoverá uma plasticidade sináptica e uma memória do evento que provocou a dor.[7,15] Dessa forma, essa memória, ao ser reativada constantemente, mesmo após ultrapassar o mecanismo fisiológico da cura da lesão tecidual, será responsável pela formação de um circuito neural responsável pela dor crônica.[6,7,15-17]

Para Williams,[18] é preciso ir além da compreensão dos mecanismos que regulam a dor e estudar as razões evolutivas com o objetivo de entender o motivo da vulnerabilidade às falhas.

Além disso, a dor, acima de tudo, acompanha todas as narrativas históricas da humanidade. Dos grandes relatos mitológicos dos deuses e suas punições sobre os homens, ou dos descritos épicos das guerras, invasões, fugas, assim como às histórias contadas sobre os heróis e seus sofrimentos, ou do padecimento físico e psíquico dos grandes líderes religiosos, todas essas marcas e memórias do sofrimento humano revelam que somos forjados pelas memórias dolorosas da nossa existência.

A dor também serviu como construção histórica de dominação e subjugação de povos, civilizações e minorias. As chicotadas dos escravizados africanos traficados como mão de obra; as torturas aplicadas aos prisioneiros de guerra dos Estados totalitários; o uso da força e violência física nos cárceres; as prisões e os hospitais psiquiátricos que serviram para formar uma sociedade punitiva e coercitiva; as dores das crianças e mulheres vítimas de abusos sexuais etc. revelam que essas dores e suas memórias estão marcadas para além do corpo humano: elas perpassam toda a trajetória histórica de um sujeito que precisa ser entendido por meio da sua construção biopsicossocial.

Com os tempos modernos e as demandas por mais desempenho social e profissional, os corpos se tornaram fábricas de dores crônicas e memórias traumáticas. As revoluções agrícola e industrial deixaram memórias de dores psíquicas por exploração de mão de obra, e dores físicas devido às lesões por esforços repetidos. Essas marcas mnêmicas que transpassam os nociceptores e invadem a pele, alcançando o inconsciente, provocam um sofrimento psíquico imensurável e criam uma sociedade viciada em substâncias e seus efeitos anestésicos.[9,19,20]

Assim, falar da dor e suas memórias é falar do corpo. Esse corpo em que as marcas físicas das cicatrizes das dores agudas, ou as marcas invisíveis das dores crônicas, revelam que é através delas que se insere uma história escrita pelo padecimento. São essas memórias que alcançam uma dimensão bem mais complexa e profunda sobre o sofrimento humano, onde as dores psíquicas são corporificadas e as dores físicas marcam o psiquismo humano.[3,21,22] Diante dessa constatação, fica evidente que as memórias dolorosas vivem no sujeito que fisicamente sente a dor e psiquicamente sofre, mesmo na ausência dela, revelando que, para a dor, o corpo não é o fim.

Do ponto de vista psíquico, vale lembrar que para Freud a dor seria a única força capaz de romper de forma irruptiva todas as barreiras de contato e descarregar toda energia psíquica sobre o aparelho motor.[1] Essa dor física ou psíquica, sentida de fato ou percebida subjetivamente, pode alcançar um nível de sofrimento muitas vezes insuportável. Por outro lado, Freud, posteriormente, vai falar sobre outro tipo de memória que envolve a dor, porém retratando essa como uma forma de busca pelo prazer.

Ao falar sobre o masoquismo do ponto de vista sexual,[24] o define como uma "condição na qual o indivíduo obtém prazer pela experiência de dor e humilhação infligida por outros ou, em alguns casos, por ele próprio".[24] Essa definição parece ser mais bem compreendida quando se acessam o escrito de Freud *Três ensaios sobre a teoria da sexualidade*.[25] Nesse estudo, o autor afirma que o masoquismo seria o sadismo que se voltaria contra a própria pessoa, que assume o lugar do objeto sexual. Obviamente, todo o estudo psicanalítico sobre o masoquismo merece ser lido mais profundamente para melhor entendimento. Mas o que se quer explicitar é que, ao considerar a complexidade do comportamento humano, pontua-se que até mesmo a dor, como processo biológico de desprazer e desconforto, pode ser vista em alguns indivíduos com outras formas de manifestações de experiências subjetivas.

É sobre a dor e suas memórias que este capítulo se propõe falar. Falar sobre a maneira como o corpo humano se coloca como um espaço de memórias dolorosas e de como a dor o afeta. É, também, sobre a dor psíquica e a sensação subjetiva que nasce de algum lugar inconsciente e recalcado.

Mas as memórias de experiências de dor também devem ser vistas no sentido coletivo. O sofrimento de muitos representa todas as marcas das guerras, das perdas e tragédias humanas. A memória da dor, atrelada à cultura de um povo escravizado, parece ser sentida e relembrada através de gerações que sofrem com o preconceito e o racismo estrutural. As dores de um indivíduo torturado e desaparecido parecem se eternizar nos familiares que guardam suas memórias e buscam por seus corpos. As memórias das dores físicas e psíquicas dos sobreviventes do Holocausto, ou dos filhos mortos nas guerras, vivem até hoje como lembranças de um sofrimento que não pode ser esquecido mesmo sendo insuportavelmente doloroso. Por fim, as memórias históricas vinculadas às questões religiosas, por exemplo, a do calvário de Cristo, que até os dias atuais é retratado e lembrado, do ponto de vista religioso, como uma purificação e perdão dos pecados do mundo. Todas essas lembranças, experiências e partilhas revelam que a dor ao longo da história foi percebida e interpretada de diferentes formas, e em diferentes contextos. Outrossim, falar da dor é, sobretudo, falar da memória que é marcada no corpo, na alma e na cultura.[26]

A neurobiologia da dor

A associação internacional para o estudo da dor (IASP) conceitua a dor como "uma experiência sensorial e emocional desprazerosa associada a uma lesão tecidual real ou potencial, ou descrita em termos dessa lesão". Para Apkarian,[27] é evidente que essa experiência necessita de uma subjetividade, a qual, por sua vez, requer a consciência e a habilidade para avaliar o estímulo e a situação apresentada.[27]

Nos últimos anos, os estudos sobre os mecanismos envolvidos na dor têm feito grandes avanços. Pesquisas têm descrito o desenvolvimento da plasticidade neural e da transdução de um estímulo nocivo em um neurônio aferente primário, e o impacto desse estímulo nos circuitos corticais. Descobertas recentes ganharam muitas publicações científicas sobre os tipos de nociceptores e dos canais iônicos envolvidos, bem como dos processos de transdução de estímulos, modulação e propagação dos potenciais de ação e identificação do campo dos sistemas de segundos mensageiros.[28-34] Fatores de transcrição genética, moléculas de sinalização, transmissores, sistemas modulatórios descendentes, também têm sido relacionados aos estudos dos mecanismos da dor. Além disso, estudos mais recentes com neuroimagem revelam que informações sobre lesões teciduais periféricas podem ativar diferentes áreas corticais envolvidas nos circuitos da atenção, motivação e cognição, relacionados à experiência subjetiva da dor. Esses achados revelam a grandeza e a complexidade que envolvem a sensação do estímulo doloroso e da percepção da dor em seu contexto sensorial, emocional e psíquico.[10,34-40]

A complexidade da experiência da dor deve ser primeiramente entendida do ponto de vista neuroanatômico. Sabe-se que os circuitos neurais envolvidos nesse complexo conjunto de vias se iniciam mais perifericamente através dos nociceptores, posteriormente são transmitidos para o sistema nervoso central (SNC) através dos segundos neurônios do corno dorsal do cordão espinhal e alcançam o cérebro via trato espinotalâmico e espinorreticular.[17,41,42] Ao alcançar o tálamo, os sinais passam a ser processados e retransmitidos ao córtex cerebral de acordo com as projeções dos diferentes núcleos talâmicos.[43,44] Por outro lado, os tratos descendentes que seguem pela substância cinzenta periaqueductal mesencefálica, e do núcleo da rafe, funcionam para modular a intensidade da dor.

Do ponto de vista neurofisiológico, o componente envolvido no envio do estímulo nocivo periférico é transmitido através da medula espinhal, que resulta na sensação fisiológica da dor, e na resposta emocional com sentimentos negativos.[42,45,46] Quando um estímulo é aplicado sobre os nociceptores e atinge uma intensidade suficiente para chegar ao limiar de um potencial de ação, um impulso nervoso é gerado e propagado por toda a fibra aferente primária até alcançar o SNC. Quanto maior for a intensidade do estímulo, mais fibras nervosas aferentes serão recrutadas.[42,47] Essas fibras aferentes primárias tendem a transmitir informações de mais de um nociceptor secundário à ramificação das fibras aferentes. Classifica-se como unidade sensorial uma fibra aferente com todos os seus receptores, e como campo receptivo toda a área que coleta as informações relacionadas aos estímulos dolorosos percebidos. Dessa forma, existe uma relação inversa entre a precisão da percepção sensorial dolorosa e os campos receptivos. Ou seja, quanto maior o campo receptivo e a sobreposição entre os campos adjacentes, mais difícil será para o sistema sensorial perceber com precisão o ponto doloroso no corpo.[42,43,47,48]

Sabe-se que as fibras somatossensoriais periféricas são divididas em três grupos: A-α, A-β e A-γ, consideradas fibras mielinizadas de condução rápida, envolvidas no tato e na propriocepção, mas que não participam do processo da percepção da dor. Um segundo tipo de fibra A-δ, que participa da sensação de dor mas carreia o estímulo de forma lenta, pode ter um limiar alto e responder especificamente aos estímulos mecânicos intensos, enquanto outras podem responder aos estímulos nocivos relacionados à temperatura. Existe um terceiro tipo de fibras, denominadas fibras tipo C, que são não mielinizadas e apresentam condução muito lenta, geralmente recebendo informações dos nociceptores envolvidos nos estímulos mecânicos, térmicos e químicos, e tendem a provocar a sensação de dor ardente ou queimante.[42,48]

É importante destacar que para ocorrer a sensação dolorosa e a percepção subjetiva da dor, é necessária a integridade dos diversos tipos e subtipos de receptores, assim como a ativação de diversos circuitos neurais relacionados à percepção e à interpretação do estímulo doloroso.[17,39,42,49-52] Sabe-se, por exemplo, que o calor é mediado pelos potenciais transitórios dos canais catiônicos da subfamília V do membro 1-3 (TRPV1-3), bem como pelo TREK-1. A dor ocasionada pela pressão mecânica é mediada pelo MDEL7 e pelo TREK1, bem como os estímulos químicos atuam pelos canais iônicos com detecção de ácido (Asic). Os Asic vão agir na percepção de alterações no pH quando existe uma acidose tecidual. Desse modo, eles atuam como canais catiônicos dependentes de prótons e ativados pela queda do pH extracelular.

Numerosos mensageiros moleculares intra e extracelulares, por sua vez, mediarão a sensação nociceptiva, na qual os nociceptores transmitem suas informações através dos neurotransmissores glutamatérgicos que são ativados por estímulos dolorosos específicos. Nas lesões agudas que necessitam de um estímulo doloroso como fator protetivo, mediadores inflamatórios liberados no local lesionado também servirão para estimular outros nociceptores a partir da secreção de outras substâncias, como a serotonina, as prostaglandinas e o fator de crescimento nervoso.[28,42,53] Ou seja, a presença dessas moléculas tende a atuar sobre os nociceptores excitando ou inibindo o limiar de ativação, resultando na transmissão aferente dos estímulos que seguirão para o corno dorsal da medula espinhal.[42,54]

Sabe-se, que diante de um dano tecidual, a inflamação neurogênica produz uma ativação dos nociceptores, que liberam substância P. A substância P e o peptídeo relacionado ao gene da calcitonina, ao serem liberados por esse processo inflamatório, ou pelo dano tecidual, excitam nociceptores e causam vasodilatação e edema nos terminais periféricos, provocando um escoamento de proteínas para o espaço extracelular, que induz uma reação inflamatória devido à estimulação das células do sistema imune.[42,54,55] Essas alterações inflamatórias e neuroquímicas funcionam para ativar as fibras A-δ e C, ou seja, a presença de substâncias liberadas nos tecidos danificados produz uma dor ativa. Além disso, no tecido danificado, também são liberadas outras substâncias, como o ácido araquidônico, que será metabolizado pelas prostaglandinas, que por sua vez bloqueiam o efluxo de potássio dos nociceptores, tornando-os mais sensíveis.[42,54,55]

Outra importante substância liberada em resposta ao dano tecidual é a histamina, que atua sobre os nociceptores, provocando dor. Além disso, o fator de crescimento nervoso que se liga aos receptores da tropomiossinaquinase A (TrkA) na porção mais superficial dos nociceptores termina por ativá-los, provocando, também, uma sensação dolorosa.[17,45,48]

Por fim, ressalta-se que muitos são os eventos relacionados ao dano tecidual, por exemplo, o aumento do metabolismo, que libera ácido lático, assim como a liberação de ATP, serotonina e acetilcolina, substâncias estas que excitarão os nociceptores, provocando uma cascata de eventos neuroquímicos e neuroinflamatórios relacionados à dor aguda.[17,42,55] Além disso, estudos recentes têm demonstrado que disfunções microvasculares acompanham várias lesões e condições relacionadas à dor crônica.[57] Ou seja, é possível que, dentro das arteríolas, capilares e vênulas, ocorram alterações capazes de afetar a saúde do tecido circundante, influenciando a sensibilidade à dor.[57]

Do ponto de vista da via central, os estímulos dolorosos seguem pela via aferente primária (corpo celular localizado no gânglio da raiz dorsal), onde se unirão a um nervo espinhal e, assim, penetrarão na medula espinhal, onde farão sinapse com um neurônio somatossensorial secundário. Os axônios que chegam às camadas I e II de Rexed* liberam agentes neuroquímicos como glutamato, peptídeo vasoativo, somatostatina, o peptídeo relacionado ao gene da calcitonina, e a substância P.

A liberação dos agentes neuroquímicos no corno dorsal da medula espinhal, por sua vez, ativa neurônios nociceptivos que podem liberar glutamato e tornar os receptores N-metil-D-aspartato (NMDA) mais sensíveis, um processo chamado "sensibilização central". No entanto, antes dessa sensibilização, as informações das fibras nociceptoras ativadas são retransmitidas para a medula espinhal pelas células sensoriais localizadas nos gânglios da raiz dorsal. A divisão lateral das fibras do gânglio da raiz dorsal contém a maior parte dos axônios não mielinizados, ou pouco mielinizados, que transportam informações sobre a dor e a temperatura para o tronco cerebral. Além disso, a divisão medial das fibras do gânglio da raiz dorsal transporta informações de axônios principalmente mielinizados, os quais terminam no núcleo grácil ipsilateral ou núcleo *cuneatus*, embora todas as fibras também enviem colaterais para as diferentes lâminas Rexed.[58-60]

* Rexed propôs uma classificação baseada em 10 lâminas da medula espinhal, cada uma com uma função específica. Vale ressaltar que as lâminas I-IV são importantes no circuito da dor, pois estão relacionadas à sensação exteroceptiva e compreendem o corno dorsal da medula espinhal.[58]

Os circuitos neurais da dor

Os estudos sobre as estruturas anatômicas cerebrais que participam da percepção da dor aguda têm revelado três importantes estruturas corticais (Figura 2.1): a ínsula (INS), o córtex cingulado anterior (CCa) e o córtex pré-frontal medial (CPFm).[4,16,43,52,61,62] Além disso, do ponto de vista subcortical, o tálamo (TH), os gânglios da base (GB) e a amígdala são considerados fundamentais nesse circuito.[4,43,45,63-70]

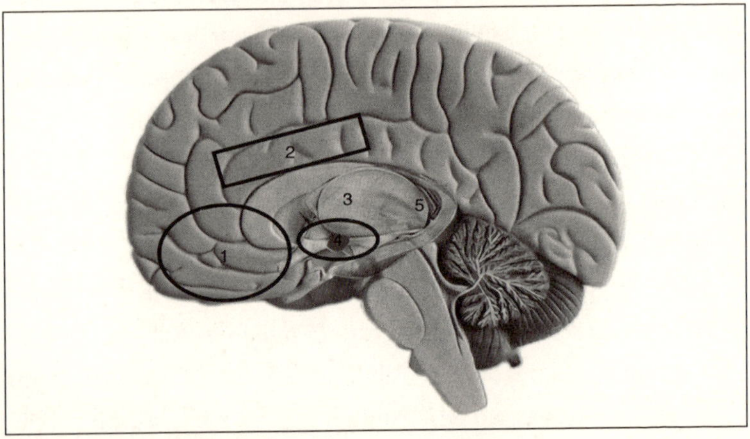

Figura 2.1 Estruturas do circuito da dor.
1: córtice pré-frontal medial (CPFm). 2. córtice cingulado anterior (CCa). 3. Gânglios da base (GB). 4. Amígdala. 5. Tálamo (TH).

Fonte: elaborada pela autora.

Os estudos mais recentes também demonstram que esse padrão de ativação corticossubcortical fora das vias espinotalâmicas está envolvido na dor aguda. Por exemplo, sabe-se que ativação no GB parece ser mediada através de uma via nociceptiva separada.[52] Além disso, atividades adicionais também são percebidas em diferentes estruturas cerebrais, como no córtex somatossensorial primário e secundário, no cerebelo e no córtex pré-frontal lateral e parietal posterior.[48,71]

Pesquisas recentes têm apontado que, durante a antecipação e a percepção da dor, ativações no tronco cerebral, onde a substância cinzenta periaqueductal, a área tegmental ventral (ATV), a medula ventromedial rostral e os núcleos parabraquiais são ativados, funcionam como parte do circuito modulatório descendente implicado no controle do ganho de transmissão de informações nociceptivas da medula espinhal.[4,69,72]

Para Apkarian (2018), a análise das propriedades temporais e as correlações dos parâmetros de estímulo e percepção revelam que o TH e o GB expressam o estímulo nociceptivo com bastante fidelidade.[4] Além disso, os estudos de Apkarian sugerem que grande parte do CCa modula uma resposta antecipatória precoce, enquanto a INS parece ser subdividida em duas porções funcionais, a primeira expressando a nocicepção propriamente dita, enquanto a segunda parte, segundo o autor, pode funcionar para refletir de modo mais geral as magnitudes percebidas independentemente da modalidade sensorial, avaliando melhor a quantidade do que a qualidade.[4]

Quanto à dimensão afetiva da dor, a participação da INS, do CCa e da amígdala mostra-se indispensável para esse tipo de modulação comportamental.[13,73,74] Além disso, o córtex somatossensorial parece refletir com melhor especificidade as dimensões sensoriais relacionadas à intensidade e à localização,[4] apesar de se saber que muitas são as localizações espaciais fora do córtex somatossensorial envolvidas na avaliação topográfica dos estímulos dolorosos.[4,52]

A amígdala e as memórias afetivas do medo e da dor

A memória afetiva relacionada à dor também deve ser entendida do ponto de vista das experiências e memórias que envolvem o medo.[67,75] Medo e dor são experiências diferentes, mas que estão intimamente relacionadas. Sabe-se que, em muitos animais e em humanos, em situações perigosas ou de iminente risco de vida, o sentimento súbito de medo pode suprimir a percepção da dor para que o foco da atenção seja direcionado ao evento que está acontecendo e que precisa de uma tomada de decisão adequada para a autopreservação.[76-79] Esses eventos com grande conteúdo emocional servirão para a memorização e o aprendizado das experiências dolorosas relacionadas aos eventos de risco que servirão para uma proteção futura.[76] Dessa forma, é importante entender o papel da amígdala e seus circuitos neurais na relação entre medo e dor para entender a razão pela qual nossas memórias afetivas influenciam e servem como pedra fundamental da nossa existência.

O medo, ao suprimir de maneira aguda a percepção da dor, ou seja, uma analgesia condicionada pelo medo, envolve mecanismos dos sistemas opioides e endocanabinoides modulados pelo recrutamento das vias descendentes bulboespinhais que inibem a transferência da informação nociceptiva do cordão espinhal.[76] Por outro lado, a memória associativa do medo por uma exposição prévia à dor funciona como fator primordial para o desenvolvimento da dor crônica, e o estado de medo da dor devido à memorização do evento traumático inicial pode provocar comportamentos de aversão e exacerbação da dor.[76]

Para entender do ponto de vista neurobiológico a relação entre memória associativa do medo e a dor crônica, é necessário o estudo dos circuitos neurais da amígdala e suas conexões com as estruturas corticais e subcorticais, assim como o processo de plasticidade sináptica.[80-82]

Sabe-se que a amígdala, e as suas conexões, têm um papel-chave nas emoções, e a dor tem um papel fundamental na dimensão emocional-afetiva do comportamento animal.[63,64,67,83] Os estudos de Gauriau e Bernard[84,85] mostram evidências anatômicas e funcionais que ligam diretamente o "sistema da dor", através de *inputs* nociceptivos e suas projeções, para os centros modulatórios da dor.

Segundo Neugebauer (2020),[63] o conceito geral da função da amígdala no processo da dor pode ser entendido ao considerar que a condição da dor aumenta o *input* nociceptivo (ou sinais de estresse, também chamados de condição funcional da dor sem patologia tecidual), e leva à hiperexcitabilidade dos neurônios de saída da amígdala. Dessa forma, o aumento na via de saída da amígdala tem como consequência a facilitação dos processos nociceptivos espinhais e, talvez, periféricos.[63,64,79] Além disso, a desativação dos centros de controle do CPFm pode levar a déficits cognitivos associados à condição da dor, além da perda do controle cortical dos processos amigdalianos.[63,87-88] Segundo Neugebauer,[63] é a combinação de ciclos viciosos, de ganho e perda das funções, que permite a persistência da neuroplasticidade amigdaliana relacionada à dor.

Sabe-se que as informações nociceptivas chegam à amígdala através da área parabraquial lateral externa, também denominada via direta (PB). Essa via mantém às informações nociceptivas bem preservadas no nível de tronco cerebral.[63] Por outro lado, as informações multimodais alcançam a amígdala através dos núcleos talâmicos e das áreas corticais.[63,64,83,89,90] Outra via, identificada como espinoparabraquial-amigdaliana, que termina na divisão lateral e capsular do núcleo central da amígdala, (CeLC), ao ser estudada, revelou que sua ativação, por meio de estimulação ortodrômica na área parabraqueal, respondia preponderantemente aos estímulos nocivos.[62,89-93]

Os neurônios do CeLC, além de receber estímulos da área parabraquial (PB), recebem entradas excitatórias e inibitórias do tipo *feedforward* do núcleo lateral-basolateral (LA-BLA). Essa rede recebe e integra informações multimodais sensoriais, entre elas as informações nociceptivas oriundas dos núcleos talâmicos posteriores e da linha média e regiões corticais, especialmente a INS, o CCa e o córtex de associação sensorial.[63]

Dessa forma, pode-se afirmar que a amígdala é uma importante área que modula a resposta comportamental afetivo-emocional da dor. Ao receber informações nociceptivas excitatórias, o núcleo de saída central da amígdala sofre influências inibitórias moduladas pelo córtex pré-frontal. Ou seja, os neurônios inibitórios na massa celular intercalada da amígdala projetam-se para o núcleo central, onde desempenharão uma função de controle e modulação, o mesmo ocorrendo com os interneurônios inibitórios do núcleo central.[63,64,89,90] Assim, em condições de dor aguda, um desequilíbrio entre excitação e inibição nos neurônios de saída faz com que a plasticidade sináptica se desenvolva, provocando comportamentos que se assemelham ao quadro de dor, e pode levar ao desenvolvimento da dor crônica.

A neuroplasticidade amigdaliana envolve a ação de neurotransmissores, neuropeptídeos e aminas biogênicas, além de diferentes vias de sinalização. Para Neugebauer (2020), existe um conceito emergente sugerindo que as diferenças na função amigdaliana relacionada à dor estão associadas às diferenças fenotípicas relacionadas à vulnerabilidade e resiliência à dor e, por essa razão, funcionam como fatores fundamentais que influenciam a complexidade e persistência da dor.[63]

O hipocampo e seu envolvimento na dor crônica

Como dito previamente, a dor, em seus aspectos sensoriais e afetivos, tem como função primordial proteger um organismo de danos reais ou potenciais.[91] Estados emocionais que se associam às experiências vividas fazem parte das memórias declarativas e não declarativas que serão formadas subsequentemente.[94] Além disso, dependendo da valência emocional ou da saliência, as memórias podem se tornar imprecisas ou pouco confiáveis, ou em algumas situações podem ser melhoradas ou reforçadas.[30,95] Numerosas pesquisas têm relatado a importância do hipocampo e sua função-chave no processamento da memória emocional e seu papel na produção das falsas memórias, ou na interferência desses estados emocionais sobre a memória armazenada no hipocampo.[30,95]

A dor como sensação subjetiva deve ser vista como uma grande rede que conecta diferentes estruturas cerebrais, produzindo uma integração cognitiva da consciência da experiência dolorosa com a memória e a resposta emocional. A via hipocampal (Figura 2.2) pode facilitar e processar os estímulos nociceptivos da dor. Os neurônios septo-hipocampais recebem estímulos diretos que chegam da medula espinhal e estímulos indiretos que se originam da via ascendente espinotalâmica e parabraquial.[96-98] Um exemplo da importância do hipocampo na memória da dor crônica foi comprovado com estudos que revelaram que 70% dos pacientes que experimentaram déficits na memória do trabalho[99] estavam relacionados a uma disfunção na atenção provocada pelos estímulos sensoriais e pela formação da memória do trabalho no hipocampo.[100]

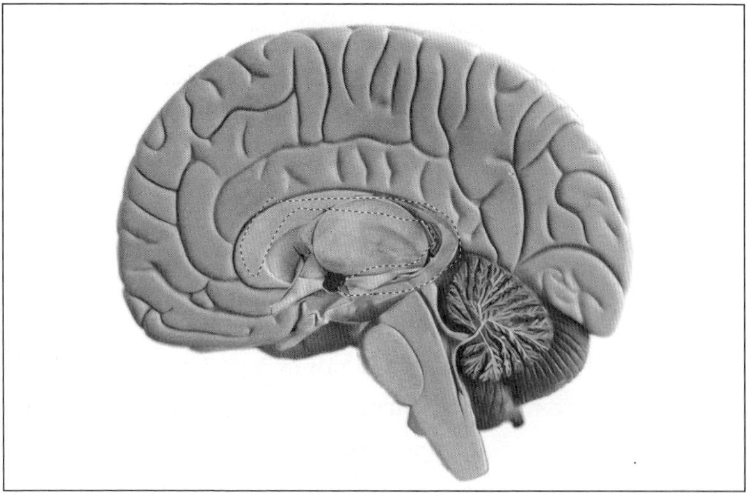

Figura 2.2 Hipocampo.

Fonte: elaborada pela autora.

Ao considerar que o hipocampo é um dos componentes mais importantes do sistema límbico, a descoberta de que existe uma redução do volume hipocampal em pacientes com diferentes tipos de dor crônica e depressão demonstra quão importante se torna compreender a função da neuroplasticidade hipocampal durante esse processo.[15,101] Assim, a redução do volume hipocampal, a neurogênese e a plasticidade sináptica expressam anormalidades funcionais como estados afetivos negativos e emoções associadas à dor crônica.[29]

O papel da neurogênese hipocampal no adulto (NHA) permanece pouco compreendido, no entanto se sabe da sua implicação no aprendizado e nas funções da emoção.[29] Estudos recentes comprovam que a NHA está reduzida nas dores persistentes, o que é compatível com a ideia de que a dor crônica é o fator estressor mais importante associado com transtornos do humor depressivo e transtornos na memória.[29] Os estudos de Apkarian *et al.* (2016) revelaram que mecanismos de aprendizados associativos dependentes de neurogênese hipocampal estão envolvidos na persistência da dor pós-injúria, e esses mecanismos são fundamentais para distinguir a dor crônica da dor aguda (um reforço primário independente do circuito do aprendizado).[29] Apesar dos achados, os pesquisadores enfatizam que existe a sugestão de um *link* direto entre NHA e a emergência da persistência da dor, porém não estabelecem uma relação causal entre esses processos.[29]

Sabe-se que a dor, como experiência sensorial desprazerosa é acompanhada por componentes afetivos, como ansiedade, tristeza, perda da motivação e depressão. Todos esses mecanismos comportamentais estão direta e indiretamente relacionados com a memória das experiências vividas em relação à dor crônica. Dessa forma, o fenômeno da plasticidade neural, que pode ser referido como as mudanças nas sinapses neuronais e nas vias que adaptam novas experiências tanto em condições normais quanto patológicas, tem sido considerado uma característica fundamental observada no desenvolvimento da dor crônica.[102] Redução da plasticidade sináptica no hipocampo acompanhando a dor crônica tem sido identificada em modelos experimentais nos quais a injúria persistente no nervo periférico bloqueia a potenciação de longo prazo (LPT) nas sinapses de CA3-CA1.[103]

Em resumo, pode-se entender que a memória, tanto explícita quanto implícita, está associada com o aprendizado, porém não está diretamente ligada à memória da dor.[42] No entanto, sabe-se que o processo de codificação é o primeiro passo para a formação da memória, que se inicia com a função de atenção ao evento (essa função atencional é regulada pelo TH e pelo córtex frontal), causando disparos neuronais mais frequentes.[42] O processo atencional é regulado pelo conteúdo emocional e processado inconscientemente na amígdala. Essas sensações são então traduzidas experimentalmente em áreas sensoriais corticais antes de serem ajustados no hipocampo.[42] Uma vez que o hipocampo e a amígdala interagem sinergicamente para formar a memória de longo prazo de eventos emocionais, e sendo a amígdala uma estrutura fundamental para a plasticidade associada ao aprendizado de medo condicionado, o papel desse circuito na memória dos eventos dolorosos assume um aspecto mais complexo e desafiador. Dessa forma, pode-se afirmar que, para além dos seus papéis na aprendizagem e na memória, o hipocampo e a amígdala estão também relacionados à dor crônica e estão sujeitas à plasticidade induzida pela dor.[42]

É importante ressaltar, no entanto, que a dor não pode ser entendida apenas como um evento emocional relacionado à plasticidade sináptica. A experiência subjetiva da dor é uma vivência pessoal, singular, sentida de forma única e particular. Sua dimensão, seu sofrimento e a maneira como é vivenciada somente podem ser medidos e expressados pelo sujeito da experiência.

A memória e a experiência subjetiva da dor

A dor é a realidade e o único meio pelo qual um sofredor se faz existir. Se a dor é de fato relacionada a um dano tecidual agudo, que se transformou em dor crônica devido a um processo mal adaptativo secundário, ou se é a expressão de um sofrimento psíquico, o que importa saber é que essa dor, ao ser conscientemente percebida e descrita, torna-se uma experiência subjetiva pessoal e singular.

A dor, enquanto um mecanismo de proteção contra uma ameaça ou dano sofrido, deve ser vista como algo separado do sofrimento. O sofrimento é a percepção, a consciência da ameaça, ou do dano sofrido pelo sujeito. Manifesta-se em certas situações quando o que se espera de si mesmo não é compatível com o que se faz. Em resumo, se a dor, por um lado, é vista biologicamente como uma ameaça ou dano percebido à integridade de um indivíduo, o sofrimento, mentalmente, pode ser interpretado como a percepção de uma ameaça ou dano a si mesmo.

Assim, pode-se compreender que as experiências sensoriais de eventos externos são altamente subjetivas e se expressam de maneiras diferentes em cada indivíduo. A razão pela qual essa variação ocorre diante da mesma experiência sensorial parece ter relação com as experiências que cada indivíduo adquire no passado, e suas predições futuras, e com as maneiras como usa essa percepção para interpretar as informações que chegam ao cérebro.[104] No entanto, quando as expectativas são incongruentes com as informações sensoriais que são percebidas, esse processo pode alterar profundamente essa experiência sensorial.[105] De fato, pistas ambientais, quando combinadas com os eventos sensoriais, fornecem uma espécie de contexto histórico que foi aprendido e armazenado na memória e, que é de extrema importância para a previsão e o processamento das informações futuras.[104]

No caso da dor, a maneira como a expectativa futura é concebida pode modificar profundamente a experiência subjetiva do evento. Assim, expectativas negativas diante de um estímulo nocivo tendem a intensificar a experiência dolorosa, enquanto expectativas positivas reduzem essa intensidade.[105] Ademais, expectativas com elevado grau de certeza quanto ao resultado podem, segundo Ploghaus (2003),[106] "ativar sistemas de controle descendentes para diminuir a dor, enquanto as expectativas associadas a resultados incertos podem amplificar a dor". Quanto aos estudos sobre quais circuitos neurais participam desse processo, apesar de ainda não ser bem elucidado, sabe-se que o comportamento antecipatório da dor envolve regiões cerebrais como o córtex pré-frontal, o córtex somatossensorial (S1, S2), o CCa e a INS anterior.[105-110]

Dessa forma, a base da modulação da dor induzida por expectativas combina três processos neurais. Inicialmente deve ser compreendido que as regiões cerebrais que processam a representação mental de um evento nocivo iminente devem estar em conexão com as áreas cerebrais que processam a dor, e as regiões cerebrais que promovem a experiência subjetiva da dor precisam ser moduladas pelas expectativas.[105,109,110] Além disso, essa representação mental ativa precisa ser estruturada a partir da incorporação das informações, ou memórias passadas com o contexto presente e as projeções futuras, e suas respectivas implicações.[105]

Os estudos de Koyama *et al.*[105] confirmaram que existe uma poderosa interação entre os circuitos neurais envolvidos nos mecanismos cerebrais que processam informações nociceptivas aferentes e as áreas envolvidas no comportamento de expectativa da dor, e que essa interação altera drasticamente a experiência subjetiva da dor. Além disso, Price *et al.* (1985)[111] observaram que expectativas positivas geravam redução da dor percebida (28,4%) que chegava a rivalizar com os efeitos analgésicos da morfina na dose de 0,08 mg/kg (equivalente a uma redução de 25% na dor).

Por fim, é imperioso compreender que a experiência subjetiva da dor envolve uma complexa rede corticossubcortical que modula tanto os mecanismos relacionados às expectativas negativas ou positivas quanto as experiências passadas envolvidas com as questões socioculturais, étnicas, genéticas, psicológicas e afetivas.[112] Isso torna o processamento dos estímulos nocivos um complexo esquema biopsicossocial influenciado diretamente pelas memórias e experiências passadas, assim como pela capacidade que o ser humano tem de expandir seus processos mentais, modificando e ressignificando suas vivências de acordo com sua história pessoal e com as influências ambientais e socioculturais.

Dor crônica e transtorno depressivo

Estudos revelam que estados depressivos e transtorno no comportamento emocional também têm sido relacionados à dor crônica.[13,30,74,95] Sabe-se que pacientes com dor crônica têm um pior prognóstico no tratamento da depressão, visto que a dor e a depressão partilham de mecanismos sobrepostos de neuroplasticidade e alterações neurobiológicas.[15] Na medida em que a dor aguda se transforma em dor crônica, torna-se comum o aparecimento de outros transtornos neuropsiquiátricos como ansiedade, anedonia, transtornos cognitivos executivos, distúrbios do sono e suicídio.

Pesquisas revelam que a gravidade da dor é preditiva do tempo necessário para a remissão do quadro depressivo pós-tratamento.[113] Assim, a relação entre dor e depressão apresenta condições que caminham em paralelo e que são influenciadas pela capacidade da neuroplasticidade hipocampal. Como a dor e a depressão compartilham mecanismos neurobiológicos semelhantes, pode-se afirmar que a dor funciona, muitas vezes, como um obstáculo para alcançar a remissão do quadro depressivo.[113]

Segundo Delgado (2004), o Instituto Nacional de Saúde Mental dos EUA realizou um estudo epidemiológico sobre a depressão, que revelou que um grande percentual de pacientes com queixas de depressão ou ansiedade que se queixavam de dor era formado em sua maioria por mulheres (2,8% *vs.* 1,4%).[113] Esse dado chama a atenção para o fato de que os mecanismos neurobiológicos relacionados à dor crônica envolvem uma complexa rede neural e hormonal, tornando um grande desafio a sua remissão ou seu tratamento medicamentoso.[15,65,72]

A depressão está na maioria das vezes associada a sintomas físicos que são regulados pelas vias de ação neuroquímica do cérebro e da medula espinhal relacionadas à serotonina (5-HT) e à norepinefrina (NE).[30,113] No tronco cerebral os neurotransmissores 5-HT e NE ascendem para o cérebro e modulam as funções emocionais e físicas, enquanto sua via descendente em direção à medula espinhal funciona como um filtro que suprime a entrada dos estímulos dolorosos do corpo.[65,95] Assim, funcionam como importantes neurotransmissores que fazem parte do sistema analgésico endógeno corporal.[113]

Muitas vezes não é possível saber se a depressão foi consequência da dor ou se a dor surgiu pelo quadro depressivo. Muitos pacientes retratam seu quadro doloroso como se "doesse na alma". Essa relação entre depressão, tristeza e dor muitas vezes fica sem uma adequada abordagem terapêutica devido a sua complexidade e refratariedade no tratamento. Talvez por essa razão seja tão importante falar e aprofundar o estudo da dor e a sua influência sobre o aparelho mental humano.

A dor e a sua influência sobre o psiquismo humano

Um dos mais importantes relatos sobre a manifestação da dor no aparelho psíquico foi descrito por Freud (1894) quando escreveu o *Projeto para uma psicologia científica*.[114] Segundo Freud, seria a dor a única força irruptiva capaz de romper os bloqueios psíquicos, transpassar as peneiras das terminações nervosas dos neurônios phi, romper as barreiras de contato e catexizar os neurônios psi para, então, aumentar a tensão da energia psíquica sobre o aparato mental. Esse evento seria sentido conscientemente como uma profunda sensação de desprazer e interpretado, segundo Freud, pelos neurônios ômega.

O aumento da tensão em ômega promoveria uma descarga sobre o aparelho motor, e facilitações entre a sensação de desprazer vivenciada e as memórias das imagens hostis causadoras da dor seriam, então, instaladas.[114]

Para Freud, a experiência da dor real elevaria a energia Q exógena, que, por sua vez, aumentaria a tensão em psi e promoveria uma sensação de desprazer sentida em ômega. Essa tensão seria descarregada, muitas vezes, reflexamente sobre o aparelho motor, obedecendo ao princípio da inércia. Porém, quando na reprodução daquela experiência dolorosa já vivida por meio das memórias afetivas, a única Q adicional seria aquela que iria catexizar a lembrança. Segundo Freud, essa lembrança seria da mesma natureza de qualquer outra percepção e não poderia ter como resultado o aumento geral da Qn.[114] Dessa forma, pode-se entender que, na visão de Freud, a experiência da dor leva à repulsa ou aversão ao objeto danoso, uma vez que este tende a catexizar a imagem hostil. Seria essa aversão ou repulsa ao objeto, conhecida por meio dos estudos, que poderíamos chamar de defesa primária.[114]

Considerações finais

Talvez não tenhamos parado para pensar que somos como as borboletas. Assim como elas, nossas "metamorfoses" são eventos silenciosos e transformadores. Essa metamorfose nos mostra como um animal pode ser tão diferente em suas diversas fases da vida. Sofremos mudanças constantes em nossos casulos, inscrevemos nas nossas memórias mil histórias de alegrias e dores, e essas histórias precisam penetrar, marcar, transformar e fazer renascer. Para tanto, é necessário criar caminhos, caminhos esses que através do corpo e de seus múltiplos sentidos carreiam histórias, experiências, afetos e dores. Esse corpo também é o lugar em que as estradas têm seus retornos.

São as marcas das dores inscritas no corpo e na alma que carregam uma história de vida, uma cultura, um trauma e uma dor inexplicada.

A dor da alma, da perda, da solidão e do desprezo, que sofrem os esquecidos e oprimidos, não precisa de classificações, interpretações ou quantificações. A dor descrita nunca será única; sempre haverá muitas dores misturadas que escondem diferentes sentimentos e emoções. Dessa forma, não interessa saber da dor: o mais importante é humanamente acolher quem a descreve, decifrar seu enigma e percorrer suas estradas e labirintos.

Toda dor tem uma história, mas esquecemos de pedir ao sofredor que nos conte. Muitas histórias de dores não têm memórias, mas isso não impede que escutemos o que faz doer. A dor faz parte da sobrevivência humana, mas também é parte da existência humana.

Para quem não encontrou um caminho de cura, vale lembrar que existem maneiras sutis de aliviar o sofrimento. Mesmo para aqueles que precisam agarrar-se aos efeitos medicamentosos é preciso um investimento médico que seja maior que a medicina. Como a dor fala, é preciso saber escutá-la e, acima de tudo, traduzi-la. Quem a carrega sabe que a dor reflete uma memória silenciada que é marcada no corpo e na alma.

Referências

1. Walters, E. T., & Williams, A. C. C. (2019). Evolution of mechanisms and behaviour important for pain. *Philos Trans R Soc Lond B Biol Sci, 374*(1785), 20190275.
2. Woolf, C. J. (2010). What is this thing called pain? *J Clin Invest, 120*(11), 3742-3744.
3. Craig, K. D. (1975). Social modelling determinants of pain processes. *Pain, 1*(4), 375-378.

4. Apkarian, A. V. (2008). Pain perception in relation to emotional learning. *Curr Opin Neurobiol, 18*(4), 464-468.

5. Williams, A. C. (2002). Facial expression of pain: an evolutionary account [Discussion 55-88]. *Behav Brain Sci, 25*(4), 439-455.

6. Nesse, R. M., & Schulkin, J. (2019). An evolutionary medicine perspective on pain and its disorders. *Philos Trans R Soc Lond B Biol Sci, 374*(1785), 20190288.

7. Williams, A. C. C. (2019). Persistence of pain in humans and other mammals. *Philos Trans R Soc Lond B Biol Sci, 374*(1785), 20190276.

8. Hearn, L., & Williams, A. C. C. (2019). Pain in dinosaurs: What is the evidence? *Philos Trans R Soc Lond B Biol Sci, 374*(1785), 20190370.

9. Walters, E. T. (2019). Adaptive mechanisms driving maladaptive pain: How chronic ongoing activity in primary nociceptors can enhance evolutionary fitness after severe injury. *Philos Trans R Soc Lond B Biol Sci, 374*(1785), 20190277.

10. Hsieh, C., Tsokas, P., Serrano, P., Hernandez, A. I., Tian, D., Cottrell, J. E., Shouval, J. E., Fenton, A. A., & Sacktor, T. C. (2017). Persistent increased PKMzeta in long-term and remote spatial memory. *Neurobiol Learn Mem, 138*, 135-144.

11. Johansen, J. P., Diaz-Mataix, L., Hamanaka, H., Ozawa, T., Ycu, E., Koivumaa, J., Kumar, A., Hou, M., Deisseoth, K., Boyden, E. S., & LeDoux, J. E. (2014). Hebbian and neuromodulatory mechanisms interact to trigger associative memory formation. *Proc Natl Acad Sci U S A, 111*(51), E5584-92.

12. Johansen, J. P., & Fields, H. L. (2004). Glutamatergic activation of anterior cingulate cortex produces an aversive teaching signal. *Nat Neurosci, 7*(4), 398-403.

13. Baliki, M. N., & Apkarian, A. V. (2015). Nociception, pain, negative moods, and behavior selection. *Neuron, 87*(3), 474-491.
14. Walters, E. T. (1991). A functional, cellular, and evolutionary model of nociceptive plasticity in Aplysia. *Biol Bull, 180*(2), 241-251.
15. Yang, S., & Chang, M. C. (2019). Chronic pain: Structural and functional changes in brain structures and associated negative affective states. *Int J Mol Sci, 20*(13).
16. Wager, T. D., Atlas, L. Y., Botvinick, M. M., Chang, L. J., Coghill, R. C., Davis, K. D., Iannetti, G. D., Poldrack, R. A., Shackman, & Yarkoni, T. (2016). Pain in the ACC? *Proc Natl Acad Sci U S A, 113*(18), E2474-5.
17. Pace, M. C., Mazzariello, L., Passavanti, M. B., Sansone, P., Barbarisi, M., & Aurilio, C. (2006). Neurobiology of pain. *J Cell Physiol, 209*(1), 8-12.
18. Williams, A. C. C. (2016). What can evolutionary theory tell us about chronic pain? *Pain, 157*(4), 788-790.
19. Thornhill, N. W., & Thornhill, R. (1991). An evolutionary analysis of psychological pain following human (*Homo sapiens*) rape: IV. The effect of the nature of the sexual assault. *J Comp Psychol, 105*(3), 243-252.
20. Price, D. D. (2000). Psychological and neural mechanisms of the affective dimension of pain. *Science, 288*(5472), 1769-1772.
21. Craig, K. D. (2015). Social communication model of pain. *Pain, 156*(7), 1198-1199.
22. Craig, K. D., & MacKenzie, N. E. (2021). What is pain: Are cognitive and social features core components? *Paediatr Neonatal Pain, 3*(3), 106-118.
23. Freud, S. (1895). *Psicologia.*
24. APA, 2010.

25. Freud, S. (1974). *Três ensaios sobre a teoria da sexualidade.*

26. Prkachin, K. M., & Craig, K. D. (1986). Social transmission of natural variations in pain behaviour. *Behav Res Ther, 24*(5), 581-585.

27. Apkarian, A. V. (2019). Definitions of nociception, pain, and chronic pain with implications regarding science and society. *Neurosci Lett, 702*, 1-2.

28. Coderre, T. J., & Melzack, R. (1992). The role of NMDA receptor-operated calcium channels in persistent nociception after formalin-induced tissue injury. *J Neurosci, 12*(9), 3671-3675.

29. Apkarian, A. V., Mutso, A. A., Centeno, M. V., Kan, L., Wu, M., Levinstein, M., Banisadr, G., Gobeske, K. T., Miller, R. J., Radulovic, J., Hen, R., & Kessler, J. A. (2016). Role of adult hippocampal neurogenesis in persistent pain. *Pain, 157*(2), 418-428.

30. Berger, S. E., Vachon-Presseau, E., Abdullah, T. B., Baria, A. T., Schnitzer, T. J., & Apkarian, A. V. (2018). Hippocampal morphology mediates biased memories of chronic pain. *Neuroimage, 166*, 86-98.

31. Coderre, T. J. (1992). Contribution of protein kinase C to central sensitization and persistent pain following tissue injury. *Neurosci Lett, 140*(2), 181-184.

32. Hernandez, A. I., Blace, N, Crary, J. F., Serrano, P. A., Leitges, M., Libien, J. M., Weinstein, G., Tcherapanov, A., & Sacktor, T. C. (2003). Protein kinase M zeta synthesis from a brain mRNA encoding an independent protein kinase C zeta catalytic domain: Implications for the molecular mechanism of memory. *J Biol Chem, 278*(41), 40305-40316.

33. Hernandez, A. I., Oxberry, W. C., Crary, J. F., Mirra, S. S., & Sacktor, T. C. (2014). Cellular and subcellular localization of PKM-zeta. *Philos Trans R Soc Lond B Biol Sci, 369*(1633), 20130140.

34. Hrabetova, S., & Sacktor, T. C. (1997). Long-term potentiation and long-term depression are induced through pharmacologically distinct NMDA receptors. *Neurosci Lett, 226*(2), 107-110.

35. Hsieh, C., Tsokas, P., Grau-Perales, A., Lesburgueres, E., Bukai, J., Khanna, K., Chorni, J., Chung, A., Jou, C., Burghardt, N. S., Denny, C. A., Flores-Obando., R. E., Hartley, B., R., Valencia, L. M. R., Hernández, A. I., Bergold, P. J., Cottrell, J. E., Alarcon, J. M., Fenton, A. A., & Sactor, T. C. (2021). Persistent increases of PKMzeta in memory-activated neurons trace LTP maintenance during spatial long-term memory storage. *Eur J Neurosci, 54*(8), 6795-6814.

36. Hrabetova, S., Serrano, P., Blace, N., Tse, H. W., Skifter, D. A., Jane, D. E., Monaghan, D. T., Sacktor, T. C. (2000). Distinct NMDA receptor subpopulations contribute to long-term potentiation and long-term depression induction. *J Neurosci, 20*(12), RC81.

37. Hrabetova, S., & Sacktor, T. C. (2001). Transient translocation of conventional protein kinase C isoforms and persistent downregulation of atypical protein kinase Mzeta in long-term depression. *Brain Res Mol Brain Res, 95*(1-2), 146-152.

38. Vigil, J. M., Rowell, L. N., & Lutz, C. (2014). Gender expression, sexual orientation and pain sensitivity in women. *Pain Res Manag, 19*(2), 87-92.

39. Geha, P. Y., & Apkarian, A. V. (2005). Brain imaging findings in neuropathic pain. *Curr Pain Headache Rep, 9*(3), 184-188.

40. Farmer, M. A., Baliki, M. N., & Apkarian, A. V. (2012). A dynamic network perspective of chronic pain. *Neurosci Lett, 520*(2), 197-203.

41. McCarberg, B., & Peppin, J. (2019). Pain pathways and nervous system plasticity: Learning and memory in pain. *Pain Med, 20*(12), 2421-2437.

42. Khalid, S., & Tubbs, R. S. (2017). Neuroanatomy and neuropsychology of pain. *Cureus, 9*(10), e1754.

43. Guilbaud, G. (1985). Thalamic nociceptive systems. Ph*ilos Trans R Soc Lond B Biol Sci, 308*(1136), 339-345.

44. Apkarian, A. V. (1999). Functional magnetic resonance imaging of pain consciousness: Cortical networks of pain critically depend on what is implied by "pain". *Curr Rev Pain, 3*(4), 308-315.

45. Besson, J. M., Guilbaud, G., Abdelmoumene, M., & Chaouch, A. (1982). [Physiology of nociception]. *J Physiol* (Paris), *78*(1), 7-107.

46. Besson, J. M. (1999). The neurobiology of pain. *Lancet, 353*(9164), 1610-1615.

47. Besson, J. M. (1988). The physiological basis of pain pathways and the segmental controls of pain. *Acta Anaesthesiol Belg, 39*(3 Suppl 2), 47-51.

48. Besson, J. M., & Guilbaud, G. (1999). [Fundamental mechanisms of pain]. *Rev Prat, 44*(14), 1867-1873.

49. Hodge, C. J., Jr., & Apkarian, A. V. (1990). The spinothalamic tract. *Crit Rev Neurobiol,* 5(4), 363-397.

50. Leknes, S., & Tracey, I. A (2008). common neurobiology for pain and pleasure. *Nat Rev Neurosci,* 9(4), 314-320.

51. Stea, R. A., & Apkarian, A. V. (1992). Pain and somatosensory activation. *Trends Neurosci, 15*(7), 250-253.

52. Apkarian, A. V. (2013). A brain signature for acute pain. T*rends Cogn Sci, 17*(7), 309-310.

53. Coderre, T. J., & Katz, J. (1997). Peripheral and central hyperexcitability: Differential signs and symptoms in persistent pain [Discussion 35-513]. *Behav Brain Sci, 20*(3), 404-419.

54. Apkarian, A. V., Bushnell, M. C., Treede, R. D., & Zubieta, J. K. (2005). Human brain mechanisms of pain perception and regulation in health and disease. *Eur J Pain, 9*(4), 463-484.

55. Coderre, T. J., Basbaum, A. I., & Levine, J. D. (1989). Neural control of vascular permeability: Interactions between primary afferents, mast cells, and sympathetic efferents. *J Neurophysiol, 62*(1), 48-58.

56. Besson, J. M., & Chaouch, A. (1987). Peripheral and spinal mechanisms of nociception. P*hysiol Rev, 67*(1), 67-186.

57. Coderre, T. J. (2023). Contribution of microvascular dysfunction to chronic pain. *Front Pain Res* (Lausanne), *4*, 1111559.

58. Rexed, B. (1954). A cytoarchitectonic atlas of the spinal cord in the cat. *J Comp Neurol, 100*(2), 297-379.

59. Rexed, B., & von Euler, U. S. (1951). The presence of histamine and noradrenaline in nerves as related to their content of myelinated and unmyelinated fibers. *Acta Psychiatr Neurol Scand, 26*(1), 61-65.

60. Rexed, B. (1949). [Spinal nerve roots' dorsal root pockets, anatomy, histology and pathology]. *Nord Med, 41*(16), 726-731.

61. Apkarian, A. V. (2010). Human brain imaging studies of chronic pain: Translational opportunities. In L. Kruger, & A. R. Light (Eds.), Translational pain research: From mouse to man. Frontiers in neuroscience. Boca Raton (FL).

62. Neugebauer, V., Mazzitelli, M., Cragg, B., Ji, G., Navratilova, E., & Porreca, F. (2020). Amygdala, neuropeptides, and chronic pain-related affective behaviors. *Neuropharmacology, 170*, 108052.

63. Neugebauer, V. (2020). Amygdala physiology in pain. *Handb Behav Neurosci, 26*, 101-113.

64. Neugebauer, V. (2015). Amygdala pain mechanisms. *Handb Exp Pharmacol, 227*, 261-284.

65. Mercer Lindsay N, Chen C, Gilam G, Mackey S, & Scherrer G. (2021). Brain circuits for pain and its treatment. Sci Transl Med, 13(619), eabj7360.

66. Baliki, M. N., Petre, B., Torbey, S., Herrmann, K. M., Huang, L., Schnitzer, T. J., Fields, H. L., & Apkarian, A. V. (2012). Corticostriatal functional connectivity predicts transition to chronic back pain. *Nat Neurosci, 15*(8), 1117-1119.

67. Phelps, E. A., & Anderson, A. K. (1997). Emotional memory: What does the amygdala do? *Curr Biol, 7*(5), R311-R314.

68. Chapman, C. R. (1996). Limbic processes and the affective dimension of pain. *Prog Brain Res, 110*, 63-81.

69. Peirs, C., & Seal, R. P. (2016). Neural circuits for pain: Recent advances and current views. *Science, 354*(6312), 578-584.

70. Peirs, C., Dallel, R., & Todd, A. J. (2020). Recent advances in our understanding of the organization of dorsal horn neuron populations and their contribution to cutaneous mechanical allodynia. *J Neural Transm* (Vienna), *127*(4), 505-525.

71. Baliki, M. N., Schnitzer, T. J., Bauer, W. R., & Apkarian, A. V. (2011). Brain morphological signatures for chronic pain. *PLoS One, 6*(10), e26010.

72. Peirs, C, Williams, S. P., Zhao, X, Walsh C. E., Gedeon J. Y., Cagle N. E., Goldring, A. C., Hioki, H., Liu, Z., Marell, P. S., & Seal, R. P. (2015). Dorsal horn circuits for persistent mechanical pain. *Neuron, 87*(4), 797-812.

73. Rainville, P., Duncan, G. H., Price, D. D., Carrier, B., & Bushnell, M. C. (1997). Pain affect encoded in human anterior cingulate but not somatosensory cortex. *Science, 277*(5328), 968-971.

74. Baliki, M. N., Chialvo, D. R., Geha, P. Y., Levy, R. M., Harden, R. N., Parrish, T. B., & Apkarian, A. V. (2006). Chronic pain and the emotional brain: specific brain activity associated with spontaneous fluctuations of intensity of chronic back pain. J Neurosci, 26(47), 12165-73.

75. Phelps, E. A., & LeDoux, J. E. (2005). Contributions of the amygdala to emotion processing: From animal models to human behavior. *Neuron, 48*(2), 175-187.

76. Stegemann, A., Liu, S., Retana Romero, O. A., Oswald, M. J., Han, Y., Beretta, C. A., Gan, Z., Tan, L. L., Wisden, W., Graff, J., & Kuner, R. (2023). Prefrontal engrams of long-term fear memory perpetuate pain perception. *Nat Neurosci, 26*(5), 820-829.

77. Mollet, G. A., & Harrison, D. W. (2016). Emotion and pain: A functional cerebral systems integration. *Neuropsychol Rev, 16*(3), 99-121.

78. Melzack, R., & Chapman, C. R. (1973). Psychologic aspects of pain. *Postgrad Med, 53*(6), 69-75.

79. Neugebauer, V. (2007). The amygdala: Different pains, different mechanisms. *Pain, 127*(1-2), 1-2.

80. Maren, S. (2005). Synaptic mechanisms of associative memory in the amygdala. *Neuron, 47*(6), 783-786.

81. Maren, S. (1996). Synaptic transmission and plasticity in the amygdala: An emerging physiology of fear conditioning circuits. *Mol Neurobiol, 13*(1), 1-22.

82. Herry, C., & Johansen, J. P. (2014). Encoding of fear learning and memory in distributed neuronal circuits. *Nat Neurosci, 17*(12), 1644-1654.

83. Neugebauer, V. (2008). Visceral pain and the black box called brain. *Pain, 138*(1), 5-6.

84. Gauriau, C., & Bernard, J. F. (2004). Posterior triangular thalamic neurons convey nociceptive messages to the secondary somatosensory and insular cortices in the rat. *J Neurosci, 24*(3), 752-761.

85. Gauriau, C, & Bernard, J. F. (2002). Pain pathways and parabrachial circuits in the rat. *Exp Physiol, 87*(2), 251-258.

86. Ji, G., & Neugebauer, V. (2010). Reactive oxygen species are involved in group I mGluR-mediated facilitation of nociceptive processing in amygdala neurons. *J Neurophysiol, 104*(1), 218-229.

87. Ji, G., & Neugebauer, V. (2011). Pain-related deactivation of medial prefrontal cortical neurons involves mGluR1 and GABA(A) receptors. *J Neurophysiol, 106*(5), 2642-2652.

88. Apkarian, A. V. (2004). Cortical pathophysiology of chronic pain [Discussion 45-61]. *Novartis Found Symp, 261*, 239-245.

89. Neugebauer, V., Li, W., Bird, G. C., Bhave, G., & Gereau, R., 4th. (2003). Synaptic plasticity in the amygdala in a model of arthritic pain: Differential roles of metabotropic glutamate receptors 1 and 5. *J Neurosci, 23*(1), 52-63.

90. Neugebauer, V., & Li, W. (2003). Differential sensitization of amygdala neurons to afferent inputs in a model of arthritic pain. *J Neurophysiol, 89*(2), 716-727.

91. Bernard, J. F., Peschanski, M., & Besson, J. M. (1989). A possible spino (trigemino)-ponto-amygdaloid pathway for pain. *Neurosci Lett, 100*(1-3), 83-88.

92. Bernard J. F., Huang G. F., & Besson J. M. (1994). The parabrachial area: electrophysiological evidence for an involvement in visceral nociceptive processes. J Neurophysiol, 71(5), 1646-60.

93. Bernard, J. F., Huang, G. F., & Besson, J. M. (1992). Nucleus centralis of the amygdala and the globus pallidus ventralis:

Electrophysiological evidence for an involvement in pain processes. *J Neurophysiol, 68*(2), 551-569.

94. Boakye, P. A., Olechowski, C., Rashiq, S., Verrier, M. J., Kerr, B., Witmans, M., Baker, G., Joyce, A., Dick, B. D. (2016). A critical review of neurobiological factors involved in the interactions between chronic pain, depression, and sleep disruption. *Clin J Pain,* 32(4), 327-336.

95. Murty, V. P., Ritchey, M., Adcock, R. A., & LaBar, K. S. (2010). fMRI studies of successful emotional memory encoding: A quantitative meta-analysis. *Neuropsychologia, 48*(12), 3459-3469.

96. Dutar, P., Rascol, O., Jobert, A., & Lamour, Y. (1987). Modulation of the excitability of septohippocampal terminals in the rat: Relation to neuronal discharge rate. *Brain Res, 418*(1), 98-110.

97. Dutar, P., Rascol, O., Jobert A, & Lamour Y. (1986). Comparison of septo-hippocampal with basalo-cortical projection neurons in the rat: An electrophysiological approach. *Neurosci Lett, 63*(1), 86-90.

98. Dutar, P., Lamour, Y., Rascol, O., & Jobert, A. (1986). Septo-hippocampal neurons in the rat: Further study of their physiological and pharmacological properties. *Brain Res, 365*(2), 325-334.

99. Dick, B. D., & Rashiq, S. (2007). Disruption of attention and working memory traces in individuals with chronic pain [Tables of contents]. *Anesth Analg, 104*(5), 1223-1229.

100. Awh, E., Vogel, E. K., & Oh, S. H. (2006). Interactions between attention and working memory. *Neuroscience, 139*(1), 201-208.

101. Mansour, A. R., Farmer, M. A., Baliki, M. N., & Apkarian, A. V. (2014). Chronic pain: The role of learning and brain plasticity. *Restor Neurol Neurosci,* 32(1), 129-139.

102. Fasick, V., Spengler, R. N., Samankan, S., Nader, N. D., & Ignatowski, T. A. (2015). The hippocampus and TNF: Common links between chronic pain and depression. *Neurosci Biobehav Rev, 53*, 139-159.

103. Ren, W. J., Liu, Y., Zhou, L. J., Li, W., Zhong, Y., Pang, R. P., Xin, W. J., Wei, X. H., Wang, J., Zhu, H. Q., Wu, C. Y., Qin, Z. H., Liu, G., & Liu, X. G. (2011). Peripheral nerve injury leads to working memory deficits and dysfunction of the hippocampus by upregulation of TNF-alpha in rodents. *Neuropsychopharmacology, 36*(5), 979-992.

104. Posner, M. I., Snyder, C. R., & Davidson, B. J. (1980). Attention and the detection of signals. *J Exp Psychol, 109*(2), 160-174.

105. Koyama, T., McHaffie, J. G., Laurienti, P. J., & Coghill, R. C. (2005). The subjective experience of pain: Where expectations become reality. *Proc Natl Acad Sci U S A, 102*(36), 12950-5.

106. Ploghaus, A., Becerra, L., Borras, C., & Borsook, D. (2003). Neural circuitry underlying pain modulation: Expectation, hypnosis, placebo. *Trends Cogn Sci, 7*(5), 197-200.

107. Ploghaus, A., Tracey, I., Gati, J. S., Clare, S., Menon, R. S., Matthews, P. M., & Rawtings, J. N. (1999). Dissociating pain from its anticipation in the human brain. *Science, 284*(5422), 1979-1981.

108. Ploghaus, A., Narain, C., Beckmann, C. F., Clare, S., Bantick, S., Wise, R., Matthews, P. M., Rawlins, J. N., & Tracey, I. (2001). Exacerbation of pain by anxiety is associated with activity in a hippocampal network. *J Neurosci, 21*(24), 9896-9903.

109. Koyama, T. (1998). A possible neurophysiological basis for psychological pain. *Med Hypotheses, 51*(5), 439-440.

110. Koyama, T., Kato, K., Tanaka, Y. Z., & Mikami, A. (2001). Anterior cingulate activity during pain-avoidance and reward tasks in monkeys. *Neurosci Res, 39*(4), 421-430.

111. Price, D. D., Von der Gruen, A., Miller, J., Rafii, A., & Price, C. (1985). A psychophysical analysis of morphine analgesia. *Pain, 22*(3), 261-269.

112. Coghill, R. C. (2010). Individual differences in the subjective experience of pain: Nnew insights into mechanisms and models. *Headache, 50*(9), 1531-1535.

113. Delgado, P. L. (2004). Common pathways of depression and pain [Dis65 Suppl 12]. *J Clin Psychiatry*, 16-19.

114. Freud, S. (1895). *Projeto para uma psicologia científica*. Imago.

115. Sartre, J. P.(1940). *L'imaginaire*. Gallimard.

3. O corpo e suas memórias

*Somos capazes de encontrar tudo na nossa memória,
que é como um dispensário ou um laboratório
químico onde o acaso nos direciona ora para uma
droga calmante, ora para um veneno perigoso.*

Marcel Proust

Introdução

Ao escrever que o Ego era antes de tudo corporal,[1] Freud revelou a importância do corpo na construção do aparelho psíquico humano. O corpo, para além de uma estrutura biológica, é o lugar onde nossas memórias são inscritas. Assim, falar da memória corporal implica, antes de tudo, reconhecer o corpo como um espaço por onde trafegam e se alojam sentimentos, histórias, desejos e sonhos.

Dessa forma, o corpo se mostra como um lugar por onde traços de memórias transitam através de um arcabouço protetor. Essa capa, a pele humana, abriga e acolhe o nosso eu, sendo, assim, o primeiro sentido a se desenvolver na vida fetal.[2-4]

Mas a pele é mais do que um invólucro protetor; ela é o território que cobre toda a extensão do continente corporal humano. Esse continente, formado por vales sensoriais, cortados pelos rios e lagos temporais, com suas cicatrizes, cortes e tatuagens, revela o grande manto da memória humana. Ademais, a pele tem a memória de milhões de anos de história evolutiva e do desenvolvimento de cada indivíduo. Mais que uma porta para o mundo físico, a pele é um portal por onde as grandes massas de energia penetram e se projetam até o cérebro, para que este perceba, subjetivamente, que um corpo existe e um sujeito o habita.

Imaginar que a pele humana carrega consigo toda uma história sociocultural levanta questionamentos profundos acerca desse bloco mágico que vai inscrevendo memórias sobrepostas dos traumas, prazeres e experiências. A pele negra que carrega uma história de escravidão, agressões, chicotadas, marcas que perpassam gerações. Cicatrizes de ferimentos que revelam as memórias de crianças, jovens, mulheres e idosos, marcados pelos diversos tipos de violência. Tatuagens que falam da realidade singular, do mítico e da cultura de cada indivíduo ou sociedade. Entre tantos outros exemplos que podem ser citados.

Além disso, a pele é o lugar do tato, do contato e da troca de afetos. O lugar onde o sujeito é formado, onde sua subjetividade é construída. Diferente dos outros órgãos dos sentidos, especialmente a visão e a audição, que permitem perceber os estímulos a distância, o tato explora o mundo e as pessoas, tanto nos seus litorais quanto na sua profundidade.

Sabe-se que ao longo da evolução foi desenvolvido um complexo sistema composto por sensores e receptores capazes de identificar, qualificar e responder aos estímulos que tocam o corpo humano.[5-8] Por meio do toque, o cérebro é capaz de traduzir os estímulos como textura, temperatura, toque suave e profundo, peso, irritação etc. Ou seja, a sobrevivência da espécie humana por meio da memória de aprendizado adquiridos através do corpo pelo sentido do tato foi um dos primeiros elementos ensinados aos nossos ancestrais sobre o afeto e a sociabilização.[2,7,9-12]

Há milhões de anos nossos ancestrais começaram a desenvolver o que seria a primeira forma de comunicação social não verbal. Um tipo de comportamento baseado no ato de asseio, limpeza ou catação (*grooming*) é algo frequente no reino animal, porém, nos primatas humanos e não humanos, o chamado *grooming* parece ter desempenhado um papel de fundamental importância na criação dos vínculos sociais. Esse tipo de vínculo, por sua vez, influenciou a aptidão reprodutiva ao longo dos anos.[7] Sabe-se que esse comportamento social tem o estímulo tátil como a principal ferramenta de suporte.

O tato, como dito antes, além de ser o primeiro sentido a se desenvolver, oferece a forma mais sutil e elaborada de comunicação com o mundo externo, e fornece os meios pelo qual a sociabilização, por meio das trocas de afetos interpessoais, desempenhará um papel fundamental no equilíbrio emocional e nas relações sociais em grupo.[4,10,13-23] Assim, o toque, seja ele de conforto e acolhimento quando feito por alguém próximo, ou de ansiedade e medo quando um estranho nos toca, revela que intensas e profundas experiências emocionais são evocadas e deixam traços de memórias por toda uma vida.[10,13,17,21,24-26]

São esses sistemas da memória tátil que participam do armazenamento e recuperação das informações, desde as experiências vividas através da percepção de estímulos táteis projetados sobre a superfície do corpo, assim como a exploração de objetos, corpos, superfícies, texturas, que são percebidos pelas mãos de um indivíduo.[24] Falar do corpo e suas memórias é desafiador e empolgante. Conhecer o caminho no qual o mundo nos atravessa é um convite irrecusável.

O sistema sensório-perceptual da memória humana

Nos últimos anos várias pesquisas combinando os estudos psicofísicos[27] e neurofisiológicos utilizando, sobretudo, as técnicas de microneurografia[28-30] têm revelado detalhes sobre os mecanismos envolvidos na percepção dos estímulos táteis e nos tipos de fibras que participam desse circuito.[29,31,32] O sistema sensorial, dessa forma, trabalhará para detectar e processar as informações provenientes do meio externo ou interno do organismo. O papel das informações sensoriais é tão importante que uma disfunção nesse circuito comprometerá as funções de regulação dos órgãos internos, a percepção e interpretação dos estímulos externos, a autoconsciência, o julgamento e a tomada de decisão, entre outras funções corticais voltadas para as funções executivas, a homeostase e o comportamento social.[16,17]

É importante destacar que o circuito envolvido na via somatossensorial inicia com o processo de transdução dos estímulos captados pelos receptores sensoriais. Muitos são os receptores que participam de todo o processo de captação, conversão, transdução e percepção dos estímulos sensoriais, e entre deles podemos destacar:

- Os quimiorreceptores, que participam dos sentidos do paladar e olfato.
- Os termorreceptores, que captam estímulos térmicos, predominando nos pés, mãos e face.
- Os exterorreceptores, envolvidos na captação dos sons, pressão e calor, relacionados aos órgãos dos sentidos.
- Os fotorreceptores, como os bastonetes e cones da retina, que participam do processo da visão diurna e noturna.
- Os interorreceptores, voltados para a percepção do equilíbrio interno do corpo, ou homeostase (osmolaridade, pH, temperatura corporal, química sanguínea).

- Os propriorreceptores, que se localizam nos tendões, juntas, músculos e órgãos internos.
- Os mecanorreceptores do tato e da pressão.

Todos esses receptores sensoriais criam uma grande rede de captação de informações que tem como meta integrar o mundo exterior com o mundo interior para construir um aparelho cognitivo preparado para as necessidades biológicas, as demandas ambientais e sociais, bem como para a estruturação do aparato mental humano.[10,33-46]

Quando se fala de corpo e pele, deve-se focar os estudos nos diferentes tipos de receptores sensoriais e das fibras aferentes não mielinizadas que suprem a pele pilosa (peluda).[47-53] Essas fibras aferentes da pele pilosa se projetam sobre diferentes tipos de receptores que têm um amplo espectro de sensibilidade, variando desde aqueles que são excitados por movimentos suaves e leves dos pelos, ou discretas alterações térmicas, até os receptores que exigem estímulos mecânicos e térmicos intensos.[31-33,35,47,53-62] (Tabela 3.1). Ou seja, são receptores que captam estímulos de acordo com suas qualidades proprioceptivas e da intensidade da pressão aplicada na pele.

Dentre os diferentes tipos de receptores, os mecanorreceptores de baixo limiar (LTMR) têm um papel fundamental na transdução dos estímulos sensoriais relacionados ao toque leve ou suave. O estímulo tátil suave será, então, detectado por uma vasta população de neurônios através dos LTMR, que serão responsáveis por enviar ao corno dorsal da medula espinhal os sinais elétricos originados nos receptores.[63]

Para Li *et al.* (2011), em cada folículo capilar existem distintos funcionamentos mecanossensoriais.[63] Além disso, as projeções centrais dessas aferências integradas no corno dorsal seguirão até alcançar o sistema nervoso central (SNC) para serem subjetivamente interpretadas, memorizadas e, a partir desse aprendizado, provocar reações e emoções comportamentais voltadas para a autopreservação e a sociabilização.[10,25,31-33,53,64-69] Ou seja, cada toque que recebemos e sentimos tem um valor evolutivo, emocional, social e psíquico imensurável. Esse toque pode se transformar em marcas traumáticas, aprendizados de sobrevivência, experiências prazerosas, poemas, músicas, e tudo mais que o vasto mundo do cérebro humano for capaz de criar e memorizar.

Quadro 3.1 Tipos de mecanorreceptores

Localização anatômica	Mecanorreceptores	Adaptação	Codificação
Subcutâneo intramuscular	Corpúsculo de Pacini	Muito rápida	Vibração
Pele glabra	Corpúsculo de Meissner	Rápida	Discriminação / vibração
Pele glabra	Receptores de Merkel	Lenta	Identificação vertical da pele
Pele pilosa	Folículos pilosos	Rápida	Velocidades / direções
Pele pilosa	Corpúsculo de Ruffini	Lenta	Estiramento / rotação
Pele pilosa	Discos táteis	Lenta	Identificação vertical da pele

Fonte: elaborado pela autora.

Sabe-se que, do ponto de vista dos circuitos neurais envolvidos no toque leve e suave e na memória desse sentido, existe um contexto bastante peculiar: diferentemente das vias neurais envolvidas em outros tipos de estímulos táteis, o toque leve/suave segue por outra via que vai usar das fibras táteis aferentes tipo C (CT) para se projetar no SNC e se conectar com as áreas sensoriais, límbicas e paralímbicas, com a finalidade de codificar e armazenar os conteúdos afetivos.[25,29,31,44,70-74]

As fibras aferentes tipo C (CT) têm-se mostrado, ao longo das pesquisas realizadas, sensíveis a estímulos táteis inócuos.[75-77] Além disso, sua velocidade de condução muito lenta (1 m/s) não permite que haja uma discriminação sensorial otimizada, porém lhe concede um papel seletivo muito especializado na codificação de informações que produzirão memórias afetivas relacionadas a esse tipo de estímulo leve e suave sobre a pele.[45,72,77-82] Destarte, esse tipo de percepção se transformará em sinais e traços mnêmicos que representam memórias socioafetivas prazerosas e afiliativas.[2,10,13,17,19,24,26,72,74,83-87]

O sistema sensorial aferente de fibras não mielinizadas relacionadas ao toque leve foi identificado pela primeira vez por Zotterman em 1939,[53] ao descrever em gatos respostas de mecanorreceptores de fibras tipo C de baixo limiar (CLTM). Por muitos anos se acreditou que esse tipo de fibra havia desaparecido durante o processo evolutivo, no entanto foram Nordin (1990)[75] e Valbo *et al.* (1993)[77] que, ao utilizar a técnica de microneurografia, descobriram em humanos a existência das fibras aferentes do tipo C relacionadas ao tato leve (CT).

A principal propriedade neurofisiológica das fibras aferentes CT inclui o disparo máximo para estímulos ou carícias suaves com força baixa, e baixo campo receptivo, com pontos quentes e uma velocidade de condução baixa relacionada aos axônios não mielinizados.[76,77,88] Ao chegar ao córtex cerebral, esses feixes de fibras aferentes, segundo os estudos de neuroimagem, têm o córtex insular posterior, e não o córtex sensorial primário, como o primeiro alvo de projeção.[32,89,90] Além disso, a frequência de disparo se correlaciona diretamente com as classificações psicofísicas da sensação tátil prazerosa.[43,88]

Do ponto de vista evolutivo, sabe-se que o toque está conectado com as redes do controle motor e executivo. Por essa razão, os mecanorreceptores de baixo limiar recebem inervação de fibras Aβ mielinizadas que permitem uma condução mais rápida dos estímulos para que haja um processamento mais instantâneo.[2,9,10] Assim, uma sensação mecânica no corpo promove uma ação motora mais rápida e eficaz.

Vale ressaltar, que em humanos e outros mamíferos, tanto os mecanorreceptores tipo C (CLTM) quanto as fibras aferentes tipo C (CT) existem exclusivamente na pele pilosa.[32,33,43,48,63,75,76] A pele com pelos contém menos mecanorreceptores de baixo limiar encapsulados e tem uma inervação de fibras aferentes C-táteis (CT), que têm uma velocidade de condução cinquenta vezes mais lenta. Além disso, as fibras C do toque leve têm uma largura de banda mais extensa de mecanossensação do que as fibras A.

Em resumo, pode-se afirmar que o sistema somatossensorial humano, criado para autopreservação e sobrevivência da espécie, evoluiu com um primeiro sistema de toque e resposta rápida com vantagens seletivas para as funções discriminativas sensório-motoras, e um segundo sistema mais lento voltado para os conteúdos socioafetivos e afiliativos.[2,10] Esse pressuposto demonstra a complexidade e beleza do sistema sensorial humano, que se revela como o grande portal onde o mundo adentra no interior do nosso ser e nos marca, modifica e deixa suas memórias.

Um fato que merece ser pontuado é que as pesquisas sobre a memória humana sempre priorizaram os estímulos visuais e auditivos como ferramentas para entender o processo de memorização. No entanto, mais recentemente, a avaliação e a pesquisa sobre a memória utilizando o sistema háptico (modelo do sistema sensorial tátil) têm despertado mais interesse.[91-95] Foram esses estudos sobre o sistema háptico que permitiram descobrir e entender como o sistema de memória tátil evoluiu. Sabe-se que houve um progressivo avanço e desenvolvimento que se iniciou nos ancestrais pré-humanos e alcançou um grande refinamento no *Homo sapiens*. Essa evolução teve como finalidade armazenar e recuperar informações sobre estímulos provenientes do corpo, dos objetos, das superfícies e materiais que pudessem ser alcançados por meio do toque e, assim, ampliar a capacidade de exploração diante da volatilidade das fontes.[24,26,95-98]

O mundo somatossensorial é tão sutil e complexo que pode ser comparado ao universo profundo e inexplorável. Das sutilezas que se sente e nem sempre se percebe conscientemente emerge um mundo de sensações e memórias inconscientes. Um calafrio no corpo, uma delicada brisa que provoca arrepios, a percepção do som do bater das asas de uma borboleta, a sensação de um toque suave sobre a pele, a sonoridade das folhas que dançam com o vento, o som do universo e das estrelas em uma noite escura e silenciosa, os sonidos das ondas do mar, dos rios e cachoeiras, tudo isso revela reminiscências de uma vida. Por outro lado, ruídos e toques indesejados, barulhos estridentes e odores insuportáveis podem criar traços de memórias sensoriais aversivas e traumáticas. Na verdade, toda essa sensorialidade compõe a sinfonia de um mundo sutil e delicado que através dos nossos sentidos termina por inundar o psiquismo humano de emoções e sensações, base fundamental para a estruturação da subjetividade humana e do aparelho psíquico.

É sabido que o sistema sensorial exerce três funções fundamentais: exteroceptiva, interoceptiva e proprioceptiva. A modulação dos estímulos exteroceptivos e interoceptivos diz respeito à percepção originada fora e dentro do corpo, enquanto a função proprioceptiva está voltada para o controle e a percepção do equilíbrio e posição do corpo no espaço.[31] Do ponto de vista neurofisiológico, a primeira etapa da percepção sensorial inclui a estimulação das células sensoriais primárias presentes nos gânglios da raiz dorsal (GRD), e que fará sinapse com o segundo neurônio através do ramo axonal, que penetra na substância cinzenta da medula espinhal.[31]

Um fato fundamental quanto à memória sensorial diz respeito à função do sistema somatossensorial exteroceptivo de dedicar a maior parte dos seus circuitos e funções à percepção, identificação e memorização de tudo aquilo que pode ser prejudicial ou nocivo ao corpo humano.[31-35] Por essa razão, a maioria dos neurônios do GRD recebe mais informações oriundas dos receptores que carreiam estímulos nociceptivos e térmicos. Por outro lado, quando se fala sobre o corpo e suas memórias, é fundamental destacar e aprofundar o estudo sobre as principais funções somatossensoriais que atuaram como uma das principais ferramentas do desenvolvimento na sociabilização do *Homo sapiens.*[16,17,32-34,99,100] Essa função diz respeito ao tato suave ou ao toque social.

Mas o que isso quer dizer? Os estudos sobre evolução e desenvolvimento têm mostrado que o toque social é uma robusta força que impulsionou, em termos evolutivos e do neurodesenvolvimento, todo o comportamento social da espécie *sapiens*. Isso se deu pelo fato de que o toque suave funcionou para modular a recompensa social, o apego e a comunicação, além de regular as funções cognitivas e emocionais desde a infância e ao longo da vida, assim como durante todo o processo evolutivo dos nossos ancestrais.[2,9,17]

Sistema sensorial, emoção e sociabilização

A princípio os estudos neurocientíficos focaram suas pesquisas nas funções sensoriais auditivas e visuais como rotas de informação social.[25] Ao considerar que a pele é o continente onde eventos e processos sensoriais funcionam para formar memórias, pensamentos e sentimentos que revelam o modo como interagimos com os outros, o toque pode e deve ser entendido como mediador das percepções sociais de diferentes maneiras.[25] Assim, o toque e a dor, como descrito anteriormente, são canais de importante e profunda informação social. Para Morrison *et al.* (2010), "a informação social transmitirá características dos indivíduos ou de suas interações que têm potencial influência nas interações futuras e nos estados mentais e emocionais correspondentes".[25]

Existem três importantes papéis para a dimensão afetiva dos sentidos cutâneos na transmissão da informação social:

1. O comportamento afiliativo e da comunicação.
2. O processamento afetivo nas vias pele-cérebro.
3. A representação intersubjetiva.

Para Morrison *et al.* (2010),[25] o toque e a carícia têm um papel crítico na construção dos afetos humanos. Ou seja, além de o sentido tátil funcionar para discriminar o local de um estímulo na pele humana, ele explora, manipula e identifica objetos por meio do toque. Assim, esse sentido contribui para a percepção subjetiva de integração do próprio corpo.[2,25,74,90,101] Ao considerar que o toque também pode ser uma carícia prazerosa e agradável, a sensação tátil se firma no cerne do domínio social, no qual as experiências hedônicas positivas e suas memórias corporais deixarão traços marcantes de sinais socioafetivos que farão parte da linguagem e da comunicação social.

Socialmente, o toque hedônico positivo tem um papel ubíquo nas relações sociais humanas, mesmo que existam diferenças culturais que vão do casual ao sexual.[25] Sabe-se que a dimensão erótica do toque em humanos se faz presente no cotidiano das relações interpessoais, mesmo entre pessoas que não estão intimamente envolvidas, proporcionando uma cultura que ensina os limites e impedimentos a certos tipos de toques casuais de acordo com os padrões culturais de cada sociedade.[25]

Segundo Morrison *et al.* (2010), as formas não sexuais de toques hedônicos positivos, socialmente falando, podem ser divididas em categorias como:

- O toque "simples", que seria um contato rápido e intencional com localização limitada na superfície corporal durante uma interação social (um toque rápido na mão de uma idosa para chamar sua atenção, por exemplo).
- O chamado toque "prolongado", constituindo um contato mais longo e, algumas vezes, mútuo entre indivíduos, com componente

de estímulos de mecanorreceptores de pressão, como abraçar, dar as mãos etc.

- O toque "dinâmico", que seria o tipo de estímulo mais repetitivo, recíproco e estimulante, como acariciar, esfregar, roçar etc.

As cócegas, que pertenceriam a um contexto mais lúdico, parecem se enquadrar em uma categoria adicional.[25]

Qual seria, então, o papel do fator hedônico positivo relacionado ao toque social humano? Sabe-se que o toque prazeroso pode servir de base para as ações afiliativas, ou seja, o comportamento afiliativo faz com que a união do grupo se firme e as relações sociais se fortaleçam, assim como seus laços afetivos.[25] Em outras palavras, o comportamento afiliativo reflete, ou aumenta, a disposição de um ou mais membros para que exista a busca de um contato mais próximo e afetivo com o outro membro. Além disso, seria esse tipo de toque positivo responsável por mecanismos de comunicação não verbal relacionados à comunicação das emoções. Ou seja, muitas vezes o toque social pode não ser agradável por ter uma relação intricada com a cultura, o contexto e o gênero. E, dependendo desses fatores, o toque prazeroso pode prontamente se deslocar para uma emoção negativa de aversão e repulsa.[25]

Para Dunbar (2010), o *grooming*, ou seja, o hábito presente em diversos mamíferos, especialmente os primatas, de afagar a pele ou os pelos e catar ectoparasitas, tem um contexto social fundamental.[7] Assim, tanto o *grooming* quanto o *alogrooming* não dizem respeito apenas à questão de limpeza e higiene; para além dessa finalidade, esse comportamento tátil fala sobre nossas relações socioafetivas, que ao longo da evolução permitiram que a espécie desenvolvesse um comportamento de autopreservação e convivência em grupos.

Ao desenvolver os circuitos do cérebro social vinculados à empatia e à teoria da mente,[102-104,] os humanos não apenas se sociabilizaram por meio dos sentidos da audição e visão como, principalmente, por meio da exploração tátil, obtiveram a percepção do próprio corpo, da autoconsciência do seu eu e da consciência de que existe um outro que é diferente de si – e que ocupa outro espaço no mundo. Pode-se afirmar que as carícias, os abraços fraternais e românticos, a exploração de objetos, corpos e superfícies proporcionaram à espécie *sapiens* a construção de um comportamento voltado para a convivência social com relações pessoais afetivas e proteção dos seus.

Neurodesenvolvimento do sistema sensorial

É importante ressaltar, antes de tratar do neurodesenvolvimento do sistema sensorial, que o sistema nervoso humano começa a se formar por volta da 5ª semana da idade gestacional pós-concepção, quando ocorre o fechamento do tubo neural.[105,106] As primeiras células neuronais começam a ser geradas nesse mesmo período dentro da camada germinal ventricular.[106-109] Esses primeiros neurônios migram da zona ventricular em direção à camada superficial cortical, tanto tangencialmente quanto radialmente, e originam a chamada placa subcortical.[106,109-111] A partir da 20ª semana as projeções do prosencéfalo basal e do tálamo (TH) se tornam as principais projeções para a placa subcortical,[108,109] e por volta da 28ª semana se inicia uma grande atividade sinaptogênica, especialmente nas regiões frontais e parietais, regiões que muito precocemente já recebem projeções talamocorticais, entre outros circuitos.[108,110,111]

Assim, pode-se pensar em um processo de maturação cortical funcionalmente ativo e em constante transformação e transitoriedade, que revela novos *insights* que explicam a base neurobiológica da interação precoce do feto com o ambiente, e essa interação funciona para promover as bases das funções corticais.[108,112]

A formação do circuito talamocortical é um dos eventos da neurogênese mais determinantes no desenvolvimento fetal tardio.[108] As conexões sinápticas entre as aferências talamocorticais e os neurônios da subplaca cortical representam a principal característica do sistema nervoso do feto pré-termo.[108] Sabe-se que o TH recebe as vias aferentes dos órgãos dos sentidos à medida que estes vão amadurecendo. No entanto, um dos sentidos mais precoces e que recruta uma infinidade de receptores periféricos, que se projetam pela via espinotalâmica e talamocortical, carreando os estímulos externos, é aquele relacionado ao desenvolvimento da pele e do sentido do tato.[108]

Como dito anteriormente, dentre todos os órgãos do sentido, a pele é o primeiro a se desenvolver na vida fetal. O desenvolvimento da pele se inicia após a gastrulação, por volta da 3ª semana da data da última menstruação.[4,113,114] Durante esse período ocorre um rápido crescimento embrionário, com o surgimento da linha primitiva e da notocorda. Além disso, na fase da gastrulação, o aparecimento de três camadas germinativas celulares formará o ectoderma, o mesoderma e o endoderma.[113-115]

No que se refere ao SNC e ao epitélio da pele, a linhagem celular mais importante a ser formada é o ectoderma.[4] Porém, transitoriamente, uma camada celular fortemente aderida sobrepõe-se a ele.[4] Essa camada, denominada periderme, aparece por volta da 4ª à 8ª semana de gestação e tem a função de proteger a epiderme, ainda em desenvolvimento, do líquido amniótico, até que a epiderme se estratifique.[4]

Quando, enfim, ocorre o desenvolvimento da epiderme, inicia-se a formação dos folículos pilosos e das glândulas sudoríparas. Além disso, durante o desenvolvimento embrionário, três tipos de células migram em direção à epiderme em pontos diferentes do desenvolvimento. Por volta da 12ª semana ocorre a migração dos melanócitos; por volta da 6ª semana aparecem as células de Langherans, que se comportam como antígenos do sistema imunológico na pele fetal, e demonstram atividade por volta da 12ª até a 14ª semana. E, por fim, as células de Merkel, associadas à fibras nervosas sensoriais ao longo da junção dermoepidérmica e que surgem na pele fetal por volta da 18ª à 20ª semana.[4]

Todos esses circuitos e terminações nervosas servirão para desenvolver uma capacidade de percepção e memorização háptica que atinge seu mais refinado funcionamento no feto humano, e que com o amadurecimento do sistema nervoso servirá para a formação da consciência humana.[116,117]

Um estudo muito provocativo discute a hipótese de que, no ambiente do líquido amniótico integrado ao lanugo (pelugem que recobre o feto) e a vérnix caseosa, forma-se um instrumento natural e singular que de maneira poderosa parece acelerar o crescimento fetal na metade da gestão até o termo. Essa hipótese despertou um novo olhar sobre a importância da pele como veículo de proteção e desenvolvimento fetal.[3] O mais interessante nesse estudo é o pressuposto de que as constantes oscilações dos pelos lanugos fetais, envoltos pela vérnix caseosa, durante os períodos em que o feto executa movimentos dentro do líquido amniótico, promoveriam a ativação dos mecanorreceptores tipo C (CLTM) conectados às fibras aferentes tipo C (CT). Esse processo de transdução sensorial, já na vida fetal, tem a função de conduzir os impulsos originados na pele para o gânglio da raiz dorsal, seguindo, subsequentemente, para a zona sensorial vagal, hipotálamo e córtex insular posterior, promovendo efeitos antiestresse por meio da liberação da ocitocina, e a estimulação do crescimento fetal pelo efeito da icretina dos hormônios gastrointestinais.[3] Além disso, por que não supor que seria o início da maturação do circuito do cérebro social,[118] assim como a primeira via de captação de energia exógena, funcionando para estruturar um aparelho psíquico rudimentar?

A memória háptica

Estudar a memória e o sistema háptico implica sobretudo entender como funciona o sistema de informação sensorial. Como já discutido, todo o sistema sensorial háptico é derivado dos mecanorreceptores e termorreceptores embebidos na pele humana com seus *inputs* cutâneos, junto com os mecanorreceptores localizados nos músculos, juntas e tendões, referentes aos *inputs* cinestésicos.[9,67,119,120] Esses receptores cutâneos são encontrados em toda a superfície corporal, tanto na pele glabra (sem pelos) quanto na pele pilosa (com pelos), e servirão como porta de entrada para os diversos estímulos sensoriais que carreiam informações fundamentais para a formação de todo o conteúdo da memória humana. Assim, a percepção de uma cena no mundo real envolverá mais de uma modalidade sensorial; muitas vezes os sentidos háptico, visual e auditivo, podem se comunicar[121] para gerar uma experiência sensorial complexa, envolvendo respostas comportamentais diversas.

É importante entender que o sistema de memória tátil está envolvido no armazenamento e recuperação de informações relacionadas tanto aos objetos e superfícies explorados hapticamente pelas pessoas como por estímulos que são aplicados na superfície do corpo. Para Gallace *et al.* (2009), o sistema da memória tátil pode ser dividido em subsistemas, alguns mais periféricos e de curta duração, outros mais centrais e de longa duração.[24] Além disso, uma vez que o sistema da memória tátil está em conexão com outros sistemas, como audição, visão, cinestesia, parte do sistema neural da memória do tato tem uma rede neural com componente multimodal de processamento.[24]

Os estímulos hápticos, dessa forma, têm um papel fundamental na habilidade e interações sensoriais com o ambiente e, por essa razão, estão intrinsecamente conectados com o sistema de memória de curto prazo. Esses estímulos sensoriais armazenados podem ser evocados para as tarefas e necessidades da vida diária, por isso sua relação com o sistema da memória do trabalho é de fundamental importância.

Segundo os estudos de Burton e Sinclair,[122,123] existem evidências de que a memória háptica tem três diferentes estágios do processamento da informação. A maior das características sensoriais do primeiro estágio é que o estímulo fica retido por mais de 500 ms após ser compensado.[124] O segundo estágio é caracterizado por recordações vívidas de informações de estímulos não categorizados. O estudo também revelou que, embora muitas informações possam ser perdidas, a retenção não é afetada por tarefas de interferência até cerca de 5 segundos após o estímulo ser processado.[124] O terceiro estágio dura mais de 30 segundos após a compensação do estímulo, e nessa fase ocorre um processo de mecanismos de ensaios visando preservar somente um limitado conjunto de valores.[124]

Avançando nos estudos de Burton e Sinclair,[125,126,127] o estudo de Kaas *et al.* (2009) revela que existe um circuito neuronal referente à memória háptica no qual a primeira região se localiza no sulco central direito, a segunda no córtex parieto-occipital direito e a terceira no córtex pré-frontal anterior esquerdo. Dessa forma, os três estágios propostos por Burton e Sinclair (2000) poderiam, segundo Kaas *et al.* (2009), corresponder às três subsequentes regiões relacionadas à memória do trabalho.

Assim, o primeiro estágio da memória háptica pode ser processado no córtex sensório-motor primário, recebendo estímulos que se originam da exploração de objetos etc. realizada pela mão esquerda.[124] O segundo estágio, relacionado à recuperação das informações não categorizadas e, de certa forma, não sensível às tarefas de interferências, pode representar uma sobreposição da ativação descendente no córtex somatossensorial e um aumento na dominância das áreas parieto-occipitais, bem como regiões do córtex pré-frontal.[124] Por fim, os estímulos que corresponderiam ao terceiro estágio teriam o córtex pré-frontal como principal área de processamento.[124] Esse estudo, de maneira elegante, indica que existe uma rede neural dinâmica para manutenção da memória do trabalho que processa as informações hapticoespaciais, com certo *delay* entre a exploração dos estímulos hápticos e a orientação correspondente.

Para Kaas *et al.* (2009), o traço sensorial háptico mantido no córtex sensório-motor contralateral é transformado em uma imagem hapticoespacial abstrata nos estágios mais precoces desse *delay*. Será a manutenção dessa representação hapticoespacial que recruta o córtex pré-frontal anterior e o córtex parieto-occipital. Por sua vez, enquanto o córtex pré-frontal anterior parece integrar, possivelmente, os componentes espaciais e motores da memória do trabalho hapticoespacial, o córtex parieto-occipital pode estar envolvido na orientação das imagens hapticoespaciais, que dão suporte à memória do trabalho e à organização e preparo da orientação háptica correspondente.[124]

Sabe-se que a função sensorial desempenha um papel voltado, primariamente, para detectar, discriminar e identificar estímulos externos,[2] visando a tomadas de decisão rápidas, à execução de tarefas e a um comportamento subsequente apropriado às contingências ambientais. Assim, ressaltamos a importância do sistema de memória háptica para um funcionamento preciso dessa função cognitivo-comportamental. Mas como entender o sistema háptico para a memória de longo prazo, ou até mesmo a memória inconsciente? Essa memória fixada a partir de experiências sensoriais que permanecem por toda uma vida?

Quando exploramos o mundo, ou seja, tudo aquilo que nossas mãos podem tocar e sentir, ou que nosso corpo pode receber e perceber, o cérebro cria traços de memórias sensoriais relacionadas diretamente a essas experiências. É importante destacar que esse processo ocorre de maneira automática e involuntária, e sem qualquer esforço cognitivo.[127] Essa memória tem a função biológica de promover um comportamento direcionado àquilo que nos afeta, de uma forma ou de outra: autopreservação, prazer, procriação, defesa e tantos outros comportamentos que revelam que o ser humano vive inserido e mergulhado em tudo aquilo que o rodeia. Como exemplo, pode-se citar o fato de que, ao viver uma experiência sensorial e criar uma memória, é possível prever antecipadamente o que se sente.[24] Assim, pode-se evitar se expor, se for algo doloroso ou desprazeroso, ou, ao contrário, buscar e ir ao encontro, se for algo prazeroso ou necessário para a sobrevivência. Dessa forma, um indivíduo é capaz de evitar a chuva com receio dos pingos gelados; evitar beber um chá quente com medo de se queimar; não ir a determinado lugar devido ao som desprazeroso; não entrar no mar com medo da água fria; evitar tocar certas plantas que queimam; e centenas de outros exemplos que podem ser descritos para exemplificar as infinitas experiências que vivemos e memorizamos.

Porém, dentre todas essas memórias tão estudadas e pesquisadas, pouco se sabe sobre a memória de longo prazo para as informações sensoriais relacionadas à percepção háptica.[127,128] Sabe-se que a memória do toque sempre foi uma ferramenta poderosa do ponto de vista evolutivo e que permitiu, de diferentes maneiras, um engajamento social e ambiental fundamental para a relação com o mundo e as pessoas. O homem é capaz de explorar um objeto com as mãos e criar uma imagem mental da sua aparência, ou imaginar o peso, a textura, o tamanho, mesmo sem o ter explorado, apenas pelas descrições de terceiros. Assim, o corpo humano se presta a explorar e ser explorado nas suas mais infinitas possibilidades, e é através desses caminhos, ora de fácil acesso, ora tortuosos e labirínticos, que os fluxos de energia fluem para alimentar e catexizar o nosso aparelho psíquico, gerando reações, emoções e memórias muitas vezes impossíveis de serem evocadas pela consciência, mas que retornam ao corpo em busca de saídas, fugas e descargas, todas vitais para a nossa existência.

O Ego e a memória corporal

Quando Freud escreveu que a memória seria "a capacidade do sistema nervoso de ser alterado por simples ocorrências", ele ofereceu uma preciosa oportunidade de unir a sua teoria psicanalítica aos conhecimentos neurocientíficos para, ousadamente, pensar que a memória humana poderia ser entendida para além de um processo puramente biomolecular.[1] Ao falar sobre a capacidade do sistema nervoso de ser alterado por "simples ocorrências", Freud estava questionando se um fluxo de energia exógena originada das grandes cargas de energia do mundo não afetaria e provocaria experiências e traços mnêmicos por toda uma vida.[1]

Ao dizer que o Ego era antes de tudo corporal, Freud ajudou a compreender que existe um sujeito inconsciente que não respeita o limite do espaço/tempo. Ou seja, esse sujeito freudiano, inconsciente, coexiste com o sujeito cognitivo, que tem a sua consciência corporal, ou seja, a capacidade de perceber-se conscientemente dentro de um corpo, ou de um espaço, embebido em um tempo cronológico da sua existência biopsicossocial. O eu é, então, uma construção que se faz por meio da formação da representação mental, ou de uma imagem corporal, e de um sujeito pulsional que para existir precisa de catexia e desejo e das memórias inconscientes fixadas ao longo da sua existência.

Essa imagem, que o sujeito ao se identificar, pode aceitar ou rejeitar, ou na qual simplesmente pode não se reconhecer, revela que o corpo é o lugar do "Ego". Assim, desde o nascimento essa memória corporal vai sendo alimentada por experiências sensoriais, que geram emoções e reações, organizando e modulando a estrutura do aparelho físico e do aparelho mental, para que esse eu exista em sua totalidade. Será esse conhecimento multissensorial acumulado ao longo da existência que germinará a imagem de um sujeito que se percebe no mundo e somente desse modo será capaz de perceber que existem outros corpos cheios de histórias e memórias que se entrelaçam.

Muitas dessas experiências sensoriais externas se unem às representações interoceptivas, viscerais e de memórias implícitas que foram criadas por meio das respostas emocionais e das necessidades fisiológicas, que marcaram o desenvolvimento humano. Assim, pode-se dizer que a experiência do corpo não é direta; essa representação corporal se origina das memórias fixadas pelas experiências explícitas e das marcas mnêmicas viscerais/implícitas das reações emocionais que despertam a consciência, bem como da catexia oriunda de um inconsciente dinâmico, revelando que um corpo está vivo, e que dentro dele pulsa um sujeito.

Riva (2018)[129] propôs que a experiência corporal poderia ser moldada desde o desenvolvimento mais precoce a partir das seis representações do corpo:

1. O corpo sensível (individualidade mínima).
2. O corpo espacial (autolocalização).
3. O corpo ativo (agência).
4. O corpo pessoal (propriedade do corpo inteiro – Eu).
5. O corpo objetivado (Eu objetivado – Meu).
6. O corpo social (satisfação corporal – Eu ideal).

Essas seis representações se combinariam em uma única representação supramodal chamada de "matriz corporal", que seria modulada por meio de um processo de cima para baixo (*top-down*). Para a psicologia cognitiva, esse componente de seis representações serviu, do ponto de vista evolutivo, para proteger e alargar o eu por meio da homeostase e do equilíbrio psicológico. Ou seja, a "matriz corporal" permitiria ao eu uma proteção e ampliação dos seus limites; assim dizendo, o *self* amplia seu espaço peripessoal por meio da representação e do reconhecimento de esquemas motores.[129]

A exploração e o estudo da memória corporal pelas neurociências têm sido, de fato, algo mais recente. Davenport (1954) publicou um elegante e empolgante estudo com filmes de comportamentos reativos (atividades musculares) com movimentos fetais entre a 8ª e meia e a 14ª semana da data da última menstruação.[130] Para Davenport, o ser humano, assim como todos os organismos vivos, vive sob a influência do meio externo e interno. O externo voltado para o mundo que o rodeia, e o interno desenvolvido pelos órgãos internos, secreções, hormônios e enzinas.[131] Essa teoria já havia sido elaborada por Freud no texto do *Projeto para uma psicologia científica* em 1895, quando descreveu o fluxo de energia exógena e endógena, e sobre o princípio da inércia e da constância, e afirmou que toda a energia exógena seria descarregada sobre o aparelho moto.[1]

Davenport, embasado nos estudos científicos, concluiu que sim, que o organismo, do mais simples ao mais complexo, responderia aos estímulos ambientais por meio da atividade neuromuscular.[131] Além disso, afirmou que o ambiente interno também participaria das grandes modificações no comportamento manifesto.[131] Dessa forma, o organismo reagiria por meio da combinação e da interação desses dois ambientes.

Coincidentemente, a teoria freudiana, apesar de não ser cientificamente aceita, está em total consonância com os estudos de Davenport[131] e faz todo o sentido quando se fala do corpo como ponte entre o mundo interno e o externo. No entanto, diferentemente da teoria de Davenport, para Freud o sujeito só aparece e reage com suas descargas motoras após o nascimento, e para Davenport esse comportamento se inicia na vida fetal. Os estudos de Davenport[131] sobre o comportamento embrionário e fetal revelam que já existe uma atividade neuromuscular e que esta se encontra em constante transformação e mutabilidade à medida que as conexões e redes neurais amadurecem, assim como os órgãos internos vão alcançando seu estado funcional pleno.[131]

De fato, se voltarmos aos primeiros estudos sobre o comportamento fetal, podemos citar Coghill (1933),[132] que se antecipara a Davenport e publicara artigos e livros pesquisando a natureza do desenvolvimento de um tipo de anfíbio, o Amblystoma,[132,] e comprovou que ainda na vida embrionária a resposta ao ambiente externo ocasionava uma resposta neuromuscular total, e que com o desenvolvimento desse sistema neuromuscular, que se daria de forma cervicocaudal, o padrão de resposta se expandiria caudalmente.[132,133] Ou seja, para Coghill,[132] havia inicialmente um tipo de resposta que ele denominou "padrão total", e o Amblystoma responderia dessa maneira até mesmo depois que a locomoção se estabelecesse. Assim, ocorreria uma reação total e com o desenvolvimento neural de reflexos específicos, o que ele denominou "padrões parciais".[131,132]

Muitos estudos seguiram os de Coghill, e muitas controvérsias existiram, especialmente se esse tipo de estudo poderia ser aplicado a embriões e fetos humanos. Mas o fato é que, com os passar dos anos e as pesquisas subsequentes, comprovou-se que existem, sim, padrões de atividades reflexas e de movimentos gerais ainda na vida fetal.[130,131,133-147] São esses movimentos corporais involuntários que expressam uma reação ao ambiente interno ou externo, e revelam que os primeiros traços de memória corporal se iniciam ainda na vida fetal e posteriormente evoluem durante todo o neurodesenvolvimento, adquirindo aprendizados motores e comportamentais. Sabe-se, por exemplo, que na imitação de movimentos feitos por recém-nascidos se supõe que exista um aprendizado implícito acumulativo da estrutura corporal que precede o esquema adulto.[148]

No desenvolvimento pós-natal, por outro lado, os estudos são mais claros e elucidativos sobre a importância dos estímulos sensoriais e interoceptivos na formação da memória corporal. Craig (2002) publicou um artigo em que discute o fato de que os humanos, ao perceberem sentimentos ou emoções vindos do corpo, são capazes de qualificar seu estado de bem-estar, seu nível de energia, estresse, humor e disposição.[87] O questionamento científico de Craig seria: Como o ser humano constrói esses sentimentos? Quais os processos neurais envolvidos? A partir de um estudo fisiológico detalhado, Craig construiu a teoria do "Eu material",[87] ou seja, dos circuitos que participarão da construção subjetiva da autoconsciência, dos sentimentos subjetivos e emoções.[87]

Ao usar registro de única célula com técnica de alta resolução para estudar a via anterógrada e retrógrada e registrar, isoladamente, as células da lâmina I da medula espinhal responsáveis pelas funções nociceptivas, termorreceptivas, entre outras, e assim conseguir traçar essas projeções na medula espinhal, no tronco cerebral e no TH, Craig foi capaz de demonstrar uma via sensorial ascendente e filogeneticamente nova que partia da lâmina I da medula espinhal e se unia com outra via originada no núcleo do trato solitário no tronco cerebral. Essas fibras ascendentes formavam projeções para os centros de integração na medula espinhal e tronco cerebral relacionadas às funções autonômicas cardiorrespiratórias, bem como para o núcleo talamocortical, que formavam um *hub* organizado com modalidade e topografia, única e específica, nos primatas. Esse estudo, criteriosamente elaborado, revelou que nos primatas o término dessa via se dava no córtex insular posterior, sugerindo a existência de um "córtex interoceptivo"[87] com um mapa somatotópico das aferências sensórias primárias responsáveis por representar diferentes sentimentos corporais, como dor, toque suave, fome, sede, entre outras sensações viscerais.

Assim, as evidências científicas indicavam que os primatas teriam uma representação cortical das atividades aferentes homeostáticas que refletiam as condições fisiológicas das informações provenientes do corpo. Para Craig,[87,149-152]

> *esse sistema interoceptivo, associado ao controle motor autonômico, controlaria a homeostase corporal a partir de uma representação cortical primária interoceptiva na porção dorsal da ínsula posterior, modulando essas diferentes sensações e emoções provenientes do corpo e todo esse sistema. Isso produziria uma metarrepresentação dessa atividade interoceptiva que seria processada na ínsula anterior direita, promovendo uma imagem subjetiva de um "Eu material" (*material me*).*

Ou seja, ter a consciência da existência a partir de um despertar emocional. A teoria de Craig, dessa forma, levanta a hipótese de que ocorreria na INS uma sequência de sinais no sentido posterior-anterior que modulariam a homeostase com representações eficientes unindo todas as atividades neurais salientes nessa *network* insular. Além disso, tanto na INS anterior esquerda quanto na direita ocorreria uma organização de maneira assimétrica e com funções opostas.[87,150,151], promovendo o sentido do eu a partir da consciência das emoções viscerais, ou seja, de que um corpo fala e sente.

Esse estudo mostra que é cientificamente possível entender que, para além de todas as funções voltadas para as aferências sensoriais exteroceptivas e interoceptivas, essas "mensagens" no corpo também criam memórias corporais.

As pesquisas sobre a biologia da consciência também foram bem aprofundadas pelos estudos de António Damásio.[153] Em um artigo brilhante chamado "Mental self: The person within", Damásio expõe sua interpretação sobre o que seria o *self*.[154] Na sua teoria, duas questões são colocadas. Primeiro, "o que o sistema imunológico identifica como pertencente ao corpo". Em segundo lugar, o que corresponderia à ideia do *self* propriamente dito. Damásio pergunta se poderia ser elaborado um conceito de "*self* mental", ou se o "*self* mental" e o "*self* imunológico" estariam relacionados um com o outro. Para o autor, a resposta seria que sim! Mas o que seria o "*self* mental" proposto por Damásio? Para ele, esse conceito teria duas perspectivas: a da função introspectiva, que nos diria que o "*self* mental" não é uma coisa, mas sim um processo que abarca uma ampla gama de fenômenos, dos mais simples aos mais complexos. E, por outro lado, combinando os resultados da perspectiva biológica e da introspecção, o *self* representaria a individualidade e a continuidade de um organismo vivo.[154]

Para melhor entender o processo envolvido na percepção subjetiva desse *self*, Damásio propõe que sejam estudadas as bases neurais do corpo, pois o corpo humano, no seu todo, é uma coisa em processo, simbolizado como um "*self* mental". Posteriormente, António e Hannah Damásio (2022) propuseram uma nova teoria da consciência, sugerindo que a interocepção e a geração de sentimentos homeostáticos seriam cruciais para a compreensão de como o estado de consciência emerge.[155] Para os autores, a consciência ocorre quando os conteúdos da mente, tais como as percepções e pensamentos, são "espontaneamente identificados como pertencentes ao próprio organismo/indivíduo".[155] Assim, a consciência estaria presente nos organismos vivos que desenvolvessem a habilidade biológica de construir representações sensoriais de componentes e estados do seu próprio corpo. Damásio e Damásio (2022),[155] então, comentam que a consciência requer uma parceria do corpo com o sistema nervoso, visto que a consciência não depende exclusivamente deste último.

Talvez os estudos de Damásio e Damásio,[154-158] e também os estudos de Craig,[87,149,150,159,160] pudessem ter um olhar mais amplo se Freud, enquanto neurologista, pudesse sair do ano de 1895 e, na atualidade, debater com esses grandes cientistas e estudiosos do comportamento humano sobre tudo o que escreveu no *Projeto.* Naquela época já era claro para Freud que o corpo representava a fonte de todo fluxo de energia vital de autopreservação e que iria catexizar o psiquismo humano, criar traços mnêmicos e marcas por toda uma vida. Então, seria esse corpo a fonte da catexia/energia vital fundamental para a autopreservação da espécie?

Para entender o que significa a memória corporal é necessário, também, incluir o *Projeto para uma psicologia científica* (1895).[1] Nesse texto revolucionário porém pouco compreendido, que Freud despreza por não dispor de ferramentas científicas para testar sua hipótese, ele já esboça a sua ideia do Ego corporal. Podemos exemplificar a ideia de Freud resumindo da seguinte maneira: diante de uma necessidade biológica, um bebê, por exemplo, sofreria uma tensão psíquica decorrente do acúmulo da energia endógena gerada pelas necessidades vitais, e, em face de um iminente risco de vida desse bebê, devido a um desequilíbrio homeostático, haveria uma descarga dessa energia sobre o aparelho motor, que se manifestaria com gritos, choro, movimentos dos membros etc. Porém, ao existir a presença materna para suprir aquela necessidade e restaurar o equilíbrio homeostático, haveria uma redução da tensão psíquica (Qn) em ômega (ver no Capítulo 1 o tópico "Memórias inconscientes"). Consequentemente, a sensação de desprazer reduziria. Ao mesmo tempo, haveria a catexização dos neurônios psi do *pallium* (corticais), correspondente à percepção do objeto (o peito materno). Na sequência, em outros pontos do *pallium*, chegariam informações referentes à descarga motora do movimento reflexo associado à ação específica.

Para Freud, esse processo resultaria na formação de uma memória motora reflexa acerca da ação necessária para que esta pudesse ser aprendida e executada com mais facilidade (esse movimento reflexo pode vir a acontecer mesmo sem a presença do objeto – quando o bebê, com fome e chorando, executa movimentos motores reflexos como se estivesse buscando o peito materno, mesmo sem este ainda ser apresentado). Assim, uma memória motora ou cinestésica será criada e produzida nos neurônios psi, que, através das suas facilitações, descarregam a energia Qn acumulada relacionada à sensação de desprazer. Ao fazê-lo, armazena a lembrança de uma experiência de satisfação, ou uma memória prazerosa que se fixa no corpo.

Essa experiência de satisfação facilita a relação entre as duas imagens mnêmicas e os neurônios nucleares, e por essa razão Freud afirma que o Ego é antes de tudo corporal. Dessarte, pode-se afirmar que nossas memórias primordiais correspondem aos processos de necessidades básicas de autopreservação, e que no início da vida, quando não existe como suprir essas necessidades senão na presença de um outro, essa experiência será refletida no psiquismo do bebê. Essa descarga de energia acumulada retornando ao corpo, através do que Freud chamou de neurônio-chave, promove um reequilíbrio homeostático que gerará uma sensação de prazer e saciedade, e deixará marcas mnêmicas afetivas no psiquismo, nas memórias cinestésicas/perceptuais e em todo o aparelho sensório-motor.

Considerações finais

Para entender a função do corpo, da memória, da consciência e do inconsciente, é necessário um diálogo profícuo, ético e respeitoso. Fica claro que o corpo, como uma máquina que gera nossos mais intensos sentimentos e emoções viscerais, não serve apenas para uma função biológica de autopreservação; ele funciona como o gerador da nossa consciência e do nosso eu. É a partir dele que sentimos a nossa existência, as nossas necessidades vitais e as nossas emoções mais profundas.

Mas o corpo, para além de servir como fonte que alimenta as percepções subjetivas da nossa existência, serve para alimentar o nosso psiquismo com um fluxo de energia que nos mantém vivos do ponto de vista do sujeito desejante. Além disso, será essa energia transformada que retornará como alimento do corpo para que este não morra. Todas as emoções que experimentamos, todas as sensações prazerosas ou desprazerosas que guardamos, todas as necessidades homeostáticas que vivemos, ficam marcadas na memória corporal.

Somos de fato um "processo" e não um "estado". Mas esse processo em constante transformação somente executa suas funções porque o sistema da memória humana funciona para armazenar e evocar os aprendizados referentes às nossas relações ambientais e sociais. Afetamos e somos afetados por tudo o que o nosso espaço peripessoal é capaz de alcançar, e por tudo o que herdamos de conhecimentos e ensinamentos passados por meio da cultura e das relações transgeracionais. Logo, a existência humana é fruto de tudo aquilo que o corpo memorizou e sentiu em sua homeostase e conscientemente percebeu, e também aquilo que o nosso sujeito inconsciente, muitas vezes, recalcou em nome da autopreservação biológica e psíquica.

Referências

1. Freud, S. (1895). *Projeto para uma psicologia científica:* Imago.
2. McGlone, F., Wessberg, J., & Olausson, H. (2014). Discriminative and affective touch: Sensing and feeling. *Neuron, 82*(4), 737-755.
3. Bystrova, K. (2009). Novel mechanism of human fetal growth regulation: A potential role of lanugo, vernix caseosa and a second tactile system of unmyelinated low-threshold C-afferents. *Med Hypotheses, 72*(2), 143-146.
4. Hu, M. S., Borrelli, M. R., Hong, W. X., Malhotra, S., Cheung, A. T. M., Ransom, R. C., Rennert, R. C., Morrison, S. D., Lorenz, H. P., & Longaker, M. T. (2018). Embryonic skin development and repair. *Organogenesis, 14*(1), 46-63.
5. Dunbar, R. (2010). The social role of touch in humans and primates: Behavioural function and neurobiological mechanisms. *Neuroscience and Biobehavioral Reviews, 34*(2), 260-268.

6. Dunbar, R. I. (1989). Ecological modelling in an evolutionary context. *Folia Primatol* (Basel), 53(1-4), 235-246.

7. Dunbar, R. I. (2010). The social role of touch in humans and primates: Behavioural function and neurobiological mechanisms. *Neurosci Biobehav Rev, 34*(2), 260-268.

8. Walters, E. T., Crook, R. J., Neely, G. G., Price, T. J., & Smith, E. S. J. (2023). Persistent nociceptor hyperactivity as a painful evolutionary adaptation. *Trends Neurosci, 46*(3), 211-227.

9. McGlone, F., & Spence, C. (2010). The cutaneous senses: Touch, temperature, pain/itch, and pleasure. *Neurosci Biobehav Rev, 34*(2), 145-147.

10. McGlone, F., Vallbo, A. B., Olausson, H., Loken, L., & Wessberg, J. (2007). Discriminative touch and emotional touch. *Can J Exp Psychol, 61*(3), 173-183.

11. Dunbar, R. I., & Shultz, S. (2007). Evolution in the social brain. *Science, 317*(5843), 1344-1347.

12. Dunbar, R. I., & Shultz, S. (2007). Understanding primate brain evolution. *Philos Trans R Soc Lond B Biol Sci, 362*(1480), 649-658.

13. Gallace, A., & Spence, C. (2010). The science of interpersonal touch: An overview. *Neurosci Biobehav Rev, 34*(2), 246-259.

14. Gordon, I., Voos, A. C., Bennett, R. H., Bolling, D. Z., Pelphrey, K. A., & Kaiser, M. D. (2013). Brain mechanisms for processing affective touch. *Hum Brain Mapp, 34*(4), 914-922.

15. Henazi, S. P., & Barrett, L. (1999). The value of grooming to female primates. *Primates, 40*(1), 47-59.

16. Bjornsdotter, M., Gordon, I., Pelphrey, K. A., Olausson, H., & Kaiser, M. D. (2014). Development of brain mechanisms for processing affective touch. *Front Behav Neurosci, 8*, 24.

17. Cascio, C. J., Moore, D., & McGlone, F. (2019). Social touch and human development. *Dev Cogn Neurosci, 35*, 5-11.

18. Case, L. K., Liljencrantz, J., McCall, M. V., Bradson, M., Necaise, A., Tubbs, J., Olausson, H., Wang, B., & Bushnell, M. C. (2021). Pleasant deep pressure: Expanding the social touch hypothesis. *Neuroscience, 464*, 3-11.

19. Croy, I., Sehlstedt, I., Wasling, H. B., Ackerley, R., & Olausson, H. (2019). Gentle touch perception: From early childhood to adolescence. *Dev Cogn Neurosci, 35*, 81-86.

20. Dumas, L., Lepage, M., Bystrova, K., Matthiesen, A. S., Welles--Nystrom, B., & Widstrom, A. M. (2013). Influence of skin-to-skin contact and rooming-in on early mother-infant interaction: A randomized controlled trial. *Clin Nurs Res, 22*(3), 310-336.

21. Etzi, R., Carta, C., & Gallace, A. (2018). Stroking and tapping the skin: Behavioral and electrodermal effects. *Exp Brain Res, 236*(2), 453-461.

22. Fitzgerald, M., & Gibson, S. (1984). The postnatal physiological and neurochemical development of peripheral sensory C fibres. *Neuroscience, 13*(3), 933-944.

23. Kisilevsky, B. S., Muir, D. W., & Low, J. A. (1989). Human fetal responses to sound as a function of stimulus intensity. *Obstet Gynecol, 73*(6), 971-976.

24. Gallace, A., & Spence, C. (2009). The cognitive and neural correlates of tactile memory. *Psychol Bull, 135*(3), 380-406.

25. Morrison, I., Loken, L. S., & Olausson, H. (2010). The skin as a social organ. *Exp Brain Res, 204*(3), 305-314.

26. Gallace A, Tan H. Z., Haggard P, & Spence C. (2008). Short term memory for tactile stimuli. Brain Res, 1190, 132-142.

27. Fechner, G. T. (1987). Some thoughts on the psychophysical representation of memories (1882). By Gustav Theodor Fechner (translation). *Psychol Res, 49*(4), 209-212.

28. Hallin, R. G., & Torebjork, H. E. (1970). Microneurographic analysis of the fibre spectrum of human sensory nerve fascicles. *Acta Physiol Scand, 80*(4), 24A-25A.

29. Vallbo, A. B. (2018). Microneurography: How it started and how it works. *J Neurophysiol, 120*(3), 1415-1427.

30. Vallbo, A. B., Hagbarth, K. E., & Wallin, B. G. (2004). Microneurography: How the technique developed and its role in the investigation of the sympathetic nervous system. *J Appl Physiol (1985), 96*(4), 1262-1269.

31 Abraira, V. E., & Ginty, D. D. (2013). The sensory neurons of touch. *Neuron, 79*(4), 618-639.

32. Ackerley, R., Backlund Wasling, H., Liljencrantz, J., Olausson, H., Johnson, R. D., & Wessberg J. (2014). Human C-tactile afferents are tuned to the temperature of a skin-stroking caress. *J Neurosci, 34*(8), 2879-2783.

33. Ackerley, R., Carlsson, I., Wester, H., Olausson, H., & Backlund Wasling, H. (2014). Touch perceptions across skin sites: Differences between sensitivity, direction discrimination and pleasantness. *Front Behav Neurosci, 8*, 54.

34. Ackerley, R., & Kavounoudias, A. (2015). The role of tactile afference in shaping motor behaviour and implications for prosthetic innovation. *Neuropsychologia, 79*(Pt B), 192-205.

35. Ackerley, R., Saar, K., McGlone, F., & Backlund Wasling, H. (2014). Quantifying the sensory and emotional perception of touch: Differences between glabrous and hairy skin. *Front Behav Neurosci, 8*, 34.

36. Hoskison, E. E. (2013). Olfaction, pheromones and life. *J Laryngol Otol, 127*(12), 1156-1159.

37. Iggo, A. (1985). Sensory receptors in the skin of mammals and their sensory functions. *Rev Neurol* (Paris), *141*(10), 599-613.

38. Iggo, A. (1986). Afferent C-fibres and visceral sensation. *Prog Brain Res, 67*, 29-36.

39. Kaas, J. H. (2019). The origin and evolution of neocortex: From early mammals to modern humans. *Prog Brain Res, 250*, 61-81.

40. Klatzky, R. L., Lederman, S. J., & Matula, D. E. (1993). Haptic exploration in the presence of vision. *J Exp Psychol Hum Percept Perform, 19*(4), 726-743.

41. Klatzky, R. L., Lederman, S. J., & Metzger, V. A. (1985). Identifying objects by touch: An "expert system". *Percept Psychophys, 37*(4), 299-302.

42. Lederman, S. J., Klatzky, R. L., Barber, P. O. (1985). Spatial and movement-based heuristics for encoding pattern information through touch. *J Exp Psychol Gen, 114*(1), 33-49.

43. Lloyd, D. M., McGlone, F. P., & Yosipovitch, G. (2015). Somatosensory pleasure circuit: From skin to brain and back. *Exp Dermatol, 24*(5), 321-324.

44. Olausson H, Wessberg J, Morrison I, McGlone F, & Vallbo A. (2010). The neurophysiology of unmyelinated tactile afferents. Neurosci Biobehav Rev, 34(2), 185-191.

45. Strauss, T., Kampe, R., Hamilton, J. P., Olausson, H., Rottstadt, F., Raue, C., & Croy, I. (2019). Deactivation of default mode network during touch. *Sci Rep, 9*(1), 1293.

46. Lau, H. C., & Passingham, R. E. (2007). Unconscious activation of the cognitive control system in the human prefrontal cortex. *J Neurosci, 27*(21), 5805-5811.

47. Iggo, A., & Kornhuber, H. H. (1977). A quantitative study of C-mechanoreceptors in hairy skin of the cat. *J Physiol, 271*(2), 549-565.

48. Vallbo, A. B., Olausson, H., & Wessberg, J. (1999). Unmyelinated afferents constitute a second system coding tactile stimuli of the human hairy skin. *J Neurophysiol, 81*(6), 2753-2763.

49. Torebjork, H. E., & Hallin, R. G. (1974). Responses in human A and C fibres to repeated electrical intradermal stimulation. *J Neurol Neurosurg Psychiatry, 37*(6), 653-664.

50. Torebjork, H. E., & Hallin, R. G. (1970). C-fibre units recorded from human sensory nerve fascicles in situ: A preliminary report. *Acta Soc Med Ups, 75*(1-2), 81-84.

51. Vallbo, A. B., & Hagbarth, K. E. (1968). Mechnoreceptor activity recorded from human peripheral nerves. *Electroencephalogr Clin Neurophysiol, 25*(4), 407.

52. Hensel, H., & Zotterman, Y. (1951). The response of mechanoreceptors to thermal stimulation. *J Physiol, 115*(1), 16-24.

53. Zotterman, Y. (1939). Touch, pain and tickling: An electro-physiological investigation on cutaneous sensory nerves. *J Physiol, 95*(1), 1-28.

54. Iggo, A., & Andres, K. H. (1982). Morphology of cutaneous receptors. *Annu Rev Neurosci, 5*, 1-31.

55. Hensel, H., Strom, L., & Zotterman, Y. (1951). Electrophysiological measurements of depth of thermoreceptors. *J Neurophysiol, 14*(5), 423-429.

56. Hensel, H., & Zotterman, Y. (1951). Action potentials of cold fibres and intracutaneous temperature gradient. *J Neurophysiol, 14*(5), 377-385.

57. Iriuchijima, J., & Zotterman, Y. (1960). The specificity of afferent cutaneous C fibres in mammals. *Acta Physiol Scand, 49*, 267-278.

58. Knibestol, M., & Vallbo, A. B. (1970). Single unit analysis of mechanoreceptor activity from the human glabrous skin. *Acta Physiol Scand, 80*(2), 178-195.

59. Hallin R. G., Torebjork HE. (1970). Afferent and efferent C units recorded from human skin nerves in situ. A preliminary report. Acta Soc Med Ups, 75(5-6), 277-281.

60. Hagbarth, K. E., Hongell, A., Hallin, R. G., & Torebjork, H. E. (1970). Afferent impulses in median nerve fascicles evoked by tactile stimuli of the human hand. *Brain Res, 24*(3), 423-442.

61. Ochoa, J., & Torebjork, E. (1983). Sensations evoked by intraneural microstimulation of single mechanoreceptor units innervating the human hand. *J Physiol, 342*, 633-654.

62. Edin, B. B., Essick, G. K., Trulsson, M., & Olsson, K. A. (1995). Receptor encoding of moving tactile stimuli in humans. I. Temporal pattern of discharge of individual low-threshold mechanoreceptors. *J Neurosci, 15*(1 Pt 2), 830-847.

63. Li, L., Rutlin, M., Abraira, V. E., Cassidy, C., Kus, L., Gong, S., Jankowski, M. P, Luo, W., Heintz, N., Koerber, H. R., Woodbury, C. J., & Ginty, D. D. (2011). The functional organization of cutaneous low-threshold mechanosensory neurons. *Cell, 147*(7), 1615-1627.

64. Ottink, L., van Raalte, B., Doeller, C. F., Van der Geest, T. M., & Van Wezel, R. J. A. (2022). Cognitive map formation through tactile map navigation in visually impaired and sighted persons. *Sci Rep, 12*(1), 11567.

65. Gescheider, G. A., & Wright, J. H. (2021). Effects of receptor density on the tactile perception of roughness: Implications for

neural mechanisms of texture perception. *Somatosens Mot Res, 38*(3), 202-213.

66. Klatzky, R. L., & Lederman, S. J. (2011). Haptic object perception: Spatial dimensionality and relation to vision. *Philos Trans R Soc Lond B Biol Sci, 366*(1581), 3097-3105.

67. Lederman, S. J., & Klatzky, R. L. (2009). Haptic perception: A tutorial. *Atten Percept Psychophys, 71*(7), 1439-1459.

68. James, T. W., Kim, S., & Fisher, J. S. (2007). The neural basis of haptic object processing. *Can J Exp Psychol, 61*(3), 219-229.

69. Reed, C. L., Klatzky, R. L., & Halgren, E. (2005). What vs. where in touch: An fMRI study. *Neuroimage, 25*(3), 718-726.

70. Vallbo, A. B., & Johansson, R. S. (1984). Properties of cutaneous mechanoreceptors in the human hand related to touch sensation. *Hum Neurobiol, 3*(1), 3-14.

71. Verrillo, R. T., Bolanowski, S. J., & McGlone, F. P. (1999). Subjective magnitude of tactile roughness. *Somatosens Mot Res, 16*(4), 352-360.

72. Pawling, R., Cannon, P. R., McGlone, F. P., & Walker, S. C. (2017). C-tactile afferent stimulating touch carries a positive affective value. *PLoS One, 12*(3), e0173457.

73. Olausson, H., Cole, J., Rylander, K., McGlone, F., Lamarre, Y., Wallin, B. G., Kramer, H., Wessberg, J., Elam, M., Bushnell, M. C., & Vallbo, A. (2008). Functional role of unmyelinated tactile afferents in human hairy skin: Sympathetic response and perceptual localization. *Exp Brain Res, 184*(1), 135-140.

74. Morrison, I., Loken, L. S., Minde, J., Wessberg, J., Perini, I., Nennesmo, I., & Olausson, H. (2011). Reduced C-afferent fibre density affects perceived pleasantness and empathy for touch. *Brain, 134*(Pt 4), 1116-1126.

75. Nordin, M. (1990). Low-threshold mechanoreceptive and nociceptive units with unmyelinated (C) fibres in the human supraorbital nerve. *J Physiol, 426*, 229-240.

76. Wessberg, J., Olausson, H., Fernstrom, K. W., & Vallbo, A. B. (2003). Receptive field properties of unmyelinated tactile afferents in the human skin. *J Neurophysiol, 89*(3), 1567-1575.

77. Vallbo, A., Olausson, H., Wessberg, J., & Norrsell, U. (1993). A system of unmyelinated afferents for innocuous mechanoreception in the human skin. *Brain Res, 628*(1-2), 301-304.

78. Vallbo, A. B., Hagbarth, K. E., Torebjork, H. E., & Wallin, B. G. (1979). Somatosensory, proprioceptive, and sympathetic activity in human peripheral nerves. *Physiol Rev, 59*(4), 919-957.

79. Walker, S. C., Trotter, P. D., Swaney, W. T., Marshall, A., & McGlone, F. P. (2017). C-tactile afferents: Cutaneous mediators of oxytocin release during affiliative tactile interactions? *Neuropeptides, 64*, 27-38.

80. Taneja, P., Olausson, H., Trulsson, M., Svensson, P., & Baad-Hansen, L. (2021). Defining pleasant touch stimuli: A systematic review and meta-analysis. *Psychol Res, 85*(1), 20-35.

81. Triscoli, C., Ackerley, R., & Sailer, U. (2014). Touch satiety: Differential effects of stroking velocity on liking and wanting touch over repetitions. *PLoS One, 9*(11), e113425.

82. Essick, G. K., James, A., & McGlone, F. P. (1999). Psychophysical assessment of the affective components of non-painful touch. *Neuroreport, 10*(10), 2083-2087.

83. O'Neill, G. C., Watkins, R. H., Ackerley, R., Barratt, E. L., Sengupta, A., Asghar, M., Panchuelo, R. M. S., Brookes, M. J., Glover, P. M., Wessberg, J., & Francis, S. T. (2019). Imaging human cortical responses to intraneural microstimulation using magnetoencephalography. *Neuroimage, 189*, 329-340.

84. Nelson, H. J., Kendall, G. E., & Shields, L. (2014). Neurological and biological foundations of children's social and emotional development: An integrated literature review. *J Sch Nurs, 30*(4), 240-250.

85. Hertenstein, M. J., Verkamp, J. M., Kerestes, A. M., & Holmes, R. M. (2006). The communicative functions of touch in humans, nonhuman primates, and rats: A review and synthesis of the empirical research. *Genet Soc Gen Psychol Monogr, 132*(1), 5-94.

86. Gallace, A., & Spence, C. (2008). The cognitive and neural correlates of "tactile consciousness": A multisensory perspective. *Conscious Cogn, 17*(1), 370-407.

87. Craig, A. D. (2002). How do you feel? Interoception: The sense of the physiological condition of the body. *Nat Rev Neurosci, 3*(8), 655-666.

88. Loken, L. S., Wessberg, J., Morrison, I., McGlone, F., & Olausson, H. (2009). Coding of pleasant touch by unmyelinated afferents in humans. *Nat Neurosci, 12*(5), 547-548.

89. Olausson, H., Lamarre, Y., Backlund, H., Morin, C., Wallin, B. G., Starck, G., Ekholm, S., Strigo, I., Worsley, K., Vallbo, A. B., & Bushnell, M. C. (2002). Unmyelinated tactile afferents signal touch and project to insular cortex. *Nat Neurosci, 5*(9), 900-904.

90. Morrison, I., Bjornsdotter, M., & Olausson, H. (2011). Vicarious responses to social touch in posterior insular cortex are tuned to pleasant caressing speeds. *J Neurosci, 31*(26), 9554-9562.

91. Ballesteros, S., Manga, D., & Reales, J. M. (1997). Haptic discrimination of bilateral symmetry in 2-dimensional and 3-dimensional unfamiliar displays. *Percept Psychophys, 59*(1), 37-50.

92. Ballesteros, S., Mayas, J., Reales, J. M., & Heller, M. (2012). The effect of age on the haptic horizontal-vertical curvature illusion with raised-line shapes. *Dev Neuropsychol, 37*(8), 653-667.

93. Ballesteros, S., Millar, S., & Reales, J. M. (1998). Symmetry in haptic and in visual shape perception. *Percept Psychophys, 60*(3), 389-404.

94. Ballesteros, S., & Reales, J. M. (2004). Visual and haptic discrimination of symmetry in unfamiliar displays extended in the z-axis. *Perception, 33*(3), 315-327.

95. Baumgartner, E., Wiebel, C. B., & Gegenfurtner, K. R. (2013). Visual and haptic representations of material properties. *Multisens Res, 26*(5), 429-455.

96. Metzger, A., & Drewing, K. (2019). Memory influences haptic perception of softness. *Sci Rep, 9*(1), 14383.

97. Morimoto, T. (2020). The nature of haptic working memory capacity and its relation to visual working memory. *Multisens Res, 33*(8), 837-864.

98. Zhou, Y. D., & Fuster, J. M. (1996). Mnemonic neuronal activity in somatosensory cortex. P*roc Natl Acad Sci U S A, 93*(19), 10533-7.

99. Ainsworth, M. D. (1985). Attachments across the life span. *Bull N Y Acad Med, 61*(9), 792-812.

100. Arabin, B., Bos, R., Rijlaarsdam, R., Mohnhaupt, A., & van Eyck, J. (1996). The onset of inter-human contacts: longitudinal ultrasound observations in early twin pregnancies. *Ultrasound Obstet Gynecol, 8*(3), 166-173.

101. McCabe, C., Rolls, E. T., Bilderbeck, A., & McGlone, F. (2008). Cognitive influences on the affective representation of touch and the sight of touch in the human brain. *Soc Cogn Affect Neurosci, 3*(2), 97-108.

102. Ardesch, D. J., Scholtens, L. H., & van den Heuvel, M. P. (2019). The human connectome from an evolutionary perspective. *Prog Brain Res, 250*, 129-151.

103. Allman, J. M., Tetreault, N. A., Hakeem, A. Y., Manaye, K. F., Semendeferi, K., Erwin, J. M., Park, S., Goubert, V., & Hof, P. R. (2011). The von Economo neurons in the frontoinsular and anterior cingulate cortex. *Ann N Y Acad Sci, 1225*, 59-71.

104. Allman, J. M., Hakeem, A., Erwin, J. M., Nimchinsky, E., & Hof, P. (2001). The anterior cingulate cortex: The evolution of an interface between emotion and cognition. *Ann N Y Acad Sci, 935*, 107-217.

105. Carroll, L., Braeutigam, S., Dawes, J. M., Krsnik, Z., Kostovic, I., Coutinho, E., Dewing, J. M., Horton, C. A., Gomez-Nicola, D., & Menassa, D. A. (2021). Autism spectrum disorders: Multiple routes to, and multiple consequences of, abnormal synaptic function and connectivity. *Neuroscientist, 27*(1), 10-29.

106. Kostovic, I., Isasegi, I. Z., & Krsnik, Z. (2019) Sublaminar organization of the human subplate: Developmental changes in the distribution of neurons, glia, growing axons and extracellular matrix. *J Anat, 235*(3), 481-506.

107. Kostovic, I., & Jovanov-Milosevic, N. (2008). Subplate zone of the human brain: Historical perspective and new concepts. *Coll Antropo, 32*(Suppl 1), 3-8.

108. Kostovic, I., & Judas, M. (2010). The development of the subplate and thalamocortical connections in the human foetal brain. *Acta Paediatr, 99*(8), 1119-1127.

109. Kostovic-Knezevic, L., Kostovic, I., Krmpotic-Nemanic, J., Kelovic, Z., & Vukovic, B. (1978). The cortical plate of the human neocortex during the early fetal period (at 31-65 mm CRL). *Verh Anat Ges*, (72), 721-723.

110. Kostovic, I., Lukinovic, N., Judas, M., Bogdanovic, N., Mrzljak, L., Zecevic, N., & Kubat, M. (1989). Structural basis of the developmental plasticity in the human cerebral cortex: The role of the transient subplate zone. *Metab Brain Dis, 4*(1), 17-23.

111. Kostovic, I., Judas, M., & Sedmak, G. (2011). Developmental history of the subplate zone, subplate neurons and interstitial white matter neurons: Relevance for schizophrenia. *Int J Dev Neurosci, 29*(3), 193-205.

112. Kostovic, I., Judas, M., Petanjek, Z., & Simic, G. (1995). Ontogenesis of goal-directed behavior: Anatomo-functional considerations. *Int J Psychophysiol, 19*(2), 85-102.

113. Lecanuet, J. P., & Schaal, B. (1996). Fetal sensory competencies. *Eur J Obstet Gynecol Reprod Biol, 68*(1-2), 1-23.

114. Bradley, R. M., & Mistretta, C. M. (1975). Fetal sensory receptors. *Physiol Rev, 55*(3), 352-382.

115. Clark-Gambelunghe, M. B., & Clark, D. A. (2015). Sensory development. *Pediatr Clin North Am, 62*(2), 367-384.

116. Auvray, M., Gallace, A., & Spence, C. (2011). Tactile short-term memory for stimuli presented on the fingertips and across the rest of the body surface. *Atten Percept Psychophys, 73*(4), 1227-1241.

117 Gordon, A. D., Jupp, P. E., & Byrne, R. W. (1989). The construction and assessment of mental maps. *Br J Math Stat Psychol, 42(*Pt 2), 169-82.

118. Canini, M., Pecco, N., Caglioni, M., Katusic, A., Isasegi, I. Z., Oprandi, C., Scifo, P., Pozzoni, M., Lorioli, L., Garbetta, G., Poloniato, A., Sora, M. G. N.,. Cavoretto, P. I., Barera, G., Candiani, M., Kostovic, I., Falini, A., Baldoli, C., & Della Rosa, P. A. (2023). Maternal anxiety-driven modulation of fetal limbic connectivity designs a backbone linking neonatal brain functional topology to socio-emotional development in early childhood. *J Neurosci Res.*

119. Lederman, S. J., & Klatzky, R. L. (2004). Haptic identification of common objects: Effects of constraining the manual exploration process. *Percept Psychophys, 66*(4), 618-628.

120. Lederman, S. J., Klatzky, R. L., Chataway, C., & Summers, C. D. (1990). Visual mediation and the haptic recognition of two-dimensional pictures of common objects. *Percept Psychophys, 47*(1), 54-64.

121. Newell, F. N., Woods, A. T., Mernagh, M., & Bulthoff, H. H. (2005). Visual, haptic and crossmodal recognition of scenes. *Exp Brain Res, 161*(2), 233-242.

122. Burton, H., & Sinclair, R. J. (2000). Attending to and remembering tactile stimuli: A review of brain imaging data and single-neuron responses. *J Clin Neurophysiol, 17*(6), 575-591.

123. Burton, H., & Sinclair, R. J. (1994). Representation of tactile roughness in thalamus and somatosensory cortex. *Can J Physiol Pharmacol, 72*(5), 546-557.

124. Kaas, A. L., van Mier, H., & Goebel, R. (2007). The neural correlates of human working memory for haptically explored object orientations. *Cereb Cortex, 17*(7), 1637-1649.

125. Burton, H., Sinclair, R. J., & McLaren, D. G. (2008). Cortical network for vibrotactile attention: A fMRI study. *Hum Brain Mapp, 29*(2), 207-221.

126. Burton, H., Sinclair, R. J., Hong, S. Y., Pruett, J. R., Jr., & Whang, K. C. (1997). Tactile-spatial and cross-modal attention effects in the second somatosensory and 7b cortical areas of rhesus monkeys. *Somatosens Mot Res, 14*(4), 237-267.

127. Hutmacher, F., & Kuhbandner, C. (2018). Long-term memory for haptically explored objects: Fidelity, durability, incidental encoding, and cross-modal transfer. *Psychol Sci, 29*(12), 2031-2038.

128. Hutmacher, F., & Kuhbandner, C. (2020). Detailed long-term memory for unattended, irrelevant, and incidentally encoded auditory information. *J Exp Psychol Gen*, 149(2), 222-229.

129. Riva, G. (2018). The neuroscience of body memory: From the self through the space to the others. *Cortex, 104*, 241-260.

130. Hooker, D. (1952). Early human fetal activity. *Anat Rec, 113*(4), 503-504.

131. Hooker, D. (1960). Development reaction to environment. *Yale J Biol Med, 32*, 431-40.

132. Coghill, G. E. (1933). The neuro-embryologic study of behavior: Principles, perspective and aim. *Science, 78*(2016), 131-138.

133. Coghill, G. E. (1930). The structural basis of the integration of behavior. *Proc Natl Acad Sci U S A, 16*(10), 637-643.

134. Visser, G. H., Mulder, E. J., & Prechtl, H. F. (1992). Studies on developmental neurology in the human fetus. *Dev Pharmacol Ther, 18*(3-4), 175-183.

135. Prechtl, H. F. (1989). Fetal behaviour. *Eur J Obstet Gynecol Reprod Biol, 32*(1), 32.

136. Prechtl, H. F. (1985). Ultrasound studies of human fetal behaviour. *Early Hum Dev, 12*(2), 91-98.

137. Prechtl, H. F. (1986). New perspectives in early human development. *Eur J Obstet Gynecol Reprod Biol, 21*(5-6), 347-355.

138. Prechtl, H. F. (1988). Developmental neurology of the fetus. *Baillieres Clin Obstet Gynaecol, 2*(1), 21-36.

139. Prechtl, H. F (1988). [Assessing the fetal movement pattern in disorders of the nervous system]. *Gynakologe, 21*(2), 130-134.

140. Prechtl, H. F. (1990). Qualitative changes of spontaneous movements in fetus and preterm infant are a marker of neurological dysfunction. *Early Hum Dev, 23*(3), 151-158.

141. Nijhuis, J. G., Prechtl, H. F., Martin, C. B., Jr., & Bots, R. S. (1982). Are there behavioural states in the human fetus? *Early Hum Dev, 6*(2), 177-195.

142. Nijhuis, J. G. (2003). Fetal behavior [Discussion S7-9, S51-52]. *Neurobiol Aging, 24*(Suppl 1), S41-6.

143. Nijhuis, J. G., Martin, C. B., Jr., Gommers, S., Bouws, P., Bots, R. S., & Jongsma, H. W. (1983). The rhythmicity of fetal breathing varies with behavioural state in the human fetus. *Early Hum Dev, 9*(1), 1-7.

144. Nijhuis, J. G. (1986). Behavioural states: Concomitants, clinical implications and the assessment of the condition of the nervous system. *Eur J Obstet Gynecol Reprod Biol, 21*(5-6), 301-308.

145. Nijhuis, J. G. (1986). [Fetal behavior: current trends in fetal monitoring]. *Ned Tijdschr Geneeskd, 130*(33), 1481-1485.

146. Hooker, D. (1954). Early human fetal behavior, with a preliminary note on double simultaneous fetal stimulation. *Res Publ Assoc Res Nerv Ment Dis, 33*, 98-113.

147. Hooker, D. (1960). Development reaction to environment. *Yale J Biol Med, 32*(6), 431-440.

148. Berlucchi G, & Aglioti S. (1997). The body in the brain: neural bases of corporeal awareness. Trends Neurosci, 20(12), 560-564.

149. Craig, A. D. (2003). Interoception: The sense of the physiological condition of the body. *Curr Opin Neurobiol, 13*(4), 500-505.

150. Craig, A. D. (2010). The sentient self. *Brain Struct Func, 214*(5-6), 563-577.

151. Craig, A. D. (2009). How do you feel now? The anterior insula and human awareness. *Nat Rev Neurosci, 10*(1), 59-70.

152. Craig, A. D. (2011). Significance of the insula for the evolution of human awareness of feelings from the body. *Ann N Y Acad Sci, 1225*, 72-82.

153. Damasio, A. R. (1998). Investigating the biology of consciousness. *Philos Trans R Soc Lond B Biol Sci, 353*(1377), 1879-1882.

154. Damasio, A. (2003). Mental self: The person within. *Nature, 423*(6937), 227.

155. Damasio, A., & Damasio, H. (2022). Homeostatic feelings and the biology of consciousness. *Brain, 145*(7), 2231-2235.

156. Damasio, A. (2021). Feeling & knowing: Making minds conscious. *Cogn Neurosci, 12*(2), 65-66.

157. Damasio, A., & Damasio, H. (2022). Feelings are the source of consciousness. *Neural Comput*, 1-10.

158. Damasio, A. (2003). Feelings of emotion and the self. *Ann N Y Acad Sci, 1001*, 253-261.

159. Craig, A. D. (2009). Emotional moments across time: A possible neural basis for time perception in the anterior insula. *Philos Trans R Soc Lond B Biol Sci, 364*(1525), 1933-1942.

160. Craig, K. D., Best, H., & Best, J. A. (1978). Self-regulatory effects of monitoring sensory and affective dimensions of pain. *J Consult Clin Psychol, 46*(3), 573-574.

4. Memória e arte

A memória de cada homem é sua literatura particular.

Aldous Huxley

Introdução

Quando os nossos sentidos captam as representações sensoriais de uma obra de arte, sejam elas originadas de uma pintura, uma ópera, um concerto, um poema ou uma fotografia, deparamo-nos com diversas memórias e sensações que invadem nossa consciência. Aquilo que é visto e percebido na concretude dos detalhes da estética, na clareza do que foi elaborado cognitivamente, da racionalidade que justifica o que é exposto e da explicação histórica de como foi concebida essa arte, mostra que nossas memórias vivem dentro de tudo aquilo que foi criado por meio das experiências dos artistas. Por outro lado, as emoções evocadas que provocam estados de arrebatamento e de êxtase revelam a profundidade da experiência de contemplação que ultrapassa os processos cognitivos e afeta o nosso psiquismo de maneira singular e transformadora.

Quando admiramos uma pintura rupestre criada há centenas de milhares de anos dentro das cavernas frias e longínquas, ou quando um artista se encontra em pleno processo criativo expandindo sua realidade para outro tempo subjetivo, fica claro que toda arte é produto das experiências socioculturais acumuladas ao longo da evolução, assim como do aperfeiçoamento e desenvolvimento dos circuitos neurais voltados para a imaginação, criatividade e memória.

Além disso, pode-se afirmar que a arte também surge de tudo aquilo que é trazido das memórias inconscientes de cada sujeito. Dessa forma, toda arte é criada em um constante fluxo de energia, e a catexia das suas memórias transpassa o tempo cronológico. Ou seja, é através do tempo subjetivo que o sujeito é capaz de criar no presente aquilo que foi experienciado e desejado no passado. Por outro lado, o observador, ao ser afetado, transformará suas experiências de contemplação em diferentes possibilidades de existência futura. Ninguém sai de um filme, de uma peça de teatro ou de uma ópera da mesma forma que entrou. Algo o marcou, o afetou, o transformou e o lançou para outra dimensão e para um novo olhar sobre sua existência – e sobre o mundo que o cerca.

Ademais, em toda obra de arte existe aquilo que não é dito, revelado ou desvelado. Referimo-nos à memórias inconscientes, a fonte de inspiração que se encontra fixada no lugar mais profundo do psiquismo humano, e que representam a energia que contorna muitos vazios da nossa existência. As memórias que acompanham todas as obras de arte contêm uma mensagem subliminar, muitas vezes não decifrada, como se fosse um código secreto único e singular de cada indivíduo, mas que precisa ser um todo. O criador e o observador, ao se conectarem com essa dimensão sutil da expressão artística, são afetados de tal forma que suas emoções, memórias e inspirações invadem o corpo e a mente. Assim, tudo aquilo que estava reprimido no artista adentra o psiquismo do observador com uma intensa catexia

– e provoca uma avalanche de sensações e reações paradoxais, como paixão, aversão, êxtase e raiva.

Mas não importa que tipo de emoção seja evocada; o que importa é que todos saem transformados e tomados por uma experiência que transcende o espaço delimitado e o tempo cronológico. Essa experiência nos lança em outra dimensão, ou seja, em um tempo subjetivo não quantificável, em um espaço infinito de possibilidades e lugares inexplorados. Uma experiência que faz viajar no tempo e no espaço das nossas próprias vivências e memórias. Talvez seja aí, como bem disse Didi-Huberman, que o inconsciente ao se revelar sobre a imagem, promove uma perfuração, uma rasgadura, uma torção das representações sensoriais que invadem nosso psiquismo.[1]

A memória da arte também invoca o sujeito ao paradoxo do não "lembrar". Apesar de possuir sua própria história autobiográfica e sociocultural, a arte impõe uma atemporalidade para ser sentida. Quando se contempla uma obra de arte, as memórias do artista e do observador se misturam em uma grande troca de reminiscências e emoções, não sendo possível lembrar a fonte temporal desses sentimentos. Assim, a arte deve ser entendida como um grande processo originado por memórias sobrepostas vinculadas a diferentes experiências representacionais vividas pelo artista – e de todas as memórias inconscientes que são evocadas nele e no observador.

Ademais, a arte exige do artista a criatividade. Seria inimaginável pensar o progresso da humanidade sem a sua capacidade criativa e inventiva. A criatividade é, e sempre será, fortemente adaptativa.[2] Dessa forma, pensar que a origem da arte teve um papel primordial no desenvolvimento da linguagem, da cultura e da consciência humana, além de ter sido um processo fundamental na cognição do homem *sapiens* moderno, demanda uma visão mais ampla sobre a construção do aparelho cognitivo e psíquico da nossa espécie.[3-7]

A arte ao longo da evolução humana

Falar da arte e da evolução do *Homo sapiens* envolve um entendimento sobre o perfil comportamental e cognitivo que foi se desenvolvendo ao longo da evolução dos nossos ancestrais. Esses estudos, ainda hoje, apresentam muitas controvérsias entre as duas escolas que debatem fervorosamente como se deu a evolução no *Homo sapiens* moderno, e como este desenvolveu suas habilidades cognitivas e comportamentais.

Supõe-se, primeiramente, que o *Homo sapiens* moderno foi fruto de uma expansão lenta e gradual das habilidades adaptativas básicas herdadas dos seus ancestrais, por exemplo, as habilidades para a criação de ferramentas rudimentares de pedra lascada, com pobre conteúdo simbólico, e acumulou esses aprendizados ao longo dos milhões de anos. Contrapondo-se à ideia de uma evolução lenta, argumenta-se que o *Homo sapiens*, de maneira rápida, deu um salto qualitativo nos últimos 40 mil anos, a ponto de transformar esses instrumentos de pedra em uma arte rupestre portátil e cheia de simbolização.[3,8-15]

Segundo alguns paleontólogos que defendem o modelo de salto qualitativo, ou *big bang* do Paleolítico Superior, como Mithen[15-17] e Klein,[18-21] há 40 mil anos ocorreu uma rápida explosão cognitiva que culminou com o aparecimento do *Homo sapiens* moderno. O aparecimento do *Homo sapiens* moderno coincidiu, dessa forma, com o surgimento de outros artefatos bem elaborados e refinados, feitos com madeira e ossos, que revelavam características claras de simbolização, além do aparecimento das pinturas rupestres, esculturas e sinais de rituais como enterros e apetrechos religiosos. Os estudos realizados pelos cientistas que defendem uma mudança brusca e de curto prazo assumem que esse "salto" qualitativo, consequentemente essa modificação rápida na organização do cérebro, ou dos circuitos neurais, pode ter levado a uma mudança no comportamento e na capacidade cognitiva na nossa espécie.[15-28]

Outra escola que considerou a descoberta de sinais e artefatos rudimentares que precedem os 40 mil anos defende uma reorganização cerebral, com evolução lenta e gradual, que se iniciou ainda no Paleolítico inferior e alcançou sua mais alta complexidade no Paleolítico Superior.[3-7,29-45] Para Bednarik,[3-5,32] acumulam-se ao longo dos anos evidências paleontológicas que comprovam a presença de marcas como linhas simples e formas geométricas arcaicas, que parecem preceder os 40 mil anos.

Para Hodgson e Bednarik,[5] pensar que as formas geométricas do Paleolítico Superior, tão bem identificadas em portos e cavernas, possam datar de mais de 250 mil anos[4,5] demonstra que o estudo do comportamento humano e da paleoarte deve ser ampliado para outros sítios arqueológicos além da Europa, e que não devem ficar restritos aos achados desse período. É importante ressaltar que para esses autores,[5] ainda no registro do Pleistoceno, estudar a cultura e a evolução da cognição humana, por meio da paleoarte (arte rupestre e arte portátil), seria a única forma de acesso a uma análise do comportamento dos nossos ancestrais, achados estes com grande potencial para adquirir novos conhecimentos sobre o significado dos materiais arqueológicos sobreviventes desse período.[3-6,18-21,27,31,46,47]

Dentre os estudos mais provocativos, não podemos deixar de citar o trabalho de John Feliks, que analisou as formas geométricas de antigas gravuras do Paleolítico Inferior, com sinais robustos de que os hominídeos daquela época possuíam conceitos sofisticados de espacialidade, diferentemente do *Homo sapiens* moderno.[5] Além disso, Hodgson, no simpósio "Pleistocene Paleoart of the World", em 2006, também se aproximou das ideias de Feliks ao apresentar um trabalho no qual argumentava que haveria uma conexão entre o desenvolvimento do córtex visual dos hominídeos e as marcas e formas que eles produziam.[5]

Apesar de muitas controvérsias, o que nos interessa é associar e levantar a teoria de que essas primeiras expressões geométricas, ainda no Paleolítico Inferior e Médio,[48] serviram como os primeiros exercícios de memórias visuais que influenciaram o aprendizado motor e as habilidades manuais.[49-52] Com a evolução dos nossos ancestrais e sua progressiva capacidade de manuseio de artefatos de pedra para caça, forrageamento etc.,[53] o desenvolvimento cerebral produziu uma plasticidade sináptica adaptativa ao memorizar aprendizados motores implícitos que se aperfeiçoaram e criaram novas conexões com diferentes áreas corticais.[54] Porém, com o aparecimento do *Homo sapiens*, uma possível reorganização, especialmente das redes neurais do córtex pré-frontal,[55-60] proporcionou o aparecimento de um comportamento mais social, empático e criativo, que se associou ao desenvolvimento dos circuitos frontossubcorticais, responsáveis pelo surgimento do pensamento simbólico.[61-66]

Essa reorganização das redes neurais frontais, pré-frontais e frontossubcorticais culminou com uma evolução na capacidade de produzir artefatos mais abstratos, que precisavam, sobretudo, de acesso às memórias episódicas/autobiográficas. Mas foi, sem dúvida, o funcionamento do circuito em modo padrão ou *default mode network* (DMN) que elevou a capacidade de imaginação e introspecção, da viagem no tempo e da projeção futura, que expandiu o imaginário humano. A partir dessa abertura e da expansão da mente humana, surge o poder do imaginário, das fantasias e da arte. Além disso, o desenvolvimento paralelo do circuito da memória semântica contribuiu para uma arte mais descritiva, que narrava a vida social, a natureza e os aprendizados adquiridos ao longo da existência desses grupos.[12,13,15,17-19,26,27,61,67-69]

Assim, pode-se afirmar que todo o contexto histórico que envolve a arte deve ser entendido a partir das memórias que se fixaram ao longo da existência humana – e que foi passada de geração em geração. Afinal, é o nosso conhecimento em forma de memórias que desempenha um papel causal na produção da própria experiência. As memórias semânticas representam todas as conjunturas históricas, enquanto as memórias episódicas e autobiográficas refletem nossas ligações pessoais com as obras artísticas. Dessa forma, a capacidade que desenvolvemos de criar representações mentais voltadas para a compreensão das emoções e dos estados afetivos expressos por meio de uma exposição artística demonstra o papel da memória na evolução da arte humana.

É necessário ressaltar três grandes teorias biológicas sobre a arte:

1. A teoria das regiões cerebrais e a teoria das redes neurais, que entendem o processo artístico como uma rede com múltiplas conexões.

2. A exibição da arte e sua teoria estética, que teria relação com motivações biológicas vinculadas a sinais de cortejos e seleção de parceiros em animais.

3. A teoria evolucionista, que associa a natureza simbólica da arte a mudanças no cérebro e suas redes neurais que foram definitivas no *Homo sapiens* e, consequentemente, deram suporte ao desenvolvimento da linguagem e do agrupamento social hierárquico.[2,70,71]

Para Zaidel (2010), essas teorias direcionam um caminho mais complexo e profundo sobre arte e as neurociências. Em outras palavras, a arte seria um processo cognitivo dependente de uma vasta rede de conexões neurais e da redundância na representação funcional relacionada a ela.[70]

Em resumo, pode-se pensar que o desenvolvimento da arte é tão complexo quanto a evolução da nossa espécie. Para o Professor Bednarik,[3,5,6] por exemplo, qualquer afirmação de que a arte franco-cantábria do Paleolítico Superior pontuaria o início, propriamente dito, da arte humana deve ser considerada passível de questionamento diante dos indícios de que no Paleolítico Inferior já existiam sinais de manifestações artísticas.[5,6] Além do mais, o seu desenvolvimento parece ter sido lento e intricado, assim como a evolução humana. Desse modo, pode-se supor que seu início tenha ocorrido em diferentes partes do mundo, além de ser fruto da integração de diferentes processos, sejam eles adaptativos, socioculturais, neurocognitivos e psíquicos.

Outrossim, é plausível afirmar que foi ao longo de uma progressiva integração de circuitos neurais ligados ao cérebro social, ao circuito autorreferencial da rede em modo padrão, do desenvolvimento do pensamento simbólico e da linguagem, que se iniciaram no Paleolítico Superior e alcançaram sua maior sofisticação durante o período Aurignaciano, que a arte evoluiu e ultrapassou a barreira do processo adaptativo para alcançar uma forma mais elaborada e refinada de representação da alma humana: seus desejos, suas histórias e seus sonhos.[10,12,68,72-85]

De fato, ao olhar para os estudos sobre a "paleoarte" durante o período do Paleolítico Inferior e Médio, depara-se com algumas descrições que sugerem uma forma mais arcaica e menos elaborada de petróglifos, fragmentos fossilizados de esponjas, pigmentos em ocre e protofiguras.[4-6] Supõe-se que o uso do ocre no Pleistoceno Médio, inclusive a descoberta de pigmentos nas rochas e as gravuras portáteis que demonstram supostamente tradições distintas e rudimentares (o que Bednarik denomina "rabiscos espacialmente determinados")[5] possam ter persistido no subconsciente dos nossos ancestrais como traços mnêmicos arcaicos. Essa premissa pode ser usada como exemplo de que traços de memórias e algum grau de simbolização muito arcaica povoaram a mente dos nossos ancestrais.[86,87]

Além disso, pode-se argumentar que esses traços mnêmicos influenciaram diretamente a reorganização dos neurocircuitos corticossubcorticais que serviram, posteriormente, para que a mente humana desenvolvesse a capacidade de criar processos artísticos mais elaborados e abstratos.[3,5,6,10,68,81,88,89]

Vale ressaltar que as descobertas de pingentes pobremente elaborados sugerem, apesar de não existirem provas concretas, a existência de sistemas sociais, especialmente na passagem do Paleolítico Médio para o Superior, visto que esses produtos artísticos, com certo grau de simbolização, somente poderiam existir diante desse contexto social.[5,90,91] Esses achados permitem teorizar que a evolução cognitiva do *Homo sapiens* não foi apenas uma explosão que se deu no Paleolítico Superior, e que culminou com as expressões artísticas e religiosas mais elaboradas. Ao contrário, trata-se de um processo evolutivo no qual muitas memórias e conhecimentos prévios podem ter sido partilhados com ancestrais mais próximos, por exemplo, *Neanderthalensis*.[19,24,25]

Essa evolução elevou a complexidade e impulsionou toda uma plasticidade neuronal, que promoveu uma reorganização das redes neurais frontais e parieto-occipitais, especialmente as redes multimodais, promovendo uma construção autorreferencial, uma percepção do eu e de outros "eus" e uma expansão da realidade presente que serviu não apenas para melhor adaptação às contingências ambientais, mas para aumentar a capacidade de criar realidades virtuais abstratas.[49,60,79-81,92-100] Dessa forma, muitos estudiosos da arte pré-histórica argumentam que as competências cognitivas e culturais dos primeiros humanos foram mal interpretadas, e que a "explosão nas aptidões cognitivas" durante o último terço do final do Pleistoceno foi produto de um processo evolutivo que se iniciou no Pleistoceno – por volta de 1 milhão de anos.[4,5]

Para o *Homo sapiens* moderno, no entanto, foi o pensamento simbólico e a criação dos símbolos que nos diferenciaram de outros ancestrais. Sabe-se que existem características culturais adaptativas nas quais as culturas individuais são bastante variáveis e distintas, apesar de não serem geneticamente baseadas.[101] Para Goodenough, todas as culturas modernas, ao terem um comportamento cultural em grande parte simbólico, e sendo essas culturas individuais transmitidas por meio desses símbolos, existe uma partilha que promove uma semelhança subjacente entre elas.[13,102,103]

Assim, os símbolos se tornam parte fundamental da linguagem humana e proporcionam uma organização e categorização na qual cada indivíduo, ou sociedade, construirá o seu mundo de acordo com as crenças, valores e sentimentos aceitos por cada grupo cultural específico. Isso fornece opções de comportamento que são vistas como aceitáveis para cada grupo cultural.[102,104] É a partir desses aprendizados culturais simbólicos que toda uma estrutura cognitiva e psíquica se forma.

Para Pribram,[61] foi o pensamento simbólico que nos diferenciou de outros símios. E, dentre todos os processos de simbolização, sem dúvida, a arte e a sua estética, que acompanharam toda a trajetória dos nossos ancestrais mais próximos, terminaram por adquirir um elevado refinamento na nossa espécie.

De modo geral, a diferença mais impactante entre o Paleolítico Inferior/Médio e o Superior é o contraste entre a rica e elaborada expressão artística encontrada nesse último período e a total perda dessas formas elaboradas, apesar de existirem outras mais arcaicas e primitivas que são visíveis no Paleolítico Inferior/Médio.[102,105] Para alguns pesquisadores, a existência no Paleolítico Inferior de alguns sinais de um senso estético deve ser considerada. No entanto, antes do Paleolítico Superior não existem sinais de que esse senso estético tenha qualquer sinal da existência de um padrão simbólico, como descrito anteriormente.[101,105] Destarte, pode-se supor que a arte precedeu o aparecimento do *Homo sapiens* moderno, e que foi por meio dela que nossas memórias mais ancestrais serviram para modular novos circuitos neurais voltados para os processos internamente guiados. Mas foi com o pensamento simbólico – e a simbolização da arte – que a alma humana conseguiu se expressar.

A memória vive na arte

A criatividade humana é um processo de elevada complexidade e de milhares de anos de evolução. Ela exige de cada indivíduo um mergulho para dentro dos seus pensamentos, das suas memórias de aprendizados e autobiográficas, para que se criem possibilidades de soluções práticas diante das exigências ambientais e da volatilidade das fontes.[106,107] Por outro lado, foi por esse processo que o *Homo sapiens* expandiu sua capacidade criativa, inicialmente voltada para a elaboração de ferramentas para subsistência, a fim de criar objetos cheios de simbolização e emoção – e assim nasceram a arte e as suas inúmeras formas de expressão.[4,108-110]

A arte deve ser entendida como uma habilidade superior que se desenvolve a partir dos estudos da contemplação, observação e prática. Por meio dela expressamos nossos sentimentos, sonhos, devaneios, opiniões políticas, sociais, desejos e atitudes; descrevemos histórias, mitos, acontecimentos, objetos, paisagens, eventos etc. Quando o grande artista suíço Paul Klee escreveu que "A arte não reproduz o visível; em vez disso, torna o invisível, visível", talvez quisesse dizer que é por meio da arte que as memórias inconscientes, os desejos recalcados, os sonhos noturnos e os devaneios diurnos alimentam os processos criativos e artísticos. A arte somente existe se partilhada. As memórias afetivas de cada artista precisam de um outro que a receba e, dessa forma, permita ser tocado e rasgado por essa flecha, que ao ser arremessada faz das suas experiências e memórias uma linguagem artística poderosamente transformadora.

Desvendar os mistérios de como o cérebro produz a arte e desenvolve a capacidade criativa tem sido um dos grandes desafios das neurociências. Como tantas descobertas científicas aconteceram? A criação dos barcos, a domesticação dos animais, as técnicas de cultivo, o calendário etc. mostram a riqueza da criatividade da nossa espécie. Por outro lado, o marketing destrutivo de manipulação de opinião pública, as *fake news*, as armas de destruição em massa etc. mostram que existe uma diferença entre o que é criatividade, de modo geral, e o que é o processo criativo artístico. É que o primeiro pode ser usado pela própria humanidade com fins destrutivos, enquanto a arte, essa só existe para que possamos suportar o que foi criado para fins de horror. Assim, as memórias vivem na arte porque são essas memórias que alimentam a alma e o sentido da vida.

Os circuitos neurais envolvidos na criatividade e na arte

Os estudos dos circuitos neurais envolvidos nas ações de criatividade artística têm sido um dos campos neurocientíficos mais controversos e complexos devido à diversidade desses processos. Desse modo, entender o funcionamento mental durante a produção artística significa buscar sistemas cerebrais comuns relacionados aos diferentes domínios da arte, como improvisação musical, criatividade no desenho, criatividade literária etc.[12,106-108,111-116] Nos últimos anos, com os novos estudos de ressonância nuclear magnética encefálica funcional, avanços na compreensão dos circuitos relacionados aos processos da criatividade artística revelaram correlatos comuns e distintos nas diferentes expressões da arte humana.[106,109,113,114,116-122]

Para Mednick (1962),[123] o processamento mental durante a criação artística está relacionado com a capacidade de conectar elementos/conceitos fracos e remotos, de maneira nova e apropriada. Mais recentemente, os estudos sobre o pensamento criativo apontaram para a importância no papel da atenção, uma vez que pesquisas anteriores forneceram evidências contraditórias ao descrever regiões corticais associadas tanto aos processos de imaginação, com ativação da região precuneal, quanto ao controle cognitivo com ativação do córtex dorsolateral.[107,109,110,124,125] Para melhor compreender essas controvérsias, é necessário entender os circuitos neurais envolvidos na atenção, imaginação e introspecção.

A função do circuito em modo padrão nos processos criativos

No ano de 1997, as pesquisas inovadoras realizadas por Shulman *et al.*[126] revelaram, por meio do PET-scan cerebral (tomografia por emissão de pósitrons), um aumento de fluxo em certas regiões cerebrais durante tarefas de observações visuais ativas e direcionadas a um objeto, quando comparadas com a visualização passiva controle em estado de repouso.

Em 2001, Raichle *et al.* publicaram um revolucionário artigo intitulado "Um modo padrão da função cerebral"[127] no qual descreveram que o funcionamento da rede em modo padrão somente seria ativado na ausência de demandas, ou tarefas guiadas externamente.[107,109,124,125,126,129] Os estudos de Raichle,[128] ao comparar imagens cerebrais que exigiam tarefas de atenção não autorreferenciais e imagens controle em repouso sem demanda de tarefas,[128] revelaram que essa rede em modo padrão (DMN) era bilateral e simétrica; incluía o córtex parietal medial/lateral e o córtex pré-frontal temporal medial e lateral.[127,128] Esses achados confirmaram que a ativação da DMN estava relacionada diretamente com os processos mentais internamente guiados (ou autogerados), ou seja, os processos de divagação mental, pensamento futuro, simulação mental e tomada de perspectiva.[124]

Além disso, segundo Masoyer *et al.*,[130] a atividade consciente em repouso relacionada à memória episódica, seria sustentada por essa rede de larga escala que ligaria as áreas corticais heteromodais associativas do córtex parietal e frontal, organizadas hierarquicamente pela rede parietofrontal. Essa rede em modo padrão seria influenciada diretamente pelas emoções, e trabalharia por meio de um mecanismo de *top-down*, ou monitorização direta da rede de controle executivo do córtex pré-frontal esquerdo.[130]

Ou seja, o modo padrão cerebral seria um estado dinâmico, no qual o mecanismo de atenuação da DMN ocorreria diante de demandas ou tarefas externamente guiadas e selecionadas pela rede executiva frontal. Assim, a sua ativação se daria diante de processos de curto prazo e internamente guiados que provavelmente teriam um papel na consolidação de aprendizados recentes.[124,127-136] Teorias sobre a ação da DMN nos processos de imaginação, introspecção, pensamento autorreferencial, divagação, pensamento futuro e simulação mental sugerem que essa rede tem uma importante ação no processo criativo e, consequentemente, na produção da arte em si.[124,137]

Outro importante estudo, realizado por Beaty *et al.*, explorou quais seriam os circuitos neurais envolvidos na produção das ideias criativas.[124] Os autores aprofundaram os conhecimentos e demonstraram que o pensamento divergente, ou seja, o processo de pensar mais criativo, aberto e flexível (aquele que busca um modo de pensar que procura aumentar o número de possibilidades com novas ideias diante de problemas que são apresentados), revelava conexões com diferentes regiões cerebrais. Segundo a pesquisa, constatou-se, durante as tarefas de pensamentos divergentes, ativação dentro das regiões do córtex cingulado posterior (CCp), *precuneus* e lobo parietal inferior.[124]

Assim, uma rede em modo padrão (*precuneus*, CCp, córtex parietal inferior bilateral), bem como a região responsável pela rede executiva (CPFdl),[109,124] além da ativação de uma terceira rede neural de saliência (INS bilateral e córtice cingulado anterior dorsal – CCAd) e de partes das regiões temporais, como o giro temporal médio bilateral (GTM),[109,124] participam desse grande circuito que irá modular o processamento da criatividade humana.

Os resultados dos estudos de Beaty *et al.*, ao usarem as tarefas do pensamento divergente, ou pensamento criativo, confirmaram que existe uma conexão cooperativa entre as redes que são ativadas durante o pensamento espontâneo, o controle cognitivo e a recuperação da memória semântica. Essa cooperação existe porque a rede executiva tem o papel de dar suporte por meio de um controle mais racional durante a atenção interna focada – função fundamental para a criatividade, que necessita da cooperação entre os processos espontâneos e controlados.[107-109,124]

Outro importante achado desse estudo identificou a existência de maior conectividade entre a rede em modo padrão, ou *default mode network* (CCp e *precuneus*), e a rede da saliência (CCAd; ínsula bilateral). Sabe-se que a rede de saliência é composta primordialmente pelos neurônios de Von Economo (VEN), formados por um corpo celular fusiforme com um axônio composto de um único dendrito apical.[138-141] Essa rede engloba o CCa e o córtex frontoinsular (CFI), além de ser uma zona ou *hub* de convergência multimodal. Segundo Craig, essa rede funciona para dar origem à consciência do próprio eu (*Material Me*).[139] Além disso, a rede da saliência serve para realocação de recursos, assim como atenção para eventos salientes relacionados às demandas ambientais.[108,109,124,139] Ou seja, durante o pensamento divergente parecem ocorrer mudanças dinâmicas entre as redes em modo padrão e a rede executiva, com a rede de saliência funcionando para modular a comunicação entre as duas redes citadas.

Esses achados levantam a teoria de que a rede em modo padrão, responsável pelo pensamento interiorizado e autorreferencial, usa a rede de saliência para recrutar o circuito do controle executivo (ECN) vinculado ao CPFdl quando a atenção se volta para os pensamentos externamente guiados.[108,124,142] Assim, pode-se afirmar que algumas atividades cognitivas, como a imaginação, por exemplo, não demandam processamento de informações sensoriais; ao contrário, durante essas tarefas é necessário que a atenção seja voltada para as representações internas, desprezando ou suprimindo informações externas perceptuais que possam interferir na tarefa criativa.[142]

Vale ressaltar, no entanto, que, além do controle executivo atencional, voltado para os pensamentos internos, o circuito em modo padrão também recruta as redes ligadas à memória episódica e semântica. Em outras palavras, o pensamento criativo é um complexo sistema cognitivo-comportamental que envolve o circuito atencional, o controle cognitivo e a memória. Pesquisas têm revelado o importante papel e contribuição da recuperação das memórias episódicas e semânticas no pensamento criativo.[119,142,143] A memória semântica funciona para armazenar e recuperar conhecimentos e fatos, independentes do contexto e do tempo. Por outro lado, a memória episódica funciona para armazenar e recuperar memórias autobiográficas vinculadas a um contexto e um tempo definido.[144-147] Assim, considerar que o pensamento criativo requer conexão e interação dinâmicas entre a memória e os sistemas executivos de controle atencional torna-se a base da compreensão sobre a criatividade humana. Sem memórias, somos como um livro em branco, e sem conteúdo não existe processo criativo – uma vez que este necessita da experiência e da contemplação.

Por outro lado, sem a presença do controle mental para direcionar os caminhos dos nossos pensamentos, ficaríamos "presos" aos padrões de conhecimentos previamente adquiridos, e não conseguiríamos avançar na construção de novas ideias e possibilidades.[106] São esses circuitos executivos do controle mental que modulam o conteúdo das informações que nutrem nossos processos criativos. Ou seja, é necessário olhar para o mundo externo e todas as suas representações sensoriais, pois essas formarão memórias para serem acessadas durante a elaboração do pensamento criativo. Dessa forma, é fundamental ressaltar o papel de outra rede atencional, denominada rede da atenção dorsal (DAN).

A DAN é composta pelas regiões do córtex parietal superior e intraparietal, além das regiões occipitais. Trata-se de uma rede que busca, por meio de um mecanismo de *top-down* atencional, controlar os estímulos sensoriais necessários para as tarefas direcionadas a um objeto.[113,119,142,148] Dessa forma, a integração entre os circuitos da atenção (DAN, ECN) e da memória (episódica e semântica) e, sobretudo, da DMN funciona para coletar novas informações, armazenar, direcionar e expandir os processos mentais que envolvem a criatividade e a arte.[106,108-110,121,124]

A dinâmica entre a rede em modo padrão e a rede de controle executivo

As duas redes mais estudadas e envolvidas nos processos criativos são a rede em modo padrão, ou *default mode network* (DMN), e a rede de controle executivo (ECN).[108,110,113,125,148] Como dito anteriormente, a DMN mostra aumento de atividade metabólica na ausência de tarefas relacionadas a metas ou estímulos externos.[110,142]

Sabe-se que o modelo de atividade da rede em modo padrão está correlacionado com o pensamento autogerado, simulação mental, cognição social, memórias autobiográficas, pensamento futuro episódico, divagação e simulação mental.[142] Por outro lado, a chamada rede de controle executivo (ECN), que envolve as regiões parietais pré-frontais laterais e anteroinferiores, torna-se ativada quando tarefas cognitivas exigem atenção direcionada externamente. Dentre as funções realizadas pelo ECN, ressalta-se a memória do trabalho, integração relacional e foco para mudanças de tarefas.

Desse modo, pode-se afirmar que as redes em modo padrão e a do controle executivo tendem a agir de forma antagônica, ou seja, em repouso ocorre uma atenuação da ECN, para que a DMN seja ativada. Isso ocorrendo, direciona-se a atenção para o pensamento autorreferencial, focado nos estímulos internos, voltados para a simulação mental, viagem no tempo, divagação etc., expandindo, assim, a capacidade de criação para uma realidade virtual paralela, fundamental para o processo da imaginação e criação.[118,142,149]

Por outro lado, a DMN tende a ser atenuada quando tarefas são executadas com focos externos relacionados à memória do trabalho, ou seja, a atenuação da DMN e ativação da ECN revela que existe necessidade de suprimir os pensamentos e o estado de introspecção quando alguma demanda externa, ligada às necessidades ambientais ou relações sociais, surge inesperadamente. Essa mudança revela a importância do controle executivo por meio do processamento do tipo *top-down* sobre os processos guiados internamente.[107,116,118,148] Ressalta-se, ainda, que entre essas duas redes existe a ação da rede de saliência no córtex frontoinsular, que modula e regula a ativação, ora atenuando o ECN, ora o DMN, de acordo com o tipo de estímulo gerado – se interna ou externamente.[106]

O hipocampo e sua relação com o processo criativo

O hipocampo é uma estrutura cerebral em formato de cavalo-marinho que se localiza no lobo temporal e tem um papel fundamental na memória humana, pois coleta pedaços de experiências passadas, dados pessoais, objetos, lugares, ações, entre outros estímulos, e reconstrói esses eventos para a criação de possíveis eventos futuros.[106] Assim, o pensamento criativo tem como base a capacidade e a habilidade de buscar informações no passado para que se possa projetar e imaginar o futuro.[106,1098,110,113]

É importante ressaltar, também, que existe um envolvimento entre o hipocampo e a DMN, como pode ser visto na chamada "hipótese de simulação episódica construtiva". Essa teoria sugere que tanto a memória quanto a imaginação estão envolvidas em um processo de recombinar de maneira flexível e dinâmica detalhes episódicos das nossas memórias pessoais, como lugares, pessoas, eventos etc. Ou seja, lembrar algo do passado exige mais do que simplesmente recuperar uma informação, ou um evento passado, e trazê-lo para o tempo presente da mesma forma como foi fixado na memória.[106,109,125]

É necessário entender que imaginar uma experiência passada é uma reconstrução da memória, na qual os eventos vividos serão acrescidos de novas informações adquiridas ao longo do tempo, de maneira aberta e flexível. Ou seja, nunca vamos recontar uma história como na primeira vez. Além disso, imaginar algo futuro somente pode ocorrer com base nas experiências passadas. Por essa razão, Beaty *et al.* (2020) afirmam que é a natureza flexível do sistema episódico o fator fundamental para o pensamento criativo, uma vez que exige a criação de novas e significativas formas de ideias.[106]

Outras regiões cerebrais e circuitos neurais associados à arte

A arte é uma forma de expressão que apresenta uma infinidade de conceitos, vivências, experiências, ideias, valores sociais, éticos e culturais. Além disso, tem uma imensa variedade de manifestações, como música, pintura, escultura, teatro, dança, poesia e escrita, funções que exigem habilidades manuais, coordenação motora, habilidades sensoriais e visuoespaciais, formadas por meio de uma vasta integração entre diferentes redes neurais corticossubcorticais.[12,106,150-155]

O primeiro artigo publicado sobre neurologia e arte foi escrito por Théophile Alajouanine,[150] em 1948. Na época, esse famoso neurologista discorreu sobre três artistas que tiveram sequelas de danos cerebrais ocorridos no hemisfério cerebral esquerdo. Alajouanine observou que, com exceção do escritor, que necessitava da linguagem escrita para a sua produção artística, o músico e o pintor preservaram suas habilidades, demonstrando que a produção artística era mais complexa do que se podia imaginar e ia além do circuito da linguagem.[150]

Para Zaidel (2005), a revisão de estudos de casos de artistas consagrados que desenvolveram certas patologias neurológicas indica que algumas habilidades artísticas, como pintura, desenho e escultura, encontram-se preservadas, independentemente da lateralidade da lesão.[71] Dessa forma, parece que não é a especialização funcional do hemisfério esquerdo, ou direito, assim como qualquer região cerebral especializada, que irá determinar o processo cognitivo da arte em si.[71,156]

Na arte, além dos circuitos da memória, da rede em modo padrão, da atenção dorsal e da rede do controle executivo, é fundamental ressaltar o papel do circuito relacionado às respostas de prazer e recompensa. Sim, a arte somente existe para que possamos sentir prazer em contemplá-la, ou em produzi-la. Ou seja, atenção, atração e execução são funções cognitivas fundamentais. Mas, para que isso ocorra, é necessária a existência de uma estética. Sabe-se, por exemplo, que a estética da arte parece ativar o sistema neural da recompensa, relacionado com respostas prazerosas e motivacionais.[2,71,74,157]

Considera-se que um dos circuitos mais importantes para o comportamento humano envolve a via da recompensa, que engloba o prosencéfalo, com a porção do hipotálamo lateral/posterior e o tegmento ventral, onde a via dopaminérgica desempenha um papel primordial associado ao prazer.[70] Porém, vale ressaltar que o circuito da recompensa apresenta uma ampla rede neural que vai além da via do tegmental ventral e se conecta com regiões subcorticais, como o córtex orbitofrontal e o sistema límbico.[70,158-160]

O sistema da recompensa e do prazer também apresenta complexidade quanto à ação dos neurotransmissores. Por exemplo, a via dopaminérgica mesolímbica, considerada por muitos anos a via do prazer, atualmente é vista ligada bem mais às propriedades preditivas, motivacionais e atencionais do que às respostas hedônicas em si.[158,159,161-167] Ou seja, pode-se interpretar que a via mesolímbica dopaminérgica, relacionada ao comportamento de recompensa, parece mediar o aprendizado e as previsões sobre recompensas para eventos futuros.

Para Berridge e Kringelbach,[165] os sistemas dopaminérgicos modulam o valor motivacional da recompensa relacionado à importância do incentivo de maneira segregada da hedonia e da aprendizagem.[165] Para os autores, a via dopaminérgica funciona com mais propriedade para incentivar funções relevantes às representações neurais dos estímulos relacionados à recompensa. Nesse sentido, o trabalho de Berridge e. Kringelbach[165] aponta que "a relevância do incentivo é um componente distinto da motivação e da recompensa, e que esse sistema é fundamental para 'querer' incentivos, mas não para 'gostar' deles".[165]

Esses estudos comprovam que o circuito da recompensa e do prazer funciona na arte, porém não é o seu fim. Ao contrário, é o começo! A busca pelo prazer e pela recompensa no trabalho artístico ultrapassa os limites de um circuito isolado ativado por um estímulo. A arte busca um prazer pessoal, social, inter-relacional, cultural e universal. Dessa forma, para além do circuito da recompensa, é necessário considerar a integração de diferentes redes neurais voltadas para o cérebro social, a imaginação, a teoria da mente e a linguagem. Ou seja, a arte é uma conversa entre o artista e o observador. Assim, ela invoca uma troca e uma transformação por meio do encontro.

Destarte, para compreendermos o papel da recompensa e da memória afetiva na arte, precisamos considerar que o afeto (seja ela prazeroso ou desprazeroso) é um processo objetivo e subjetivo criado pelo nosso cérebro.[158,159,165-171] Além disso, nossas respostas e reações afetivas têm um valor evolutivo para o aprendizado e o desenvolvimento de aptidões genéticas.[172-175] Dessa forma, certos circuitos neurais límbicos do córtex pré-frontal, especialmente o orbitofrontal, parecem regular e modular os afetos e o comportamento decisório.[158]

Por outro lado, o circuito do prazer ou das reações mais direcionadas ao "gosto", em si, parece ser mais localizado nas regiões subcorticais restritas ao núcleo *accumbens* (NAc) e ao pálido ventral (Pv).[158,159,169] Dessa forma, no que diz respeito às memórias afetivas e ao sistema de prazer e recompensa envolvidos na arte, é pertinente pontuar a importância do córtex orbitofrontal medial. Alguns estudos revelam a importância dessa região para a atividade basal em repouso, que, por consequência, serve para o processo da consciência humana. Isso explicaria o motivo pelo qual nossas vivências e experiências conscientes têm um elevado componente afetivo e armazenam memórias afetivas por toda uma vida.[158,159,161]

Retornando à questão do prazer e da recompensa diante de uma obra de arte, podemos afirmar que esse processo precisa ser compreendido de maneira mais ampla, ou seja, o processo mental ativo da recompensa existe como reação ao estímulo – mais do que a percepção do estímulo em si.[165] Prazer e desprazer funcionam como percepções conscientes em que uma reação objetiva de gosto, ou preferência a um estímulo hedônico, será convertida em experiência subjetiva.[158,165,169]

Em outras palavras, será a capacidade cognitiva, assim como as memórias afetivas relacionadas às experiências prazerosas ou não, que modificam as representações mentais de eventos agradáveis ou desagradáveis e alteram a maneira como nos relacionamos com os estímulos.[158,169,176,177] Isso amplia ricamente a capacidade de experimentar e expandir outras possibilidades de viver e sentir o prazer.

Memória, arte e estética

Na arte o que se contempla é, antes de tudo, a beleza estética da criação. Mas uma questão que deve ser colocada é o porquê de o cérebro humano ter se desenvolvido com o propósito de produzir reações estéticas. Qual seria a função utilitária da estética em relação à sobrevivência da nossa espécie? Para Zaidel, podem ter ocorrido pressões seletivas intensas para que respostas estéticas permanecessem ao longo da evolução. Para a teoria evolucionista, as estratégias estéticas e de seleção sexual são usadas por certos animais para chamar a atenção de parceiros machos saudáveis – e visam a um acasalamento bem-sucedido.[157,178,179] A questão estética, nesse caso, pode ser vista quando certos animais buscam parceiros com características que representam mais robustez, ou pela cor, o canto, as danças etc.

Zaidel (2015) sugere que as respostas estéticas podem ser compreendidas como um tipo especializado de atração, uma concentração em objetos etc. Ou seja, diferentemente dos animais, nos quais o objetivo final está relacionado à seleção sexual e procriação, nos humanos a variedade de fontes e finalidades pode determinar respostas estéticas de outra natureza. Diante dessa afirmativa, é fundamental entender quais processos, além da seleção natural, levaram o *Homo sapiens* a produzir uma estética da arte com fins não utilitários.

Afinal, para que serve a arte do ponto de vista evolutivo? Qual o papel da arte do ponto de vista da autopreservação e da sobrevivência da espécie, e como a memória episódica funcionou para criar uma fonte de estímulos que servissem para esse fim? Para Zaidel,[74,157] é possível questionar se a função biológica primária da exibição dos animais no período de acasalamento não tenha sofrido alterações adaptativas – e que posteriormente se expressaram com respostas estéticas.[157] Esse autor afirmou que a evolução do cérebro humano proporcionou um aparelho mental capaz de criar uma cognição simbólica, criativa e abstrata – ampliando a visão inicial puramente adaptativa.

No entanto, pensar que as respostas estéticas influenciaram as escolhas de acasalamento, e que essa capacidade foi transmitida para os humanos, não tem qualquer validação ou comprovação científica. Por essa razão, Zaidel teoriza que as reações estéticas nos humanos refletem apenas a conservação de uma via biológica que favorece um comportamento de atenção-atração.[157] Ou seja, supõe-se que no *Homo sapiens* o cérebro tenha se desenvolvido para adquirir uma cognição única, porém preservando mecanismos neurais adaptativos.[157] Dessa forma, podemos supor que a arte, ao agir como um sistema de comunicação, teria a sua função voltada para uma reação estética por meio da atração da atenção dos espectadores. Assim, alguns fatores serviram para que a espécie *sapiens* se destacasse na grande história da evolução do gênero *Homo*, por exemplo, os benefícios do aumento do tamanho do grupo e as competências culturais transgeracionais – que incluem a arte e a cooperação social.[74,157,180]

Para Zaidel, a reação estética à arte pode ser compreendida como um processo biológico neural de atração-atenção, e pode ser simbólica, figurativa ou não figurativa, geométrica, abstrata e descritiva.[71,74,157,181] Dessa forma, todos os grupos de humanos usaram a arte ao longo da sua evolução para criar vínculos sociais, afetivos, intelectuais e culturais. Por essa razão, é pertinente teorizar que o surgimento da arte e sua explosão no Paleolítico Superior, especialmente nos últimos 40 mil anos, tenham sido uma ferramenta adaptativa robusta e fundamental, não só do ponto de vista da preservação biológica da espécie, mas como um mecanismo de autopreservação psíquica diante das pressões emocionais por relações pessoais e ambientais estressoras existentes na vida social do *Homo sapiens*, desde o seu surgimento.

Por fim, vale teorizar que a arte, como função biológica, surgiu como ferramenta adaptativa a partir da modulação de circuitos neurais envolvidos nas funções cognitivas, porém, deve-se considerar que o aparelho mental humano tem uma estrutura psíquica que ultrapassa os limites da consciência e da razão. Seria pertinente questionar se as pressões vinculadas ao estresse emocional pelas volatilidades das fontes, pelas relações sociais conflitantes intragrupos, fossem elas por liderança ou conquistas de parceiros, além das necessidades básicas de autopreservação, aumentaram as pressões psíquicas com mais sofrimento, angústias e medos. Essas pressões funcionaram não apenas para que a nossa espécie dominasse a cena nos últimos 200 mil anos, ao desenvolver tomadas de decisão assertivas diante dos aprendizados por erros e acertos, mas desenvolvendo também um mecanismo de autopreservação psíquica diante das pressões emocionais que tiveram que suportar. Assim, todos os sentimentos, todas as memórias traumáticas das perdas e violências sofridas, das angústias vividas pela escassez de fontes, dos desejos sexuais reprimidos e de tantas outras necessidades que levaram a essas pressões psíquicas, serviram para que o sistema nervoso criasse circuitos neurais voltados para a expansão da realidade presente – e para que o aparelho psíquico criasse estratégias para o escoamento do excesso de energia circulante.

Ao ter a capacidade de projetar-se conscientemente para outra realidade virtual, ou seja, uma dimensão não real da vida presente, os humanos puderam sonhar, devanear, imaginar-se em um tempo diferente – em sua fantasia, talvez menos sofrido. Dessa maneira, tiveram competência para projetar realidades futuras, partilhar desejos, crenças e mitos. Tudo isso serviu para suportar o sofrimento da sua existência, o recalcamento dos seus desejos e a consciência da sua finitude. Ademais, expandiu a criação estética adaptativa para uma arte simbólica e abstrata e, dessa forma, tornou suportável contornar o vazio que o habitava desde os primórdios.

Por último, é fundamental falar sobre a arte e as suas memórias inconscientes, ou seja, falar sobre as fontes de inspiração que se alojam no mais profundo lugar da alma humana. São essas memórias desejantes e carregadas de catexia que se projetarão sobre o sistema nervoso, para que este possa transformar a energia reprimida em uma linguagem artística. Por meio dos sistemas neurais que elaboram cognitivamente nossos desejos, criam realidades virtuais e coordenam nossas habilidades executivas, é possível transformar toda essa catexia inconsciente na mais rica e delicada forma de se expressar, a arte!

Por fim, é importante ressaltar que a ferramenta mais notável de sobrevivência humana ao longo dos seus 200 mil anos de evolução, além do aparelho neurobiológico cognitivo-afetivo, foi a criação de uma estrutura psíquica inconsciente dinâmica e criativa – que proporcionou o mais poderoso sistema de autopreservação.

Considerações finais

Falar sobre a arte e suas fontes de inspiração significa mergulhar não apenas no sujeito social, mas no mundo singular dos sonhos, dos devaneios e do sujeito inconsciente. Não se trata aqui de falar sobre a visão psicanalítica do que é arte, ou sobre as interpretações da psicanálise sobre o artista e sua obra. Não é cabível discutir as controvérsias das análises de Freud sobre a vida e obra de Leonardo da Vinci,[67] ou sobre as esculturas de Michelangelo, os escritos de Goethe, Dostoievski e Shakespeare.[182] O mais importante é compreender que toda fonte de inspiração humana ligada à arte surge de diferentes processos, sejam eles psíquicos, socioculturais ou neurobiológicos. Assim, a vida onírica, os sonhos, os devaneios e as fantasias humanas estão em um lócus especial quando se fala sobre mitos, lendas e crenças. É por meio dessas expressões artísticas que uma porta se abre para que possamos adentrar o mundo imaginário – e na vida psíquica de cada ser humano. Esse mundo singular da fantasia, por sua vez, será o mundo de todos nós.

Ao considerar a questão psicanalítica, por exemplo, vale citar Rivera (2023), quando escreveu: "a psicanálise é a prática e a teoria do sujeito for*a de si* – na curiosa expressão que nomeia o excesso, a loucura que pode tomar conta de cada um de nós. O sujeito não está dentro de si mesmo – no indivíduo – mas surge no outro, nos objetos, no mundo".[183]

Cabe pensar que é no mundo que nossas memórias nascem, mas é na arte que elas vivem. Elas nascem no outro que nos olha, nos fala e nos afeta. E é nesse lugar social que a memória se torna uma teia urdida com diferentes histórias partilhadas – social e culturalmente. Assim, as experiências individuais, as narrativas de cada sujeito, suas memórias e afetos, buscam, por meio da arte, uma passagem para um outro que necessita "beber" da catarse desse artista. Não a catarse como "purificação dos afetos",[182] mas "como uma rasgadura, uma abertura às fontes de prazer e gozo", como bem descrito por Ernani Chaves no prefácio das *Obras incompletas de Sigmund Freud*.[182]

No entanto, para entender como a memória vive na arte, é preciso adentrar a alma do artista. No livro *O ar e os sonhos*, Bachelard[184] proporciona-nos um olhar profundo e poético ao escrever:

> *Pretendem-se sempre que a imaginação seja a faculdade de formar imagens. Ora, ela é antes a faculdade de deformar as imagens fornecidas pela percepção, é sobretudo a faculdade de libertar-nos das imagens primeiras, de mudar as imagens. Se não há mudança das imagens, união inesperada das imagens, não há imaginação, não há ação imaginante. Se uma imagem presente não faz pensar numa imagem ausente, se uma imagem ocasional não determina uma prodigalidade de imagens aberrantes, uma explosão de imagens, não há imaginação (p. 1).*

Assim, pensar nas imagens como percepções e lembranças é pensar em memórias que são armazenadas ao longo da vida de cada sujeito e de cada povo. Mas o que corresponde à imaginação humana não é a imagem em si, mas o imaginário. O imaginário é o que alimenta o psiquismo humano, é nele que existe abertura para que as memórias inconscientes se transformem em arte.

A imaginação literária, musical, visual, falada etc. urde o tecido que cobre a nossa existência. Ao mergulharmos no imaginário, deslocamo-nos da realidade para adquirirmos uma mobilidade, uma possibilidade de voo. O que liberta o homem é, como bem disse Bachelard, "A imanência do imaginário no real".[184]

Um dos exemplos mais claros sobre como as memórias autobiográficas das contemplações diárias, que alimentam a alma do artista, tornam-se a fonte de inspiração pode ser visto neste belo escrito de Rilke: "Para escrever um único verso, é preciso conhecer os animais, é preciso sentir como voam os pássaros e saber que movimento fazem as florezinhas quando se abrem de manhã".[184]

Para alcançar o estado poético e artístico, nossas memórias precisam habitar o reino do imaginário – o reino do devaneio – ou dos sonhos acordados. Como bem disse Bachelard: "imanência e transcendência unem-se no reino da imaginação".[184] Ou seja, "A imaginação é um além psicológico".[184] O além da realidade também é um salto para o alto – para o voo onírico –, para o mundo do infinito. As memórias vivem na arte – porque a arte implica um espaço aberto e inalcançável dentro do psiquismo humano. Desse modo, são as memórias inconscientes que alimentam os processos criativos e artísticos, processos estes que sublimam as dores, os traumas e os desejos reprimidos.

Entretanto, na contemporaneidade uma preocupação se faz presente. O que se percebe é um imaginário humano que se fragmenta para dar lugar ao mundo das imagens aleatórias, vazias de narrativas e presas ao espaço virtual de um mundo supérfluo e transitório. O homem paralisado por uma imobilidade psíquica somente conseguirá ser livre através da sua arte – e nos seus infinitos mundos de sonhos e devaneios. Para uma sociedade adoecida pelas urgências do mundo digital, pelos desafetos das redes sociais – e pelo progressivo esvaziamento intelectual e poético provocado pela inteligência artificial –, um dos possíveis caminhos de cura é a luta pela preservação da criatividade, das emoções e do grande acervo das memórias culturais que a humanidade tem preservado – apesar de que, em vários regimes totalitários, essa arte e essa cultura tenham sido destruídas, desqualificadas e ameaçadas.

Além disso, em uma contemporaneidade na qual a solidão, cada vez mais, revela-se como a grande companheira do homem esvaziado de inspirações poéticas, de emoções e de suas memórias, devemos nos perguntar onde habita essa solidão? Parece-me que, em tempos de relações e mundos artificiais, os objetos concretos e vazios de emoções são ofertados para mascarar a dor do solitário homem virtual. Mas nada consegue preencher essa eterna incompletude de uma vida robotizada e mecanicamente programada.

Por outro lado, devemos lembrar que existem muitos sonhadores em busca de mais sonhos e utopias. Sonhadores que insistem na busca dos seus objetos oníricos, seus sonhos acordados. E, como bem disse Bachelard:[185]

> *Que grande trabalho qualquer um gostaria de fazer se fosse possível reunir um museu dos "objetos oníricos", dos objetos sonhados por uma fantasia familiar dos objetos familiares. Cada coisa dentro de casa teria o seu "duplo", não um fantasma do pesadelo, mas uma espécie de espectro que frequenta a memória, que dá nova vida às lembranças.*

Que a humanidade use a arte para não esquecer do seu devir sonhador e dos seus devaneios poéticos. Que as memórias sejam permeadas de lembranças e fantasias oníricas – para que a chama da vela nunca apague e, assim, ilumine a escuridão de um tempo de extremismos que está por vir. Que o amor, a inclusão, a diversidade e o respeito, com todas as formas de expressão, possam sobreviver e resistir através de cada poema, de cada música, de cada livro escrito – e de cada imagem que alimenta a alma humana. Que o homem possa preservar e reconhecer a arte – e os artistas – como aqueles heróis que resistem e nos salvam, desde que pintaram as primeiras figuras rupestres nas cavernas frias e isoladas. Foram esses que ofertaram ao mundo a possibilidade de existir e resistir aos flagelos sociais e ambientais por meio do uso da mais poderosa e indestrutível ferramenta – o sonho!

Para quem se faz sonhador, o homem será sempre uma potência, e, como disse Sartre:[186]

> *Somos nós que imaginamos que um mundo melhor possa ocorrer, ou que um mundo pior possa vir a acontecer. Somos nós que imaginamos que o reino da liberdade, da igualdade e da fraternidade virá pela nossa ação. Nós é que imaginamos que isso possa, pela nossa ação, acontecer, vir-a-ser.*

Referências

1. Didi-Huberman, D. (2013). *Diante da imagem*. Editora 34.
2. Zaidel, D. W. (2014). Creativity, brain, and art: Biological and neurological considerations. *Front Hum Neurosci, 8*, 389.
3. Bednarik, R. G. (2016). *Myths about rock art*. Archaeopress Publishing.
4. Bednarik, R. G. (2017). Palaeoart of the Ice Age (Online resource). Cambridge Scholars Publishing.
5. Bednarik, R. G., & Hodgston, D. (2008). Pleistocene palaeoart of the world. Archaeopress.
6. Bednarik, R. G., International Federation of Rock Art Organizations, & International Federation of Rock Art Organizations. (2016). *Symposium, International Federation of Rock Art Organizations*. Symposium, cartographers. Palaeoart and materiality: The scientific study of rock art. Archaeopress Publishing.

7. Bednarik, R. G. (2013). The psychology of human behavior. Nova Science Publishers.

8. Anati, E. (1994). *Arte rupestre: Il linguaggio dei primordi.* Edizioni del Centro.

9. Anati, E. (1979). *L'arte rupestre del Negev e del Sinai.* Jaca Book.

10. Anati, E. (2008). *Prehistoric art and ideology.* Hadrian Books.

11. Anati, A. F., Lejus, C., Mohsenin, A., Wood, L., International Committee on Rock Art., & Centro Camuno di Studi Preistorici. (1985). *Who's who in rock art: Directory of specialists, scholars and technicians working in the field of rock art, compiled as a service to research.* A joint project by ICOMOS-CAR (International Committee on Rock Art) and CCSP (Centro camuno di studi preistorici). Centro Camuno di Studi Preistorici.

12. Demarin, V., Bedekovic, M. R., Puretic, M. B., & Pasic, M. B. (2016). Arts, brain and cognition. *Psychiatr Danub, 28*(4):343-348.

13. Goodenough, W. H. (1981). *Culture, language, and society* (2nd ed.). Benjamin/Cummings Pub. Co.

14. Goren-Inbar, N., Werker, E., Feibel, C. S., Alperson-Afil, N., Rabinovich, R., Gaudzinski-Windheuser, S, *et al.* (2002). *The Acheulian site of Gesher Benot Yaaqov, Israel* (3 Vols.). Oxbow Books.

15. Mithen, S. J. (2015). *The prehistory of the mind: A search for the origins of art, religion, and science* (Online resource). Thames & Hudson.

16. Mithen, S. J. (2006). *The singing Neanderthals: The origin of music, language, mind and body*. Phoenix.

17. Mithen, S. J. (2004). *After the ice: A global human history, 20,000-5000 BC.* Phoenix.

18. Klein, R. G. (1969). Mousterian cultures in European Russia. *Science, 165*(3890), 257-265.

19. Klein, R. G. (1993). Culture in the paleolithic. *Science, 262*(5140), 1751-1752.

20. Klein, R. G. (2016). Issues in human evolution. *Proc Natl Acad Sci U S A,* 113(23), 6345-6347.

21. Klein, R. G., & Steele, T. E. (2013). Archaeological shellfish size and later human evolution in Africa. *Proc Natl Acad Sci U S A, 110*(27), 10910-10915.

22. Klein, R. G. (1974). Ice-age hunters of the Ukraine. *Sci Am, 230*(6), 96-105.

23. Klein, R. G. (1977). The ecology of early man in southern Africa. *Science, 197*(4299), 115-126.

24. Klein, R. G. (1995). Neanderthal carnivory. *Science, 267*(5205), 1843-1844.

25. Klein, R. G. (2003). Paleoanthropology: Whither the Neanderthals? *Science, 299*(5612), 1525-7.

26. Klein, R. G. (2009). Darwin and the recent African origin of modern humans. *Proc Natl Acad Sci U S A, 106*(38), 16007-16009.

27. Klein, S. B, Cosmides, L., Gangi, C. E., Jackson, B., Tooby, J., & Costabile, K. A. (2009). Evolution and episodic memory: An analysis and demonstration of a social function of episodic recollection. *Soc Cogn, 27*(2), 283-319.

28. Mithen, S. J. (2018). *WF16: The excavation of an early Neolithic settlement in Wadi Faynan, Southern Jordan: Stratigraphy, chronology, architecture and burials* (Online resource). Council for British Research in the Levant (CBRL).

29. Bednarik, R. G. (2014). Doing with less: Hominin brain atrophy. *Homo, 65*(6), 433-449.

30. Bednarik, R. G. (2014). *The first mariners.* Research India Press.

31. Bednarik, R. G. (2015). *Anthropology* (Vol. 1: The first mariners: Current and future developments; Online resource). Bentham Science Publishers.

32. Bednarik, R. G. (2016). *Understanding human behavior: Theories, patterns and developments.* Nova Science Publishers.

33. Bednarik, R. G. (2019). *Tribology in geology and archaeology.* Nova Science Publishers.

34. Bednarik, R. G. (2020). *The domestication of humans.* Routledge.

35. Herzlinger, G., & Goren-Inbar, N. (2019). Do a few tools necessarily mean a few people? A techno-morphological approach to the question of group size at Gesher Benot Ya'aqov, Israel. *J Hum Evol, 128*, 45-58.

36. Henshilwood, C. S., & Marean, C. W. (2003). The origin of modern human behavior. *Curr Anthropol, 44*(5), 627-651.

37. Henshilwood, C. S., d'Errico, F, Yates, R., Jacobs, Z., Tribolo, C., Duller, G. A., Mercier, N., Sealy, J. C., Valladas, H., Watts, I., Wintle, A. G. (2002). Emergence of modern human behavior: Middle Stone Age engravings from South Africa. *Science, 295*(5558), 1278-1280.

38. Henshilwood, C. S., d'Errico, F., & Watts, I. (2009). Engraved ochres from the Middle Stone Age levels at Blombos Cave, South Africa. *J Hum Evol, 57*(1), 27-47.

39. Henshilwood, C. S., d'Errico, F., van Niekerk, K. L., Dayet, L., Queffelec, A., & Pollarolo, L. (2018). An abstract drawing from the 73,000-year-old levels at Blombos Cave, South Africa. *Nature, 562*(7725), 115-118.

40. Henshilwood, C. S., d'Errico, F., van Niekerk, K. L., Coquinot, Y., Jacobs, Z., Lauritzen, S. E., Menu, M., García-Moreno,

R. (2011). A 100,000-year-old ochre-processing workshop at Blombos Cave, South Africa. *Science, 334*(6053), 219-222.

41. Henshilwood, C. S., d'Errico, F., Marean, C. W., Milo, R. G., & Yates, R. (2001). An early bone tool industry from the Middle Stone Age at Blombos Cave, South Africa: Implications for the origins of modern human behaviour, symbolism and language. *J Hum Evol, 41*(6), 631-678.

42. Henshilwood, C., d'Errico, F., Vanhaeren, M., van Niekerk, K., & Jacobs, Z. (2004). Middle Stone Age shell beads from South Africa. *Science, 304*(5669), 404.

43. Harmand, S., Lewis, J. E., Feibel, C. S., Lepre, C. J., Prat, S., Lenoble, A., Boes, X., Quinn, R. L., Brenet, M., Arroyo, A., Taylor, N., Clément, S., Daver, G., Brugal, JP, Leakey, L., Mortlock., R. A., Wright, J. D., Lokorodi, S., Kirwa, C., Kent, D. V., & Roche, H. (2015). 3.3-million-year-old stone tools from Lomekwi 3, West Turkana, Kenya. *Nature, 521*(7552), 310-315.

44. Harmand, S., & Arroyo, A. (2023). Linking primatology and archaeology: The transversality of stone percussive behaviors. *J Hum Evol, 181*, 103398.

45. Hallett, E. Y., Marean C. W., Steele T. E., Alvarez-Fernandez, E., Jacobs, Z., Cerasoni, J. N., Aldeias, V., Scerri, E. M. L., Olszewski, D. I., El Hajraoui, M. A., & Dibble, H. L. (2021). A worked bone assemblage from 120,000-90,000 year old deposits at Contrebandiers Cave, Atlantic Coast, Morocco. *iScience, 24*(9), 102988.

46. Klein, S. B., Cosmides, L., Tooby, J., & Chance, S. (2002). Decisions and the evolution of memory: Multiple systems, multiple functions. *Psychol Rev, 109*(2), 306-329.

47. Bednarik, R. G. (2012). An aetiology of hominin behaviour. *Homo, 63*(5), 319-335.

48. Swedell, L., & Plummer, T. (2019). Social evolution in Plio-Pleistocene hominins: Insights from hamadryas baboons and paleoecology. *J Hum Evol, 137*, 102667.

49. Shultz, S., & Dunbar, R. I. (2007). The evolution of the social brain: Anthropoid primates contrast with other vertebrates. *Proc Biol Sci, 274*(1624), 2429-2436.

50. Sherwood, C. C., Lee, P. W., Rivara, C. B., Holloway R. L., Gilissen E. P., Simmons, R. M., Hakeem, A. H., Allman, J. M., Erwin, J. M., & Hof, P. R. (2003). Evolution of specialized pyramidal neurons in primate visual and motor cortex. *Brain Behav Evol, 61*(1), 28-44.

51. Sherman, S. M., & Usrey, W. M. (2021). Cortical control of behavior and attention from an evolutionary perspective. *Neuron, 109*(19), 3048-3054.

52. Putt, S. S. J., Wijeakumar, S., & Spencer, J. P. (2019). Prefrontal cortex activation supports the emergence of early stone age toolmaking skill. *Neuroimage, 199*, 57-69.

53. Reilly, P. F., Tjahjadi, A., Miller, S. L., Akey, J. M., & Tucci, S. (2022). The contribution of Neanderthal introgression to modern human traits. *Curr Biol, 32*(18), R970-R983.

54. Mellars, P. (2010). Neanderthal symbolism and ornament manufacture: The bursting of a bubble? *Proc Natl Acad Sci U S A, 107*(47), 20147-20148.

55. Sherwood, C. C., Holloway, R. L., Semendeferi, K., & Hof, P. R. (2005). Is prefrontal white matter enlargement a human evolutionary specialization? [Author reply 8]. *Nat Neurosci, 8*(5), 537-8.

56. Semendeferi, K., Lu, A., Schenker, N., & Damasio, H. (2002). Humans and great apes share a large frontal cortex. *Nat Neurosci, 5*(3), 272-276.

57. Semendeferi, K., Damasio, H., Frank, R., & Van Hoesen, G. W. (1997). The evolution of the frontal lobes: A volumetric analysis based on three-dimensional reconstructions of magnetic resonance scans of human and ape brains. *J Hum Evol, 32*(4), 375-378.

58. Semendeferi, K., Armstrong, E., Schleicher, A., Zilles, K., & Van Hoesen, G. W. (2001). Prefrontal cortex in humans and apes: A comparative study of area 10. *Am J Phys Anthropol, 114*(3), 224-241.

59. Semendeferi, K., Armstrong, E., Schleicher, A., Zilles, K., & Van Hoesen. G. W. (1998). Limbic frontal cortex in hominoids: a comparative study of area 13. *Am J Phys Anthropol, 106*(2), 129-155.

60. Raghanti, M. A., Edler, M. K., Stephenson, A. R., Munger, E. L., Jacobs, B., Hof, P. R., Sherwood, C. C., Holloway, R. L., & Lovejoy, C. O. (2018). A neurochemical hypothesis for the origin of hominids. *Proc Natl Acad Sci U S A, 115*(6), E1108-E1116.

61. Pribram, K. H. (2006). What makes humanity humane. *J Biomed Discov Collab, 1*, 14.

62. Pribram, K. H. (1999). The self as me and I. *Conscious Cogn, 8*(3), 385-386.

63. Pribram, K. H. (1986). The cognitive revolution and mind/brain issues. *Am Psychol, 41*(5), 507-520.

64. Pribram, K. H. (1978). Consciousness and neurophysiology. *Fed Proc, 37*(9), 2271-2274.

65. Pribram, K. H. (1977). Hemispheric specialization: Evolution or revolution. *Ann N Y Acad Sci, 299*, 18-22.

66. Pribram, K. H. (1975). The primate frontal cortex: Progress report 1975. *Acta Neurobiol Exp (Wars), 35*(5-6), 609-625.

67. Hirstein, W. (2013). Memories of art. *Behav Brain Sci, 36*(2), 146-147.

68. Colage, I., & d'Errico, F. (2020). Culture: The driving force of human cognition. *Top Cogn Sci, 12*(2), 654-672.

69. Mithen, S. (2009). The music instinct: The evolutionary basis of musicality. *Ann N Y Acad Sci, 1169*, 3-12.

70. Zaidel, D. W. (2010). Art and brain: Insights from neuropsychology, biology and evolution. *J Anat, 216*(2), 177-183.

71. Zaidel, D. W. (1997). Art and science. *Nature, 390*(6658), 330.

72. Mellars, P. (2006). Why did modern human populations disperse from Africa ca. 60,000 years ago? A new model. *Proc Natl Acad Sci U S A, 103*(25), 9381-9386.

73. Mellars, P. A. (1992). Archaeology and the population-dispersal hypothesis of modern human origins in Europe. *Philos Trans R Soc Lond B Biol Sci, 337*(1280), 225-234.

74. Zaidel, D. W. (2013). Art and brain: The relationship of biology and evolution to art. *Prog Brain Res, 204*, 217-233.

75. Mellars, P. (2004). Neanderthals and the modern human colonization of Europe. *Nature, 432*(7016), 461-465.

76. Byrne, R. W., & Bates, L. A. (2007). Sociality, evolution and cognition. *Curr Biol, 17*(16), R714-R723.

77. Byrne, R. W. (2007). Culture in great apes: Using intricate complexity in feeding skills to trace the evolutionary origin of human technical prowess. *Philos Trans R Soc Lond B Biol Sci, 362*(1480), 577-585.

78. Stout, D., Hecht, E., Khreisheh, N., Bradley, B., & Chaminade, T. (2015). Cognitive demands of lower paleolithic toolmaking. *PLoS One, 10*(4), e0121804.

79. Staes, N., Guevara, E. E., Helsen, P., Eens, M., & Stevens, J. M. G. (2021). The Pan social brain: An evolutionary history of neurochemical receptor genes and their potential impact on sociocognitive differences. *J Hum Evol, 152*, 102949.

80. Preuss, T. M., & Wise, S. P. (2022). Evolution of prefrontal cortex. *Neuropsychopharmacology, 47*(1), 3-19.

81. Povinelli, D. J., & Preuss, T. M. (1995). Theory of mind: Evolutionary history of a cognitive specialization. *Trends Neurosci, 18*(9), 418-424.

82. Povinelli, D. J., & Giambrone, S. (2001). Reasoning about beliefs: A human specialization? *Child Dev, 72*(3), 691-695.

83. Povinelli, D. J. (1993). Reconstructing the evolution of mind. *Am Psychol, 48*(5), 493-509.

84. Portelli, C. (1975). Learning and evolution. *Physiologie, 12*(2), 137-142.

85. Penn, D. C., Holyoak, K. J., & Povinelli, D. J. (2008). Darwin's mistake: Explaining the discontinuity between human and nonhuman minds [Dicussion 30-78]. *Behav Brain Sci, 31*(2), 109-130.

86. Sankararaman, S., Mallick, S., Patterson, N., & Reich, D. (2016). The combined landscape of Denisovan and Neanderthal ancestry in present-day humans. *Curr Biol, 26*(9), 1241-1247.

87. Vallender, E. J. (2019). Genetics of human brain evolution. *Prog Brain Res, 250*, 3-39.

88. Bednarik, R. G. (2023). Cartographer Gudenus Cave: The earliest humans of Austria. Archaeopress Publishing.

89. Bar-Yosef, O., International Union of Prehistoric and Protohistoric Sciences. (1996). *The Lower and Middle Palaeolithic.* A.B.A.C.O. Edizioni.

90. d'Errico, F., Vanhaeren, M., Barton, N., Bouzouggar, A., Mienis, H., Richter, D., Hublin, J. J., McPherron, S. P., & Lozouet, P. (2009). Out of Africa: Modern human origins special feature. Additional evidence on the use of personal ornaments in the

Middle Paleolithic of North Africa. *Proc Natl Acad Sci U S A, 106*(38), 16051-16056.

91. d'Errico, F., & Stringer, C. B. (2011). Evolution, revolution or saltation scenario for the emergence of modern cultures? *Philos Trans R Soc Lond B Biol Sci, 366*(1567), 1060-1069.

92. Bourgeois, J. P., Jastreboff, P. J., & Rakic, P. (1989). Synaptogenesis in visual cortex of normal and preterm monkeys: Evidence for intrinsic regulation of synaptic overproduction. *Proc Natl Acad Sci U S A, 86*(11), 4297-4301.

93. Murray, E. A., & Fellows, L. K. (2022). Prefrontal cortex interactions with the amygdala in primates. *Neuropsychopharmacology, 47*(1), 163-179.

94. Murray, E. A., Wise, S. P., & Graham, K. S. (2018). Representational specializations of the hippocampus in phylogenetic perspective. *Neurosci Lett, 680*, 4-12.

95. Roberts, S. B., & Dunbar, R. I. (2015). Managing relationship decay: Network, gender, and contextual effects. *Hum Nat, 26*(4), 426-450.

96. Shultz, S., & Dunbar, R. I. M. (2010). Species differences in executive function correlate with hippocampus volume and neocortex ratio across nonhuman primates. *J Comp Psychol, 124*(3), 252-260.

97. Shultz, S., Nelson, E., & Dunbar, R. I. (2012). Hominin cognitive evolution: Identifying patterns and processes in the fossil and archaeological record. *Philos Trans R Soc Lond B Biol Sci, 367*(1599), 2130-2140.

98. van den Heuvel, M. P., Scholtens, L. H., de Lange, S. C., Pijnenburg, R., Cahn, W., van Haren, N. E. M., Sommer, I. E., Bozzali, M., Koch, K., Boks, M. P., Repple, J., Pievani, M., Li, L., Preuss, T. M., & Rilling, J. K. (2019). Evolutionary modifications in

human brain connectivity associated with schizophrenia. *Brain, 142*(12), 3991-4002.

99. Vasilevskii, N. N. (1982). [Evolution of the brain and the reflection of time: Its relation to continuous development in the ontogeny of the neuronal memory systems]. *Zh Evol Biokhim Fiziol, 18*(3), 229-237.

100. Wynn, T., & Coolidge, F. L. (2016). Archeological insights into hominin cognitive evolution. *Evol Anthropol, 25*(4), 200-213.

101. Chase, P. G. (2006). *The emergence of culture: The evolution of a uniquely human way of life.* Springer.

102. Goodenough, W. H. (1973). *Culture, language, and society.* Addison-Wesley.

103. Goodenough, W. H. (1963). *Cooperation in change: An anthropological approach to community development.* Russell Sage Foundation.

104. Goodenough, W. H. (1970). *Description and comparison in cultural anthropology.* Aldine Pub. Co.

105. Chase, P. G. (2009). *The cave of Fontéchevade: Recent excavations and their paleoanthropological implications.* Cambridge University Press.

106. Beaty, R. E. (2020). The creative brain. *Cerebrum.*

107. Beaty, R. E., Chen, Q., Christensen, A. P., Qiu, J., Silvia, P. J., & Schacter, D. L. (2018). Brain networks of the imaginative mind: Dynamic functional connectivity of default and cognitive control networks relates to openness to experience. *Hum Brain Mapp, 39*(2), 811-821.

108. Beaty R. E., Benedek, M., Wilkins, R. W., Jauk, E., Fink, A., Silvia, P. J., Hodges, D. A., Koschutnig, K., & Neubauer, A. C. (2014). Creativity and the default network: A functional connectivity analysis of the creative brain at rest. *Neuropsychologia, 64*, 92-98.

109. Beaty, R. E., Chen, Q., Christensen, A. P., Kenett, Y. N., Silvia, P. J., Benedek, M., & Schacter, D. L. (2020). Default network contributions to episodic and semantic processing during divergent creative thinking: A representational similarity analysis. *Neuroimage, 209*, 116499.

110. Beaty, R. E., Benedek, M., Silvia, P. J., & Schacter, D. L. (2016). Creative cognition and brain network dynamics. *Trends Cogn Sci, 20*(2), 87-95.

111. Dietrich, A. (2024). Where in the brain is creativity? The fallacy of a creativity faculty in the brain. *Front Psychol, 15*, 1373299.

112. Dietrich, A. (2019). Types of creativity. *Psychon Bull Rev, 26*(1), 1-12.

113. Beaty, R. E., Seli, P., & Schacter, D. L. (2019). Network neuroscience of creative cognition: Mapping cognitive mechanisms and individual differences in the creative brain. *Curr Opin Behav Sci, 27*, 22-30.

114. Beaty, R. E., Silvia, P. J., & Benedek, M. (2017). Brain networks underlying novel metaphor production. *Brain Cogn, 111*, 163-170.

115. Beaty, R. E., Cortes, R. A., Zeitlen, D. C., Weinberger, A. B., & Green, A. E. (2021). Functional realignment of frontoparietal subnetworks during divergent creative thinking. *Cereb Cortex, 31*(10), 4464-4476.

116. Beaty, R. E., Silvia, P. J., Nusbaum, E. C., Jauk, E., & Benedek, M. (2014). The roles of associative and executive processes in creative cognition. *Mem Cognit, 42*(7), 1186-1197.

117. Beaty, R. E., & Silvia, P. J. (2013). Metaphorically speaking: Cognitive abilities and the production of figurative language. *Mem Cognit, 41*(2), 255-267.

118. Beaty, R. E., Seli, P, & Schacter, D. L. (2019). Thinking about the past and future in daily life: An experience sampling study of individual differences in mental time travel. *Psychol Res, 83*(4), 805-816.

119. Beaty, R. E., Kenett, Y. N., Hass, R. W., & Schacter, D. L. (2023). Semantic memory and creativity: The costs and benefits of semantic memory structure in generating original ideas. *Think Reason, 29*(2), 305-339.

120. Beaty, R. E., Kenett, Y. N., Christensen, A. P., Rosenberg, M. D., Benedek, M, Chen, Q., Fink, A., Qiu, J., Kwapil, T. R., Kane, M. J., & Silvia, P. J. (2018). Robust prediction of individual creative ability from brain functional connectivity. *Proc Natl Acad Sci U S A, 115*(5), 1087-1092.

121. Beaty, R. E., & Kenett, Y. N. (2023). Associative thinking at the core of creativity. *Trends Cogn Sci, 27*(7), 671-683.

122. Beaty, R. E., Kaufman, S. B., Benedek, M., Jung, R. E., Kenett, Y. N., Jauk, E., Neubauer, A. C., & Silvia, P. J. (2016). Personality and complex brain networks: The role of openness to experience in default network efficiency. *Hum Brain Mapp, 37*(2), 773-779.

123. Mednick, S. A. (1962). The associative basis of the creative process. *Psychol Rev, 69*, 220-232.

124. Beaty, R. E., Benedek, M., Kaufman, S. B., & Silvia, P. J. (2015). Default and Executive Network Coupling Supports Creative Idea Production. *Sci Rep, 5*, 10964.

125. Beaty, R. E., Christensen, A. P., Benedek, M, Silvia P. J., & Schacter, D. L. (2017). Creative constraints: Brain activity and network dynamics underlying semantic interference during idea production. *Neuroimage, 148*, 189-196.

126. Shulman, G. L., Corbetta, M., Buckner, R. L., Fiez, J. A., Miezin, F. M., Raichle, M. E., & Petersen, S. E. (1997). Common blood

flow changes across visual tasks: I. Increases in subcortical structures and cerebellum but not in nonvisual cortex. *J Cogn Neurosci, 9*(5), 624-647.

127. Raichle, M. E., MacLeod, A. M., Snyder, A. Z., Powers, W. J., Gusnard, D. A., & Shulman, G. L. (2001). A default mode of brain function. *Proc Natl Acad Sci U S A, 98*(2), 676-682.

128. Raichle, M. E. (2015). The brain's default mode network. *Annu Rev Neurosci, 38*, 433-447.

129. Raichle, M. E. (2011). The restless brain. *Brain Connect, 1*(1), 3-12.

130 Mazoyer, B., Zago, L., Mellet, E., Bricogne, S., Etard, O., Houde, O., Crivello, F., Joliot, M., Petit, L., & Tzourio-Mazoyer, N. (2001). Cortical networks for working memory and executive functions sustain the conscious resting state in man. *Brain Res Bull, 54*(3), 287-298.

131. Gao, W., Gilmore, J. H., Alcauter, S., & Lin, W. (2013). The dynamic reorganization of the default-mode network during a visual classification task. *Front Syst Neurosci, 7*, 34.

132. Gao, W., Chen, S., Biswal, B., Lei, X., & Yuan, J. (2018). Temporal dynamics of spontaneous default-mode network activity mediate the association between reappraisal and depression. *Soc Cogn Affect Neurosci, 13*(12), 1235-1247.

133. Mazoyer, B., Houde, O., Joliot, M., Mellet, E., & Tzourio-Mazoyer, N. (2009). Regional cerebral blood flow increases during wakeful rest following cognitive training. *Brain Res Bull, 80*(3), 133-138.

134. Raichle, M. E. (2003). Functional brain imaging and human brain function. *J Neurosci, 23*(10), 3959-3962.

135. Raichle, M. E. (1994). Images of the mind: studies with modern imaging techniques. *Annu Rev Psychol, 45*, 333-356.

136. Binder, J. R., Frost, J. A., Hammeke, T. A., Bellgowan, P. S., Rao, S. M., & Cox, R. W. (1999). Conceptual processing during the conscious resting state: A functional MRI study. *J Cogn Neurosci, 11*(1), 80-95.

137. Binder, J. R. (2016). In defense of abstract conceptual representations. *Psychon Bull Rev, 23*(4), 1096-1108.

138. Nieuwenhuys, R. (2012). The insular cortex: A review. *Prog Brain Res, 195*, 123-163.

139. Craig, A. D. (2009). How do you feel now? The anterior insula and human awareness. *Nat Rev Neurosci, 10*(1), 59-70.

140. Allman, J. M., Tetreault, N. A., Hakeem, A. Y., Manaye, K. F., Semendeferi, K., Erwin, J. M., Park, S., Goubert, V., & Hof, P. R. (2011). The von Economo neurons in the frontoinsular and anterior cingulate cortex. *Ann N Y Acad Sci, 1225*, 59-71.

141. Allman, J. M., Tetreault, N. A., Hakeem, A. Y., & Park, S. (2011). The von Economo neurons in apes and humans. *Am J Hum Biol, 23*(1), 5-21.

142. Benedek, M., Jauk, E., Beaty, R. E., Fink, A., Koschutnig, K., & Neubauer, A. C. (2016). Brain mechanisms associated with internally directed attention and self-generated thought. *Sci Rep*, 6, 22959.

143. Benedek, M., Jauk, E., Fink, A., Koschutnig, K., Reishofer, G., Ebner, F., & Neubauer, A. C. (2014). To create or to recall? Neural mechanisms underlying the generation of creative new ideas. *Neuroimage, 88*(100), 125-133.

144. Tulving, E. (1992). Memory systems and the brain. *Clin Neuropharmacol, 15*(Suppl 1 Pt A), 327A-8A.

145. Tulving, E. (1977). Context effects in the storage and retrieval of information in man [proceedings]. *Psychopharmacol Bull, 13*(1), 67-68.

146. Tulving, E. (1987). Multiple memory systems and consciousness. *Hum Neurobiol, 6*(2), 67-80.

147. Tulving, E. (2004). [Episodic memory: From mind to brain]. *Rev Neurol* (Paris), *160*(4 Pt 2), S9-23.

148. Beaty, R. E., Thakral, P. P., Madore, K. P., Benedek, M., & Schacter, D. L. (2018). Core network contributions to remembering the past, imagining the future, and thinking creatively. *J Cogn Neurosci, 30*(12), 1939-1951.

149. Benedek, M., Schickel, R. J., Jauk, E., Fink, A., & Neubauer, A. C. (2014). Alpha power increases in right parietal cortex reflects focused internal attention. *Neuropsychologia, 56*(100), 393-400.

150. Alajouanine, T. (1948). Aphasia and artistic realization. *Brain, 71*(Pt 3), 229-241.

151. Alperson, P. *The philosophy of the visual arts* (630 pages).

152. Crutch, S. J., & Rossor, M. N. (2006). Artistic changes in Alzheimer's disease. *Int Rev Neurobiol, 74*, 147-161.

153. Kenett, Y. N., Betzel, R. F., & Beaty, R. E. (2020). Community structure of the creative brain at rest. *Neuroimage, 210*, 116578.

154. Kenett, Y. N., Anaki, D., & Faust, M. (2014). Investigating the structure of semantic networks in low and high creative persons. *Front Hum Neurosci, 8*, 407.

155. Kenett, Y. N., & Faust, M. A (2019). Semantic network cartography of the creative mind. *Trends Cogn Sci, 23*(4), 271-274.

156. Zaidel, D. W. (1999). Regional differentiation of neuron morphology in human left and right hippocampus: Comparing normal to schizophrenia. *Int J Psychophysiol, 34*(3), 187-196.

157. Zaidel, D. W. (2015). Neuroesthetics is not just about art. *Front Hum Neurosci, 9*, 80.

158. Berridge, K. C., & Kringelbach, M. L. (2015). Pleasure systems in the brain. *Neuron, 86*(3), 646-664.

159. Berridge, K. C., & Kringelbach, M. L. (2013). Neuroscience of affect: Brain mechanisms of pleasure and displeasure. *Curr Opin Neurobiol, 23*(3), 294-303.

160. Burgdorf, J., & Panksepp, J. (2006). The neurobiology of positive emotions. *Neurosci Biobehav Rev, 30*(2), 173-187.

161. Kringelbach, M. L., & Berridge, K. C. (2010). The neuroscience of happiness and pleasure. *Soc Res* (New York), *77*(2), 659-678.

162. Kringelbach M. L., & Berridge K. C. (2010). The functional neuroanatomy of pleasure and happiness. Discov Med, 9(49), 579-587.

163. Kringelbach, M. L., & Berridge, K. C. (2017). The affective core of emotion: Linking pleasure, subjective well-being, and optimal metastability in the brain. *Emot Rev, 9*(3), 191-199.

164. Kringelbach, M. L., & Rolls, E. T. (2004). The functional neuroanatomy of the human orbitofrontal cortex: Evidence from neuroimaging and neuropsychology. *Prog Neurobiol, 72*(5), 341-372.

165. Berridge, K. C., & Kringelbach, M. L. (2008). Affective neuroscience of pleasure: Reward in humans and animals. *Psychopharmacology* (Berl), *199*(3), 457-480.

166. Berridge, K. C., & Kringelbach, M. L. (2011). Building a neuroscience of pleasure and well-being. *Psychol Well Being, 1*(1), 1-3.

167. Berridge, K. C., & Robinson, T. E. (1998). What is the role of dopamine in reward: Hedonic impact, reward learning, or incentive salience? *Brain Res Brain Res Rev, 28*(3), 309-369.

168. Berntson, G. G., Norman, G. J., Bechara, A., Bruss, J., Tranel, D., & Cacioppo, J. T. (2011). The insula and evaluative processes. *Psychol Sci, 22*(1), 80-86.

169. Berridge, K. C. (2003). Pleasures of the brain. *Brain Cogn, 52*(1), 106-128.

170. Berridge, K. C., & Robinson, T. E. (2003). Parsing reward. *Trends Neurosci, 26*(9), 507-513.

171. Burgdorf, J., Colechio, E. M., Stanton, P., & Panksepp, J. (2017). Positive emotional learning induces resilience to depression: A role for NMDA receptor-mediated synaptic plasticity. *Curr Neuropharmacol, 15*(1), 3-10.

172. Damasio, A. R. (1998). Emotion in the perspective of an integrated nervous system. *Brain Res Brain Res Rev, 26*(2-3), 83-86.

173. Damasio, A. R. (1996). The somatic marker hypothesis and the possible functions of the prefrontal cortex. *Philos Trans R Soc Lond B Biol Sci, 351*(1346), 1413-1420.

174. Damasio, A. R. (2001). Descartes' error revisited. *J Hist Neurosci, 10*(2), 192-194.

175. Damasio, H., Grabowski, T., Frank, R., Galaburda, A. M., & Damasio, A. R. (1994). The return of Phineas Gage: Clues about the brain from the skull of a famous patient. *Science, 264*(5162), 1102-1105.

176. Cabanac, M. (1971). Physiological role of pleasure. *Science, 173*(4002), 1103-1107.

177. Damasio, A. R., Grabowski, T. J., Bechara, A., Damasio, H., Ponto, L. L., Parvizi, J., & Hichwa, R. D. (2000). Subcortical and cortical brain activity during the feeling of self-generated emotions. *Nat Neurosci, 3*(10), 1049-1056.

178. Darwin, C. (2008). *La descendance de l'homme et la selection sexuelle* (Tome 9; Online resource). J.-M. Tremblay.

179. Darwin, C. (2006). *L'origine des espèces au moyen de la sélection naturelle, ou, La lutte pour l'existence dans la nature* (Online resource). J.-M. Tremblay.

180. Powell, A., Shennan, S., & Thomas, M. G. (2009). Late Pleistocene demography and the appearance of modern human behavior. *Science, 324*(5932), 1298-12301.

181. Zaidel, D. W. (2013). Cognition and art: the current interdisciplinary approach. *Wiley Interdiscip Rev Cogn Sci, 4*(4), 431-439.

182. Freud, S. (2015). *Obras incompletas de Sigmund Freud: Arte, literatura e os artistas*. Trabalho original publicado em 1856-1939.

183. Rivera. *Lugares do delírio: Arte e expressão, loucura e delírio.*

184. Bachelard, G. (2001). *O ar e os sonhos* (2ª ed.).

185. Bachelard, G. (1989). *A chama de uma vela*. Bertrand Brasil.

186. Sartre, J. P. (1940). *L'imaginaire*. Galimard.

5. Memória e linguagem

Acho que a história são memórias coletivas. Ao escrever, utilizo a minha própria memória e a minha memória coletiva.

Haruki Murakami

Introdução

As palavras têm um poder imensurável. Tudo aquilo que é dito é poderosamente transformador, quer seja para o bem ou para o mal. O poder da linguagem é bem maior do que possamos imaginar. Falamos não apenas para responder alguma coisa a alguém, falamos para traduzir memórias em palavras. Nossa linguagem é a ponte onde nosso mundo interior encontra-se com o mundo exterior. É nessa troca de palavras, gestos, expressões e experiências que uma nova história se revela!

Ao longo da evolução, o mistério da origem da linguagem suscitou muitas especulações e controvérsias. A eclosão da diversidade linguística foi primeiramente relatada no Velho Testamento, dando uma conotação religiosa e divina para o surgimento da linguagem humana. Segundo consta no livro do Gênesis: Quando Deus criou Adão, Ele permitiu e autorizou que Adão nomeasse todos os seres vivos do Jardim do Éden. Os ensinamentos religiosos repassados ao longo da história afirmam que todos os descendentes de Adão aprenderam e disseminaram esses aprendizados para as futuras gerações, facilitando, assim, a comunicação entre os povos.

Esse fato ressalta a delicada natureza do tema da memória e da linguagem, e a importância não só das questões genéticas mas, acima de tudo, das questões socioculturais, fundamentos indispensáveis na compreensão da natureza humana. Um exemplo da importância do tema pode ser visto em outra passagem no livro do Gênesis, 11:1-9, que conta o mito da Torre de Babel. Trata-se de uma história que descreve a intenção de um grupo de pessoas construir uma torre até chegar aos céus. Visavam, desse modo, tornar a cidade famosa e manter a população sem se dispersar. Supõe-se, segundo o mito popular, que essa torre passou a ser construída pelos descendentes de Noé. Mas, como descrito na Bíblia, Deus, como sinal do seu descontentamento por essa ação humana, confundiu as línguas para impedir aquela construção. Assim, a torre foi desfeita e os homens dispersaram-se pela terra e passaram a falar em diferentes idiomas. Babel significa misturar, e vem do hebraico. Ou seja, do ponto de vista histórico-religioso, a existência da diversidade linguística se originou de um ato divino.

Para Tomasello,[1] no entanto, os relatos bíblicos induzem a pensar que a partilha de uma única língua promoveu a união e a colaboração entre os povos, enquanto a teoria da evolução darwiniana moderna afirma que atenção e a cooperação conjunta facilitaram o surgimento da linguagem.[1]

Assim, o tema memória e linguagem deve ser considerado um campo de estudo que exige uma delicada abordagem. Sabe-se que ao longo dos anos os linguistas, neurocientistas, sociólogos e antropólogos debruçaram-se sobre os estudos da evolução da linguagem humana, elaborando diferentes posicionamentos, o que resultou em controvérsias e diferentes constructos teóricos.[2-15] Uma das principais barreiras sobre o tema envolve, dessa forma, questões de ordem religiosa e científica. Se, por um lado, a bíblia coloca o aparecimento da linguagem como algo exclusivo do homem e de Deus, por outro lado, o maior linguista do século XX, Chomsky, defende que a evolução da linguagem foi uma ocorrência genética, isolada e recente, única e exclusiva do *Homo sapiens sapiens*.

Esses posicionamentos precisam ser ampliados, pois deixam inúmeras portas fechadas para o entendimento não só da evolução da linguagem humana, mas, acima de tudo, para a compreensão do funcionamento da mente e do comportamento humano. Destarte, é necessário entender algumas teorias e ampliar a visão sobre a evolução da linguagem para outros campos, além de considerar o papel da evolução e dos fatores socioculturais. Entender as controvérsias ajudará a costurar uma visão mais profunda e ampla sobre a relação entre memória e linguagem.

Noam Chomsky, por exemplo, ao publicar, em 1957, seu primeiro e revolucionário trabalho, intitulado *Estrutura sintática*,[16] elaborou a mais respeitada teoria sobre a natureza e aquisição da linguagem humana. Ao construir a teoria gerativista, Chomsky defendeu a ideia de uma gramática universal (GU), inata aos seres humanos, e compartilhada entre eles.[17-22] A teoria afirmava que, com um número limitado e finito de peças como palavras, regras etc., formar-se-iam infinitas possibilidades de diferentes combinações linguísticas. Ou seja, a linguagem funcionaria como um sistema computacional que, a partir de elementos básicos, produziria elementos complexos. A concatenação seria, então, a operação-base desse sistema computacional da linguagem, cuja função seria unir, por exemplo, dois objetos já existentes, construindo um terceiro, sem violar a função e estrutura primária dos dois primeiros.

Ao considerar que a linguagem humana seria "uma propriedade biológica específica da espécie, essencialmente exclusiva dos humanos, invariante entre grupos humanos e dissociada de outros sistemas cognitivos", Chomsky[11] defendeu que a linguagem devia funcionar com um sistema gerativo, criando expressões discretas infinitas e estruturadas hierarquicamente, o que ele denominou uma "linguagem do pensamento". Esta trabalharia conjuntamente com um sistema de operação de externalização por meio de um sistema sensório-motor.[11,17,21-25]

Posteriormente aos trabalhos de Chomsky, outros pesquisadores passaram a questionar a razão pela qual questões evolutivas de ordem social e cultural teriam sido colocadas em segundo plano quanto ao estudo da evolução da linguagem humana. Pinker e Bloom publicaram vários artigos em que defendiam que a linguagem seria uma função extremamente complexa de comunicação, composta por estruturas proposicionais, e que não haveria outra forma de entendê-la senão pelo olhar da teoria da seleção natural.[8,9,26-30]

Dor e Jablonka também questionaram: "se a teoria de Chomsky, N., ao afirmar que a linguagem humana estaria codificada no gene, estivesse correta, tornar-se-ia imperioso descobrir como isso ocorreu!". Para Dor, o papel da dinâmica social sempre foi colocado em segundo plano quando se falava da sua influência no processo evolutivo. Mas Dor *et al.* defendem que muitas mudanças ocorreram, e ainda estão ocorrendo, visando desmitificar essa ideia da dotação puramente genética para a linguagem.[5,31,32] Para Dor,

> *é possível pensar que a evolução humana foi impulsionada por mudanças comportamentais, as quais levaram a alterações nos genes; e que, se a linguagem fosse uma condição puramente do* sapiens, *possivelmente os ancestrais hominínios teriam vencidos barreiras específicas à sua evolução.*[5]

Além disso, ao questionar a teoria chomskiana, Dor argumenta que desde a publicação de *Estruturas sintáticas*, em 1957,[16] Chomsky e seus colegas teriam insistido, repetidamente, de que a linguística é um ramo da ciência natural, e não da ciência social, ou cultural.

A linguagem, pelo ponto de vista chomskiano, seria algo internalizado, ou uma "linguagem do eu", definida como um objeto localizado na mente/cérebro individual.[16,17,24,33-35] Ou seja, se por um lado Chomsky vê a linguagem como uma faculdade interna adaptada às exigências do pensamento privado,[24] por outro, Dor *et al.* a interpretam como concebida essencialmente para a comunicação entre dois indivíduos, e essa comunicação teria influenciado mudanças comportamentais que promoveram alterações genéticas.[5] Para Dor: "Na linguagem, formulamos nossos pensamentos para os outros e, portanto, para nós mesmos. É um sistema para expressar publicamente nossos pensamentos, e para ajudar outros a reconstruí-los de forma imaginativa".[5]

Corballis[36] propôs uma abordagem que possibilitou absorver parte da teoria gerativista de Chomsky, porém colocou claramente a importância da questão evolutiva no desenvolvimento da linguagem humana. Para Corballis, a linguagem seria originada de processos mentais que tiveram trajetórias evolutivas graduais,

> *especialmente a capacidade de viajar mentalmente no tempo e no espaço, assim como na mente dos outros indivíduos, e o que seria distinto nos humanos seria a sua capacidade de comunicar essas experiências mentais associada ao conhecimento obtido a partir dela.*[2,4,36,37]

Segundo Corballis, a linguagem não pode existir sem a memória. Dessa forma, ao considerar que a linguagem seria sequencial, ele sugeriu que a memória de curto prazo deveria funcionar como uma porta de acesso à consciência para que fosse possível integrar, ao longo do tempo, os dados que dariam sentido às frases, ou melhor, às histórias.[4] Para o autor, a memória e seus componentes declarativos e não declarativos também serviram à comunicação linguística. Por exemplo, quando se fala em memórias inconscientes, sabe-se que as regras da linguagem são aprendizados inconscientes funcionando automaticamente. Essa memória é adquirida desde muito cedo, porém não se sabe como a aptidão para a construção de frases foi desenvolvida e aperfeiçoada. Mas sabe-se que foi por meio dela que surgiu uma fluidez de conversação tão ampla e complexa. Quanto à memória consciente declarativa, Corballis afirma que parte da linguagem é de fato uma declaração memorial.

Por sua vez, Tulving (1972) afirmou que a memória declarativa semântica seria como uma espécie de dicionário, ou enciclopédia, com infinitas combinações, e que seria um tesouro mental que armazenaria todo o conhecimento que um indivíduo teria sobre palavras e outros símbolos verbais, os quais seriam combinados, relacionados entre si, manipulados etc., e de onde surgiriam algoritmos, regras, fórmulas etc., demonstrando a importância da memória semântica como um grande reservatório que alimentaria a linguagem e a comunicação.[38] Quanto à memória episódica, funcionaria como um diário interno no qual as experiências pessoais seriam anotadas ao longo da vida, e as informações dos eventos experienciados seriam armazenadas conforme a relação espaço-tempo. Ou seja, um evento perceptual deve ser armazenado apenas quanto ao seu atributo, e será sempre armazenado quanto a suas referências autobiográficas.[38] Para Corballis, a memória episódica teria um grande valor, por parte do que Tulving denominou "*travel time*" (viagem no tempo).[39]

Segundo Suddendorf e Corballis,[40] é através da memória episódica que se torna possível criar uma realidade virtual ampliada, viajando mentalmente para o passado e projetando-se ao futuro, criando, dessa forma, eventos ficcionais sem relação com o tempo presente.[40] Os autores propuseram que a viagem mental no tempo poderia ser a base dos aspectos gerativos e criativos, e que a natureza gerativa e recursiva da linguagem – como descrita por Chomsky – poderia derivar da estrutura da imaginação subjacente.[41]

Assim, ao buscar as memórias pessoais, trazendo-as para o presente, e projetando-as ao futuro a partir de processos criativos construtivos ficcionais, não existe como desconsiderar a influência direta da cultura e das vivências sociais na evolução da linguagem. Ao imaginar os ancestrais hominínios – ainda sem a linguagem verbal – sentados à beira de uma fogueira, e com gestos e pantomimas descrevendo suas aventuras do dia; ou cuidando das crianças de forma coletiva; planejando novas ferramentas para caça e repassando esses aprendizados para as novas gerações, pode-se supor que nesse momento se moldava uma linguagem social, uma comunicação social, que promovia uma plasticidade dependente de experiência[42] – e que, como bem colocou Dor, poderia, sim, influenciar modificações nos genes.[5]

Dessa forma, optou-se neste capítulo por uma visão mais ampla e complexa sobre a memória e a linguagem humanas. Em outras palavras, estudar a memória e a sua relação com a linguagem implica entender todo o contexto biopsicossocial que fez parte da evolução do *Homo sapiens* moderno.

Perspectivas históricas sobre a evolução da linguagem humana

No primeiro capítulo do livro *A origem da evolução da linguagem*,[43] o Professor Mufwene descreve um fato interessante e reflexivo: um diálogo de Platão chamado *Crátilo*. Nesse diálogo, Platão discorre sobre um encontro entre Sócrates e seus dois grandes discípulos, Crátilo e Hermógenes. O objetivo de Platão foi desenvolver um questionamento acerca da origem dos nomes, e se estes seriam naturais. Em outras palavras: se as palavras teriam uma relação inerente com as coisas, ou fatos que elas representavam. No texto, Sócrates, ao conversar com Crátilo e Hermógenes, afirmava que os nomes, no princípio, apresentavam a essência das entidades, porém a transmissão de geração em geração havia afetado sua transparência, tornando-os opacos.

Para o Professor Mufwene,[43] a opacidade das palavras seria, então, mais óbvia em palavras emprestadas de outras línguas, então consideradas "bárbaras" – especialmente porque suas raízes seriam mais difíceis de rastrear".

Dessa forma, Crátilo parece ser um dos primeiros trabalhos a correlacionar a mudança linguística à aprendizagem imperfeita e ao contato linguístico.[43] Para Mufwene, "O contacto linguístico imperfeito complica as trajetórias evolutivas de línguas particulares, que, na metalinguagem contemporânea, não precisam de ser consideradas como unilineares".[43]

Ao considerar o trabalho de Cavalli-Sforza,[44] que ressaltou a notabilidade da movimentação populacional e dos contatos linguísticos na evolução e diversificação das línguas, e ao considerar que o êxodo do *Homo sapiens sapiens* da África oriental teria sido prolongado, além do fato de populações migrantes posteriores terem entrado em contato com as anteriores, o Professor Mufwene ressalta que, apesar de Cavalli-Sforza (2000) não relatar nada sobre "nomogênese *versus* poligênese", existia algo que sugeriria "que a língua original foi se modificando na medida em que as populações humanas migraram para longe da sua terra natal. Além disso, contatos futuros entre as populações dispersas, produziram mais mudanças".[43]

Os estudos de Cavalli-Sforza,[44-48] que têm como tese que a diversidade humana teria sua origem evolutiva igualando pessoas, cultura e língua, parece ter sofrido algumas críticas, porém não nos cabe aqui detalhar ou discutir essas controvérsias. Por exemplo, para esse autor,[44] a linguística genética aponta para uma protolíngua que seria a origem de todos os membros de uma família linguística. Esses estudos sobre protolíngua se tornam mais complexos quando se abordam os trabalhos de Birkerton.[49] Este tenta se debruçar, sem um viés religioso, sobre a questão da evolução humana e da linguagem. Assim, ele argumenta sobre a razão pela qual apenas os seres humanos desenvolveram a capacidade cognitiva com uma linguagem tão avançada. Haveria necessidade dessa capacidade para a sobrevivência da espécie? Ao se fundamentar nas teorias do "evo-devo" (evolução das espécies e desenvolvimento embrionário e celular), ele constrói uma teoria sobre a evolução da linguagem humana, defendendo que o produto final da linguagem, ou seja, a "linguagem sintetizada", não teria como surgir de forma abrupta e aleatória em determinado momento da evolução.[50] Para esse autor, a linguagem surge nos nossos ancestrais como um processo evolutivo que se iniciou com as pressões ambientais e como consequência do forrageamento e de uma comunicação deslocada – e de uma possível protolinguagem.

Essa teoria confronta-se com a teoria chomskiana, defensora de que a evolução da linguagem se deu de maneira aleatória a partir de um único membro da espécie *sapiens*, e que gerou uma gramática universal espécie-específica.[16,17,20,22,23,25,51]

Outra visão mais filosófica sobre a linguagem pode ser vista nos escritos de Jean-Jacques Rousseau (1755),[52] em *Discours sur l'origine et les fondements de l'inégalité parmi les hommes*, como bem descreveu o Professor Mufwene. Para Rousseau, gritos, gestos e expressões físicas seriam a linguagem mais vultosa das paixões humanas. Essas expressões dominaram os primeiros estágios filogenéticos da humanidade e seriam, dessa forma, as primeiras expressões de uma protolinguagem, ou uma linguagem tonal.[53] Rousseau defendeu que a linguagem humana evoluiu a partir das pressões socioecológicas por questão de sobrevivência e ajuda mútua, diante das contingências ambientais impostas pelos riscos e perigos apresentados. Ou seja, para esse pensador, a linguagem funcionou para criar uma forma de arquitetura mais explícita voltada para um sujeito mais racional e menos emotivo.

Apesar de outros filósofos e filólogos estudarem a evolução da linguagem humana, foi Darwin quem publicou o trabalho mais ousado e revolucionário sobre o processo evolutivo e seu papel na construção do homem moderno. Ao avançar diretamente para a compreensão dos estudos de Darwin, diante, sobretudo, do grande impacto dos seus trabalhos sobre evolução das espécies, pode-se entender melhor a sua teoria.[54-55] Sabe-se que em 1871, no texto "The descent of man", Darwin afirmou que a evolução da linguagem ocorreu de forma gradual e lenta, e que poderia ser entendida a partir da seleção natural.[54-55]

Para o Professor Mufwene, Darwin chamou a atenção para a disseminação de certas línguas, em prejuízo de outras – algo descrito na linguística como "ameaça linguística". Na época de Darwin, povos não europeus eram considerados "selvagens", e talvez por essa razão suas línguas fossem consideradas "menos evoluídas", ou "primitivas". Foi por isso que ele considerou que no processo evolutivo alguns povos tiveram maior elaboração e evolução na função da linguagem do que outros. De acordo com o Professor Mufwene, no entanto, essa afirmativa teria como base apenas o fato de que essas línguas seriam mais complexas, por exemplo, as línguas aglutinantes e polissintéticas, ou aquelas que não detinham uma morfofonologia (línguas isolantes), e/ou tonais.[53]

Além disso, Heine e Kuteva,[56] que concentraram seus estudos na gramaticalização, afirmaram que a linguagem seria

> *um processo que leva do lexical ao gramatical, e do gramatical para formas mais gramaticais, e que desde o desenvolvimento as formas gramaticais seriam moldadas tanto por construções como por configurações mais amplas de*

> *contextos, e que o estudo da gramaticalização também se preocuparia com construções e unidades do discurso.*

Heine e Kuteva não se interessaram pelo estudo da evolução da linguagem em si, mas, sobretudo, pela maneira como esta adquiriu gramática, ou como ocorreu o desenvolvimento das estruturas gramaticais a partir do domínio lexical. Ou seja, os autores[56] questionaram em que momento os ancestrais começaram a falar. Construindo uma ideia ousada, eles levantaram a hipótese de que os substantivos formaram uma primeira etapa gramatical, seguidos dos verbos e, por fim, dos elementos gramaticais que surgiram posteriormente, como as preposições. Em último plano, foram adicionados itens gramaticais como marcadores de concordância etc.

Segundo Mufwene, para Heine e Kuteva,[56] nossos ancestrais passaram de meros grunhidos e vocalizações aleatórias, e sem significado linguístico, "para enunciados de um único substantivo – Urso. Evoluindo para expressões com verbos e itens gramaticais mais complexos, como: 'Há um urso ao lado da sua casa!'".

A linguagem pode, assim, ser vista do ponto de vista histórico como um amplo leque de teorias e controvérsias que demonstram a complexidade do tema. Descrever os diversos trabalhos e pesquisas é imperioso para que ocorra maior compreensão transdisciplinar, apesar de sabermos que o total entendimento ainda se encontra em construção, e longe de ser concluído.

As redes neurais da linguagem

Avanços neurocientíficos mais recentes têm sugerido uma complexa *network* com múltiplos e distintos circuitos neurais que integram e segregam informações, trabalhando com uma função mais dinâmica e plástica. O cérebro humano, incluindo a massa branca e a cinzenta, participaria do mesmo processo interativo organizado de forma multimodal e integrada com *networks* distribuídas paralelamente. Dessa forma, os processos cognitivos seriam modulados por uma contínua e redundante rede de informações dinamicamente modulada por experiências pessoais e pelo ambiente.[57]

Os estudos neurofuncionais mapearam mais detalhadamente o circuito neural da linguagem humana.[58-60] Com o surgimento da ressonância nuclear magnética funcional (RNMf), mapear a relação entre anatomia e função se tornou mais acessível, e novas propostas surgiram sobre os modelos de organização cortical e do processamento da linguagem.[60-62] Assim, duas importantes vias foram identificadas (Figura 5.1):

1. A via dorsal, que tem dois grandes feixes de fibras de larga escala:
   a. O fascículo arqueado (FA), que conecta a área de Wernicke com a área de Broca.
   b. O fascículo longitudinal superior (FLS), que se projeta do córtex parietal posterior (CPP) para o córtex frontal pré-motor dorsal, com conexões indiretas para o córtex temporal superior.[59-61,63-72]

   Essas vias dorsais teriam como função modular o processamento da linguagem, no qual a divisão que corresponde ao trato que conecta o giro temporal médio e temporal superior com o córtex pré-motor (CPM) atuaria na função de repetição, enquanto o trato que ligaria o giro temporal superior com a área de Broca atuaria na função sintática mais complexa.[65,73,74]

A via ventral, por sua vez, através do fascículo uncinado (FU) e da cápsula externa, será formada pela rede de conexão do córtex frontal com o córtex temporal.[65,73,75,78] Do ponto de vista neurofuncional, a via ventral conecta as áreas que serão ativadas durante o processamento sintático e semântico da linguagem.[59-61,65-72]

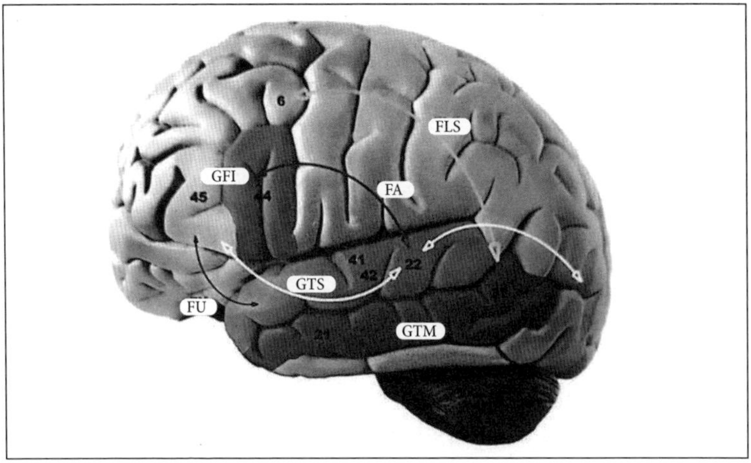

Figura 5.1 Rede neural da linguagem.

FA: fascículo arqueado; FLS: fascículo longitudinal superior; FU: fascículo uncinado; GFI: giro frontal inferior; GTS: giro temporal superior; GTM: giro temporal médio.

Fonte: elaborada pela autora.

Outra importante rede neural da linguagem é a via corticoestriatal. Os estímulos originados do córtex frontal projetam-se do núcleo caudado e putame para o globo pálido interno pela via direta, e para o pálido externo pela via indireta, e, alcançam, assim, o tálamo (TH) e suas projeções talamocorticais frontais; dessa forma, fecham o *looping* corticoestriado talamocortical.[77,78]

Quanto ao processamento semântico mais complexo para sentenças e contextos, este envolverá maior rede neural com conexões dinâmicas entre o lobo temporal, o lobo parietal inferior e o giro frontal inferior. Por fim, o processamento fonológico, que tem como circuito predominante a via dorsal, e que inclui o lobo frontal, parietal e temporal, todos conectados pelo fascículo longitudinal superior, e pelo fascículo arqueado, converterá e organizará o som da voz em fonema, léxico, repetição e articulação.

Para a função moduladora da fluidez da linguagem, destacam-se as regiões do CPM e da porção medial do lobo frontal, que, mais recentemente, foi associada a uma nova *network*, denominada fascículo frontal oblíquo ou *frontal aslant tract* (FAT).[59,60,71]

Do ponto de vista dos estudos neurofuncionais, Hickok descreveu uma grande rede cortical integrada que funciona para produção e fluidez da linguagem.[59-62,65,67,79-86] O desafio maior é, no entanto, entender como essa rede tão complexamente distribuída por diferentes áreas corticais, funciona e se conecta com o sistema da memória episódica e semântica para gerar novos aprendizados de conceitos concretos e abstratos.

Os diversos sistemas de memória relacionados à linguagem

Sem a memória a linguagem não existiria, e consequentemente não seria possível a construção das narrativas históricas que conduziram ao desenvolvimento social, cultural e humanístico. Todos os sistemas da memória participam diretamente da função da linguagem humana:

- A memória do trabalho, para produção e compreensão sequencial.[4]
- A memória implícita, para o armazenamento das regras gramaticais.
- A memória semântica, para armazenar conhecimentos e aprendizados.
- A memória episódica, voltada para a reserva de informações relacionadas às nossas experiências pessoais e autobiográficas.[4]

Memória do trabalho e linguagem

A memória do trabalho, diferente da memória declarativa ou de longo prazo, pode ser entendida como um sistema que promove um armazenamento das informações de curto prazo, e modula e manipula essas informações para a execução de tarefas cognitivas mais complexas, como linguagem, compreensão, aprendizado e abstração.[87] Por essa razão, entender como funciona o sistema da memória do trabalho é de extrema importância na compreensão do papel da memória na função da linguagem.

As pesquisas iniciais relacionadas ao estudo da memória de curto e longo prazo sempre foram descartadas pela comunidade científica, especialmente quando a psicologia se voltou para o behaviorismo.[88] Porém, a partir de 1950, trabalhos de diferentes pesquisadores, como Donald Hebb, George Miller e Donald Broadbent, retomaram a importância do estudo da memória para tentar compreender como esse sistema funcionaria no armazenamento e recuperação das informações.[88]

Os estudos de Atkinson e Shiffrin[88,201] são particularmente pioneiros ao falar sobre um sistema de memória denominado pelos autores "armazenamento de curto prazo" (STS).[88] Para os autores, "esse processo controlado pela ação do sujeito governaria o fluxo de informações do sistema da memória – no qual ele seria acionado segundo a própria vontade, e com enormes consequências no desempenho".[88] Esse tipo de entendimento sobre ensaio e codificação da informação a ser processada explicaria como em certas situações, por exemplo, ao repetir uma senha de banco com números e letras, haveria necessidade de uma espécie de ensaio, e de uma repetição aberta – além de ser fundamental o aprimoramento de um sistema de controle para recuperação da informação de longo prazo, colocando a informação a ser evocada em um contexto de informação adicional, e facilmente recuperada.[88]

Para Atkinson e Shiffrin,[88,201] o sistema da memória teria a função de facilitar o fluxo das informações, dentro e fora do armazenamento de curto prazo, a partir do controle do sujeito sobre esse sistema de fluxo. Ou seja, todas as fases do processamento da memória estariam associadas com pequenas unidades de informação relacionadas entre si.[88]

Em resumo, o sistema proposto por Atkinson e Shiffrin[88] poderia ser descrito como um fluxo de informações oriundas do ambiente externo que alcançariam os receptores dos sistemas sensoriais háptico, visual, auditivo etc., onde seriam encaminhadas para um sistema de "*buffer* temporário" da memória do trabalho. Este, posteriormente, seria submetido a um processo de controle por meio de um ensaio; de uma codificação temporária; da recuperação da informação; e, por fim, das estratégias e decisões voltadas para execução.[88]

Além disso, esse sistema de armazenamento temporário ficaria conectado ao sistema de armazenamento de longo prazo, recebendo e enviando informações; por fim, esse mesmo sistema de curto prazo funcionaria para um resposta cognitiva imediata voltada para a execução de uma tarefa demandada diante das metas impostas pelas contingências ambientais em dado momento.[88] Ou seja, Atkinson e Shiffrin[88,201] teriam atribuído ao sistema de armazenamento de curto prazo o papel de um sistema de controle executivo voltado para a monitorização e a coordenação de inúmeras e complexas sub-rotinas, fundamentais para a aquisição e a recuperação de novas e antigas informações.[89]

Por outro lado, Baddeley e Warrington[90] argumentaram se seria possível afirmar que o sistema de memória de curto prazo, com retenção de itens por alguns segundos, ou minutos, e a memória de longo prazo, com retenção por períodos prolongados, corresponderiam a um único sistema de memória.[90] Para esses autores (1970), o conceito de Atkinson e Shiffrin[88] poderia conter falhas que deveriam ser consideradas. Por exemplo, a princípio a memória seria vista como um sistema que receberia um fluxo de informações que ficariam armazenadas em um *buffer* sensorial temporário, e que representariam os processos perceptuais, antes de passar para o armazenamento limitado na memória de curto prazo, e, posteriormente, alimentariam a memória de longo prazo.[88]

Ou seja, na teoria de que a memória do trabalho controlaria o fluxo de informações, dentro e fora da memória de longo prazo, exercendo um papel primordial no aprendizado e na cognição, poder-se-ia, de forma mais ampla, suspeitar de dois problemas: o primeiro seria o conceito de que a mera manutenção do material na memória de curto prazo garantiria o aprendizado de longo prazo – algo que se revelou incorreto, uma vez que o grau de aprendizado dependeria bem mais da natureza do processo. Por exemplo, processar uma palavra, nos termos da sua aparência perceptual (som da fala), é menos efetivo para um posterior aprendizado do que armazenar o material tendo como base o seu significado, ou conteúdo emocional.[89]

Um segundo problema seria a afirmativa de Atkinson e Shiffrin[88] de que, na ausência de um adequado funcionamento da memória de curto prazo, as informações seriam perdidas rapidamente. Essa hipótese foi posteriormente colocada de lado, visto que indicadores mais convincentes em defesa de um sistema com dois componentes, de curto e longo prazo, foram apresentados com base em estudos realizados em pacientes com lesões temporais mediais. Identificou-se nesses pacientes, por exemplo, um severo prejuízo para novos aprendizados sem que fossem afetadas as tarefas do sistema de memória de curto prazo.[90]

Esse achado contribuiu, a princípio, em defesa do modelo de dois componentes ao comprovar a preservação do sistema de curto prazo (STM) e o comprometimento no sistema de longo prazo (LTM). Porém, outro estudo, realizado por Shallice e Warrington (1970)[91] em pacientes com afasia de condução, demonstrou que poderia existir um déficit específico apenas no sistema de curto prazo.

Para Baddeley, haveria um paradoxo: "se o sistema de curto prazo (STM) atuasse como uma memória de trabalho, então os pacientes deveriam apresentar problemas não apenas na memória de longo prazo (LTM), mas, também em um amplo número de outras tarefas cognitivas complexas". Mas isso não foi observado! Os pacientes, segundo Baddeley, eram trabalhadores com bom desempenho: uma era, por exemplo, uma secretária muito eficiente, o segundo um motorista de táxi, e um terceiro, gerente de uma loja, e todos apresentavam suas funções executivas laborais, e de vida diária, absolutamente preservadas.[91]

A partir dessa ideia, Baddeley e Hitch[92] ampliaram a compreensão sobre o sistema da memória de curto prazo e a visão do que seria a memória do trabalho, e afirmaram:

> *Gostaríamos de sugerir que a memória do trabalho representa um sistema de controle com limites, tanto em suas capacidades de armazenamento quanto de processamento. Sugere-se que ela tenha acesso às informações codificadas foneticamente (controlando um* buffer *de ensaio) que seja reprogramada – responsável pela extensão limitada da memória, mas não subjugada ao efeito de recência* na recordação livre – talvez a função mais específica que existe.*

O trabalho de Baddeley e Hitch (1974), ao analisar o caso do paciente descrito por Shallice e Warrington,[91] considerou que seria mais compreensível entender a controvérsia a partir da sua teoria, ou seja, assumir que somente o componente fonêmico do *buffer* de ensaio da

* Recência: a informação mais recente sobre algo ou alguém é a mais provável de ser lembrada.

memória do trabalho estaria comprometido – mas o componente do comando do executivo central estaria preservado.[89,91,93-103]

Para melhor compreender os estudos de Baddeley e Hitch[92] e sua importância para a compreensão da relação entre a memória do trabalho e a linguagem, é necessário descrever com mais profundidade o chamado sistema de multicomponente da memória do trabalho.[93] Baddeley e Hitch[92] propuseram que o sistema da memória fosse dividido em uma alça fonológica/acústica e um bloco de desenho visuoespacial, sendo ambos subordinados a um terceiro sistema de controle com atenção limitada, chamado executivo central.[104] Além disso, haveria um quarto subsistema, denominado *buffer* episódico.

Baddeley e Hitch,[92] assim, propuseram que a alça fonológica deveria possuir dois subcomponentes – um que manteria traços de memória por um tempo curto, ou seja, questão de segundos, e depois decairiam (a não ser que fossem atualizados pelo segundo componente). Essa função envolveria um sistema de ensaio subvocal, que, além de manter as informações no sistema de armazenamento, executaria a função de registro de informações visuais caso os itens conseguissem ser nomeados.

Do ponto de vista neuroanatômico, os estudos realizados em pacientes com lesões que provocaram comprometimento da alça fonológica, bem como estudos de neuroimagem, deram sustentação à hipótese de Baddeley e Hitch[92] de que haveria sistemas separados para o ensaio da informação e para o armazenamento.[105] Assim, observou-se que a área 44 de Brodmann estaria voltada para o armazenamento da informação fonológica, enquanto as áreas 6 e 40 estariam voltadas para o ensaio subvocal. Além disso, nos dois componentes haveria lateralidade, com predomínio do hemisfério cerebral esquerdo.[89,95,98,104-108]

Posteriormente, Vallar e Papagno[109] realizaram uma extensa revisão de pacientes que apresentavam danos no sistema da alça fonológica da memória de curto prazo, e com esses estudos de lesão cerebral puderam construir uma teoria mais precisa sobre o modelo da alça fonológica descrita por Baddeley e Hitch.[92] Os autores sugeriram que com a percepção auditiva ocorre avaliação e análise do fluxo da fala, que alimenta o sistema de armazenamento da alça fonológica da memória do trabalho. Posteriormente, essa informação será inserida no sistema de controle articulatório voltado para o ensaio subvocal, bem como para a recordação direta.[109]

Em resumo, Vallar e Papagno[109] propuseram que, uma vez que as informações auditivas fossem analisadas, alimentariam o sistema de curto prazo e ficariam ali armazenadas. As informações retidas na alça fonológica de curto prazo passariam para o sistema de saída articulatório, que poderia se expressar como fala ou como ensaio subvocal. Esse processo poderia provocar uma reciclagem das informações, tanto como um ensaio subvocal no sistema de armazenamento de curto prazo; ou um ensaio aberto (nos ouvidos). Por outro lado, um estímulo visual também poderia ser transferido de um código ortográfico para um código fonológico e, dessa forma, armazenado no *buffer* de saída fonológica.[109]

Segundo Baddeley, o modelo de Vallar e Papagno[109] poderia explicar sua teoria de maneira mais detalhada ao considerar que o fluxo da fala, ao ser analisado e alimentar o sistema de armazenamento fonológico e, posteriormente, ser inserido no sistema de controle articulatório, tanto por recordação quanto por ensaio, alimentaria o sistema da memória do trabalho, colaborando com outras funções cognitivas executivas mais complexas.[110,111] No entanto, Baddeley, ao analisar os estudos de pacientes com lesões e comprometimento na alça fonológica do sistema de curto prazo (STM), afirmou que isso não impedia, ou comprometia, as funções executivas laborais e da vida diária, mas que poderia apresentar uma dificuldade na compreensão de frases longas e complexas, demonstrando, assim, que o

STM poderia funcionar como um sistema de *backup* de compreensão, ou como "um sistema que evoluiu para facilitar a aquisição da linguagem".[89,93,104]

Destarte, considerar que a alça fonológica da memória de curto prazo teria como função apenas atuar como um sistema de *backup* de compreensão, ou facilitar a aquisição da linguagem, colocaria esse sistema como mero modelo, pobre e reducionista, para entender a função da memória na linguagem e vice-versa. Dessa forma, Baddeley *et al.*, ao ampliar sua visão sobre esse sistema, consideraram também o papel voltado para a ação comportamental, e conseguiram oferecer uma visão mais integrada dos sistemas.[100,101,104]

Os autores partiram dos estudos de Vygotsky e Luria,[112,113] pioneiros nos estudos do controle da linguagem sobre o comportamento e o desenvolvimento infantil. A teoria de Vygotsky e Luria[112,113] defendia que o controle verbal aberto daria suporte à ideia de que as crianças, na execução das suas tarefas, quando submetidas inicialmente ao controle verbal do adulto, pudessem evoluir para uma linguagem interiorizada, com subvocalizações, e esse pensamento interiorizado serviria para melhor controle das ações direcionadas às contingências ambientais.[113]

Para Baddeley, nos adultos normais a alça fonológica da STM seria um mecanismo de manutenção para o controle estratégico: "por exemplo, dirigir por uma rota desconhecida sob condições climáticas estressantes e manter subvocalmente o número e a direção da próxima curva poderia ser uma estratégia simples, mas muito eficaz".[113]

Quanto ao subsistema da memória do trabalho voltado para a integração das representações visuoespaciais, bem como cinestésicas, informações dessa natureza tenderiam a ser armazenadas e manipuladas na alça visuoespacial da STM. Além disso, esse armazenamento poderia ser, dependendo da tarefa da memória, espacial ou visual, e representado pela cor e pela forma,[114] ou, possivelmente, uma memória motora ou cinestésica.[115-118]

O estudo de Smyth e Scholey (1994) buscou uma explicação alternativa para a teoria de que a memória visuoespacial de curto prazo estaria correlacionada aos processos motores implícitos, análogos ao ciclo articulatório da memória verbal. Os experimentos realizados mostraram que, em uma estrutura na qual a atenção espacial encontra-se envolvida na tarefa de manter ordenados na memória todos os elementos espaciais, esta poderia sofrer interferências de qualquer outra tarefa que também demandasse atenção espacial direcionada, fossem elas visuais, auditivas ou motoras.[115]

Quanto ao sistema executivo central responsável pelo controle da memória do trabalho, teria o lobo frontal como estrutura cerebral primordial na modulação dos processos cognitivos, sendo estes fundamentais na extensão da memória do trabalho.[89,91] O mecanismo de extensão da memória do trabalho, segundo Daneman e Merikle (1966), também estaria correlacionado com melhor capacidade nos testes de raciocínio – e daria suporte à medida padrão de inteligência.[119]

Após concentrar seus esforços no entendimento da função e dos processos do sistema executivo central, Baddeley[104,120-124] abandou a primeira teoria, descrita em 1974,[124] para criar um quarto componente do modelo que apresentaria uma integração da informação. Ou seja, em vez de um isolamento dos subsistemas, como descrito anteriormente, ele pensou em uma integração.[124] Assim, ele propôs o chamado "*buffer* episódico", formado por um sistema de capacidade limitada que armazenaria temporariamente as informações. Esse *buffer* episódico, com armazenamento temporário, estaria contido em um código multimodal e poderia vincular as informações dos sistemas subsidiários, e da memória de longo prazo, em "uma representação episódica unitária".[124]

Para Baddeley (2000), seria a mente consciente que funcionaria para recuperar as informações nesse *buffer.* O principal motivo dessa proposta surgiu devido à premência de explicar dois problemas dentro do antigo modelo: primeiro, a necessidade de existir um sistema que promovesse a combinação de códigos visuais e verbais, vinculando-os às representações multidimensionais na memória de logo prazo. Segundo, para justificar o armazenamento temporário com excesso de informações que excediam os limites de capacidade dos subsistemas periféricos verbais ou visuoespaciais.[124] Essa teoria foi bem analisada por Baddeley quando percebeu que a retenção de passagens em prosa, em um pequeno número de pacientes profundamente amnésicos e com grave comprometimento da LTM, tinha, mesmo assim, uma evocação imediata das passagens em prosa dentro da normalidade. Esses pacientes conseguiam, dessa forma, ultrapassar mais de 20 unidades de ideias, o que era um alcance verbal, ou espacial, bem acima do esperado.[124,125]

Em resumo, pode-se afirmar que o modelo da memória do trabalho vinculado à linguagem humana proposto por Baddeley e Hitch (1974) pode ser entendido como um complexo sistema com três componentes compostos por um controle executivo central, com controle atencional limitado, auxiliado por dois sistemas subsidiários: a alça fonológica, que armazena informações acústicas e de fala, e o bloco de desenho visuoespacial,[87,89,93,123,124,126,127] com funções similares voltadas para as informações visuais[128] – acrescido de um quarto componente, o *buffer* episódico.[124]

Na teoria de Baddeley, os dois sistemas subsidiários, fonológico e visuoespacial, formam repositórios ativos capazes de articular informações provenientes das informações sensoriais e do executivo central, como se uma memória de natureza fonológica resultasse em uma entrada auditiva direta, ou de uma articulação subvocal de um estímulo exposto visualmente. Esse sistema comprova que a alça fonológica da memória de curto prazo tem uma função fundamental no aprendizado fonológico de longo prazo.[124] Seria esse modelo da alça fonológica o principal sistema envolvido no desenvolvimento do vocabulário nas crianças, bem como na velocidade de aprendizado de vocabulário nas línguas estrangeiras.[124]

Além das ideias de Baddeley na área da linguagem, Damásio e Damásio trouxeram grandes contribuições para a compreensão desse sistema tão complexo.[129-135] Hannah Damásio,[132] ao estudar os sistemas neurais por trás da recuperação das palavras e dos conceitos, por meio de métodos com lesões corticais, e por imagem neurofuncional, questionou, com base em dois pressupostos, como ocorreria a recuperação das palavras:

A) As palavras recuperadas seriam referentes aos "conceitos concretos dentro de categorias conceituais distintas, que dependeriam de regiões parcialmente segregadas no córtice de ordem superior do lobo temporal esquerdo".

B) A recuperação do conhecimento conceitual pertencente às mesmas entidades concretas também estaria dependente de regiões parcialmente segregadas, no entanto essas regiões seriam diferentes das regiões do item A, localizando-se predominantemente no hemisfério cerebral direito.

Para Hannah Damásio *et al.*, os resultados revelaram que diferentes regiões distantes das áreas de Broca e Wernicke estavam envolvidas na recuperação de nomes de conceitos concretos, e que haveria uma segregação parcial no lobo temporal com respeito à categoria conceitual. Quanto à hipótese B, os resultados deram um suporte parcial ao sugerir, mediante estudos lesionais, que "a recuperação do conhecimento conceitual seria parcialmente segregada da recuperação do nome".[132] Assim, segundo esses autores, os estudos sugeriram que diferentes regiões faziam parte de um sistema flexível e de multicomponentes que atuariam para a recuperação de conceitos concretos e de palavras, e que estariam vinculados a diferentes categorias conceituais.[132]

Diante dessas teorias, entender como funciona o sistema de memória semântica na linguagem é um desafio que merece ser aprofundado.

Memória de longo prazo e linguagem

Sabe-se que antes do século XX algumas teorias sobre a memória e o conhecimento humano consideravam apenas as funções perceptivas do mundo externo. Posteriormente, com os estudos da lógica, estatística e computação, teorias amodais ampliaram a visão sobre a memória humana para além do viés puramente perceptual, que se tornou insustentável, visto explicar apenas o processo de gravação da informação, deixando de lado o entendimento sobre o sistema conceitual. Foi nesse exato ponto que os estudos da memória semântica ganharam uma importância fundamental na compreensão da linguagem e da capacidade de abstração e interpretação dos conceitos e símbolos sociais.

As memórias constroem, por meio das experiências, uma visão de mundo que cada indivíduo vivencia e carrega consigo ao longo da vida – as trajetórias, os encontros com outros indivíduos, suas culturas, lendas e mitos. Ou seja, suas percepções e memórias afetivas, sensoriais, motoras e conceituais. A memória semântica, dessa forma, pode ser considerada a grande responsável pela construção dos traços que moldam o ser humano. Ao armazenar todo o conhecimento declarativo que aprendemos sobre o mundo e as pessoas – nomes e origens das coisas e dos objetos; os conceitos abstratos; os conhecimentos adquiridos nas relações interpessoais que ensinam como as pessoas se comportam; nomes e qualidades das ações executadas; conhecimentos entre causa e efeito; crenças, construções de opiniões e pensamento crítico; associações entre diferentes conhecimentos e conceitos; aquisição de conhecimentos sobre categorias; os aprendizados dos fatos históricos; aprendizados dos conhecimentos culturais, sociais e familiares; e tantas outras funções –, tudo isso revela a complexidade do sistema de memória de aprendizados pessoais, culturais e sociais.

É preciso recordar que as memórias dos nossos antepassados continuam vivas e presentes nos nossos atos, nas nossas escolhas, nos nossos sonhos. Como bem disse o filho de uma paciente com Alzheimer: "Ela esqueceu de tudo – mas eu faço, e lembro de tudo o que ela gostava. É como se as memórias dela agora fossem minhas".

São essas memórias que nos humanizam e permitem construir um sujeito que no seu devir precisa se reconhecer no seu passado, e olhar para suas memórias como um eterno aprendiz da vida. A memória semântica, dessa forma, tem o poder e a função de transformar aquela criança em um adulto a partir dos aprendizados adquiridos ao longo da vida. Aquele adulto que olha para os erros do passado e que, com a maturidade, pode fazer novas escolhas e tomar decisões mais sábias demonstra que são essas memórias que podem ressignificar toda uma existência. Além disso, uma sociedade que não olha para o seu passado e não lembra das barbáries que cometeu não pode avançar, ou preservar a essência do pacto civilizatório.* Uma sociedade que esqueceu das guerras inventadas em nome do poder; que dizimou os povos originários – matando milhões de inocentes; que criou o racismo, a violência de gênero; que promoveu o Holocausto; inventou e usou a devastadora bomba atômica sobre Hiroshima e Nagasaki; que tortura e mata milhares de pessoas por divergências ideológicas; que negou ao povo palestino, por exemplo, o direito a uma terra, não poderá jamais ser uma sociedade justa, igualitária e

* Os pactos civilizatórios são acordos sociais que nos permitem conviver em sociedade.

fraterna se não preservar, no âmago das futuras gerações, suas memórias vivas e pulsantes sobre o que é humanidade e civilidade.

É preciso afirmar que a sociedade tem urgência em nutrir suas memórias com aprendizados críticos e moralmente corretos, para que o seu passado seja a fonte de novos ensinamentos elaborados a partir dos traumas dos flagelos humanitários. Dessarte, as memórias de aprendizados que ao longo da história produziram grandes revoluções e saltos evolutivos, como a revolução agrícola, industrial e tecnológica etc., ensinamentos estes que tornaram o homem uma espécie dominante capaz de explorar a lua, construir foguetes, pontes, computadores etc., infelizmente também o transformaram na espécie mais predatória e ameaçadora para o planeta. Diante desses comentários, questionamos: para que serve a memória se as experiências negativas do passado não produzirem novas reflexões éticas e morais em nome de uma sociedade mais justa e igualitária?

Diante de tanta complexidade que envolve o comportamento da memória humana, entender como o sistema de aprendizado semântico e a linguagem funcionam para moldar toda a rede de conhecimentos é uma oportunidade não só de conhecer esse fantástico circuito do ponto de vista neurobiológico, mas também uma chance de compreender a nossa espécie do ponto de vista comportamental e psíquico.

De fato, somos tudo aquilo que aprendemos e reaprendemos; que construímos e desconstruímos; que esquecemos e relembramos; e tudo aquilo que ressignificamos a partir das nossas memórias.

Seria lógico que, com toda essa máquina cerebral capaz de armazenar infinitos aprendizados sociais, a nossa espécie aprendesse com os erros e evoluísse enquanto espécie dominante. Mas algo não tem seguido a lógica da evolução de aprendermos com erros para tomadas de decisões assertivas e de autopreservação. A espécie *sapiens* tem construído máquinas que roubam suas memórias, sua linguagem e a sua criatividade. Seu comportamento predatório tem sido cada vez mais irracional e destrutivo. Alguma coisa está fora da lógica evolutiva baseada na preservação da espécie.

Mas, seguindo o que se entende pelo funcionamento do cérebro e da memória humana, no que concerne à ideia de uma mente evoluída e crítica, podemos afirmar que o homem usa o conhecimento conceitual para ir além das relações com as coisas e os objetos. Tudo o que envolve cultura, literatura, ciência, religião e arte são conhecimentos conceituais produzidos pela memória semântica. Ao considerar que o funcionamento cognitivo humano dedica-se, na maior parte do tempo, ao processamento de informações para manter o raciocínio, o planejamento e as evocações das memórias de fatos e aprendizados, e que essas funções não necessitam, na sua grande maioria, serem ativadas por estímulos externamente guiados, ou seja, que muitas dessas funções ocorrem nas profundezas da mente, fica claro que o processamento da memória semântica exige um modelo neurobiológico que explique tamanha rede de conexões.

Foi por essa razão que a espécie *sapiens* desenvolveu uma habilidade exclusiva de representar conceitos em forma de linguagem.[136] E, por meio dessa função, tão complexa e nobre, foi possível espalhar todos esses conhecimentos conceituais simbólicos para outros membros do grupo, e assim criar mecanismos cognitivos mais sofisticados que permitissem, de maneira espontânea e ajustável, manipular, associar e combinar diferentes conceitos, para adaptações comportamentais específicas diante de tantas volatilidades das fontes relacionadas às contingências ambientais.

Binder e Desai (2011)[137] propuseram um modelo neural de processamento semântico em larga escala, com o intuito de condensar as diversas linhas de pesquisas teóricas e empíricas.[137] Em 2009, esses autores estudaram 120 ressonâncias funcionais para análise do sistema semântico.[136] Identificaram oito regiões no hemisfério esquerdo:

1. Córtex parietal inferior posterior (CPIp).
2. Giro temporal médio (GTM).
3. Giro fusiforme (GF).
4. Giro para-hipocampal (GPh).
5. Córtex pré-frontal dorsomedial (CPFdm).
6. Giro frontal inferior (GFI).
7. Córtex pré-frontal ventromedial (CPFvm).
8. Giro do cíngulo posterior (GCP).[136]

Posteriormente, agruparam as regiões corticais envolvidas no processamento semântico em três categorias:

1. O córtex de associação posterior multimodal e heteromodal.
2. O córtex pré-frontal heteromodal.
3. As regiões límbicas mediais.[136]

Foi a expansão dessas regiões corticais, na linhagem *Homo*, que, diferentemente dos antropoides, proporcionou o desenvolvimento de funções mais elaboradas como a própria linguagem, entre outras funções corticais superiores, que tornaram os *sapiens* capazes de executar tarefas mais complexas, adquirir a linguagem simbólica, a simulação mental (com a viagem no passado e futuro), o desenvolvimento da criatividade e da arte etc.[136]

Consequentemente, Binder e Desai sugeriram um termo bastante interessante, "abstração incorporada".[137] Para os autores, a representação conceitual seria modulada em múltiplos níveis de abstração para informações sensoriais, motoras e afetivas. Esses múltiplos níveis seriam acessados de acordo com certos fatores, como frequência, familiaridade e demandas específicas de certas tarefas, de acordo com as exigências impostas no momento. Assim, em tarefas mais familiares ou repetidas, haveria um recrutamento mais adequado e rápido, enquanto para novas informações, e novas tarefas, o sistema sensório-motor-afetivo daria uma contribuição mais profunda e intensa ao desenvolvimento das novas representações.[136,137]

A memória semântica e seu papel na linguagem

Do ponto de vista neurofuncional, a memória semântica implica o armazenamento dos conhecimentos sobre as representações de tudo o que existe ao nosso redor.[137] Estudos usando neuroimagem funcional[137] têm demonstrado importantes achados quanto à função do sistema modalidade-específico sensorial, motora e afetiva, que está envolvida na compreensão da linguagem, além de outros circuitos neurais que participam na ação e compreensão de outras tarefas, porém estão fora do sistema modalidade-específico.[137,138]

Esses estudos revelam que regiões como o lobo parietal inferior e o temporal participam da convergência de múltiplos fluxos de informações perceptuais a serem processados. Supõe-se que será essa convergência de sinais, e esse fluxo contínuo de informações, que chegam às regiões parietais e temporais, que permitirá a elaboração de abstrações das experiências perceptuais supramodais.[137] Ou seja, são essas elaborações conceituais abstratas que permitem que diversas funções cognitivas, entre elas a linguagem, promovam a construção de um pensamento abstrato a partir do que aprendemos e interpretamos para tomadas de decisão futuras mais assertivas, justas e humanas.

Nesse contexto, pode-se afirmar que essa capacidade cognitiva abstrata somente pode ser desenvolvida por meio da linguagem e da comunicação social. Provérbios, ditados populares, expressões idiomáticas, são construções que têm como base a cultura e o senso comum, e suas interpretações podem variar de acordo com a capacidade de abstração. Assim, a linguagem está atrelada à memória semântica de tal forma que a nossa capacidade de comunicação somente pode existir a partir das informações moduladas via participação dos sistemas sensoriais, motores e emocionais, específicos da modalidade da linguagem, além da vasta rede cortical de convergência multimodal que está fora dessa modalidade específica, e que permitirá uma capacidade de abstração cada vez mais ampla.[137,139,140]

Outro estudo, publicado por Barsalou *et al.* (2018),[141] também discutiu brilhantemente a questão da abstração e da memória semântica a partir da distinção entre conceito abstrato e concreto. Para os autores, as pesquisas convencionais tendiam a estudar o conceito das palavras de forma isolada, como se elas fossem apenas uma informação que se torna ativa "quando se processam pistas para si mesmas".[141]

Para os autores, as teorias tendiam a focar suas análises nas estruturas e processos representacionais que seriam ativados a partir de conceitos isolados.[141] Mas essa premissa não teria valor se não fosse colocada dentro dessa análise a ação efetiva de um agente corporificado fincado em um ambiente físico.[141] Assim, para dar suporte à ação situada, acopla-se um conceito aos seus referentes, no mundo e no corpo, além de unir outros conceitos que retratam elementos complementares, e a sua integração.[141]

Barsalou *et al.* (1998) admitem que a ação situada não é apenas uma ação em si, mas toda uma função cognitiva que a ampara, por exemplo, a compreensão de situações e a elaboração de predições que promovam a previsão antecipada de eventos, e uma ação apropriada diante das contingências sociais que levem a resultados desejados.[141,208] Para que essa conceitualização funcione para apoiar a ação situada, ela deve ser superposta à memória de longo prazo e, assim, poderá ser utilizada em eventos futuros. Dessa forma, os padrões conceituais usuais que processam eventos familiares passam a ser acondicionados no sistema cognitivo.[141] Quando eventos futuros surgem, ativam as conceitualizações situadas mais significativas e fixadas na memória semântica, e essa ativação produzirá encadeamentos antecipatórios mediante simulações multimodais.[141]

Em resumo, pode-se afirmar que, segundo Barsalou *et al.* (1998), experiências situacionais armazenadas na memória semântica serão fundamentais nas ações situadas, especialmente, de ordem familiar.[141] O que de fato Barsalou teorizou foi que,

> *em situações imaginadas a partir da evocação de eventos passados, mas avaliando contrafactuais para o presente, e projetando-os no futuro, essas experiências vividas precisam recorrer às antigas memórias das experiências situacionais aprendidas.*[141]

Por outro lado, deve-se considerar que, de fato, não apenas os estímulos provenientes do mundo externo serão os elementos necessários para avaliar uma situação. O imensurável conteúdo das experiências internas, aquelas que se originam de uma autorrelevância, como os aprendizados sobre normas, valores, identidades, objetivos, metas etc., envolvidas no comportamento motivacional e nas respostas emocionais, regularmente acompanhadas por um processo de mentalização como avaliação e previsão de resultados, devem ser consideradas fundamentais para uma completa avaliação da ação situada, impulsionando-as e tornando-as mais significativas.[141] Como disse Barsalou: "Elementos básicos da experiência interna – autorrelevância, emoção, motivação e mentalização – complementam elementos situacionais externos – cenários, agentes, ações, objetos e resultados".[141]

Por esse aspecto, podemos compreender que a ideia de Barsalou é a de que a função primordial do cérebro humano é avaliar determinada situação presente, ou não, a de que, por meio do bom desempenho no processo de compreender situações percebidas no ambiente, ou simuladas mentalmente, sejam realizadas deduções corretas sobre os eventos futuros. Essa função visa elaborar atitudes eficazes para construir resultados eficientes diante das contingências ambientais. Foi a partir da evolução dessa complexa rede de funções que o cérebro do *Homo sapiens* adquiriu complexas habilidades, como abstrações, viagem no tempo, linguagem etc.[141-145]

A hipótese descrita baseia-se em dois tipos de sistemas neurais:

1. O processamento dos elementos relacionados às situações apresentadas.
2. O sistema que promove a integração entre esses elementos em padrões cada vez mais amplificados e que dão suporte à compreensão do contexto, à previsão do resultado e à ação executada.[141,144]

Vale ressaltar que esse sistema neural descrito por Barsalou[146] também foi descrito nos estudos de Murray sobre a evolução da memória humana.[147-154] Ela teorizou que a proeminência das representações das cenas no hipocampo humano seria, então, um traço herdado dos ancestrais antropoides que surgiram no Oligoceno, e que o primeiro e mais arcaico funcionamento da memória ancestral serviu como base para capacidades cognitivas adicionais como a memória episódica, a autobiográfica e a tomada de perspectiva e simulação episódica construtiva.[147-154]

Para Preuss e Wise (2022), esse avanço se deu com a evolução do córtex pré-frontal granular.[155] Ou seja, ao longo da evolução dos primatas, tanto anterior quanto posteriormente, novas áreas foram se desenvolvendo até que na linhagem *Homo*, especialmente na espécie *sapiens*, uma expansão do córtex pré-frontal granular, juntamente com o surgimento das áreas de associação multimodal, levou a uma modificação no padrão da expressão gênica e da conectividade corticocortical. Assim, o novo córtex pré-frontal granular passou a integrar de forma única e seletiva as representações de contextos, metas, ações e resultados.[155]

Segundo Barsalou (2018),[141] a análise dos elementos situacionais parece refletir redes neurais bem definidas. Estudos revelam, por exemplo, a existência de redes voltadas para o processamento das informações que incluem áreas como o córtex retroesplenial; o giro para-hipocampal (GPH), o córtex parietal (CP), o córtex temporal (CT) e o córtex frontal e pré-frontal medial (CPFm), orbital (COB), lateral (CL), assim como o córtex insular (CI), a amígdala e o CCP.[141] Todas essas áreas participam de funções extremamente complexas, como a percepção do objeto no ambiente, a identificação de outros agentes presentes, a autorrelevância, ações físicas no ambiente e uma gama de respostas emocionais, motivacionais e de mentalização que seriam internamente guiadas diante de certas situações físicas.[141,142]

Em resumo, pode-se afirmar que as evidências científicas sugerem que a simulação de eventos e contextos é uma função básica do cérebro, desde um evento mais simples, como a percepção de estímulos externos, até o complexo sistema da cognição social.[141-146,156-161] Estando o processo de simulação situado dentro dessas estruturas neurais, os simuladores, segundo Barsalou, gerariam "os conceitos que fundamentam o conhecimento e as conceitualizações situadas que capturaram os padrões de simulação multimodal associados a situações repetidamente experienciadas".[142]

Destarte, a teoria de que as funções corticais como a percepção, o processamento conceitual, a memória do trabalho, a cognição social e linguagem seriam elementos voltados para a avaliação de previsão de resultados poderia ser considerada a base da inteligência natural.[141,142,157,208] Diante dessa perspectiva, Barsalou[141] considera que, a partir da visão da chamada Baspa (*The brain as a situation processing architecture,* em tradução livre, O cérebro como uma arquitetura de processamento de informações), essas redes neurais funcionariam de maneira integrada, compondo uma arquitetura para um processamento contínuo dos elementos constituídos de uma situação corrente.

Diante de eventos que se alternam, ou aparecem e desaparecem continuamente, cada uma dessas redes está recebendo um constante fluxo de informações e estímulos perceptuais, qualificados diante do respectivo conteúdo situacional, ao mesmo tempo que dão um sentido conceitual equivalente ao conteúdo (categorizações).[141] Na teoria de Barsalou,[141] o Baspa, ao ser alimentado, processaria essas informações, inicialmente por meio da consciência e da memória do trabalho, onde seriam integrados para formar um estado perceptual coerente da situação corrente, e associadamente promoveria a interpretação conceitual da situação.[141,142] Além disso, o fluxo de informações na Baspa atuaria como pistas para buscar modelos situacionais na memória semântica visando dar suporte ao processamento da situação exposta naquele determinando momento.

Para Barsalou, "À medida que uma memória situacional se torna ativa, ela por sua vez é implementada como uma simulação na arquitetura Baspa, talvez sendo sobreposta à situação atual".[142] Se imaginarmos uma situação em que uma pessoa sente sede e se depara com uma garrafa de bebida, nessa situação um estímulo motivacional fisiológico encontra um estímulo perceptual de um objeto com um conteúdo líquido. Será essa percepção visual que produzirá um fluxo de informação para alimentar as redes neurais que integram a Baspa. Ao analisar a situação, buscar por informações semânticas sobre o que seria aquele conteúdo líquido, agir para alcançar a garrafa, tomar a bebida e, posteriormente, sentir-se satisfeito, tudo isso envolve um agente, um objeto, uma meta, um contexto, uma ação e um resultado – todos especificados dentro de uma arquitetura de diversas *networks* organizadas para processar todos os dados diante do contexto situacional.[141-145]

Se é aparentemente fácil de entender como as *networks* funcionam para organizar todo esse sistema representacional, vale ressaltar a dificuldade dos pesquisadores em teorizar como essas integrações situacionais podem ocorrer, tanto de forma concreta quanto abstratamente.[141-145] Por exemplo, no contexto descrito, apesar de ser uma situação concreta de sede e um comportamento bastante concreto, com ação e resultado, não se pode deixar de considerar que a situação poderia ser composta de outras variáveis mais abstratas, por exemplo, a garrafa estar sobre a mesa de outra pessoa; isso poderia ser algo que socialmente precisaria de uma análise abstrata sobre a atitude a ser tomada (algo que impõe a ativação do circuito do cérebro social, teoria da mente, mentalização, regras sociais), ou o sentimento, ou a emoção, de beber algo que evocaria memórias prazerosas etc. Tudo isso demonstra que não existe uma situação, ou elemento concreto, que não imponha uma avaliação abstrata da situação.

Diante da complexidade, o que torna essencial essa compreensão sobre o sistema da memória semântica diz respeito ao papel da linguagem na elaboração do conceito mais abstrato[207]. A chamada teoria da codificação dupla, descrita por Paivio (1986), por exemplo, buscou equiparar o processamento verbal e não verbal. Para Paivio:[162]

> *A cognição humana é única porque se especializou em lidar simultaneamente com a linguagem e com objetos e eventos não verbais. Além disso, o sistema linguístico é peculiar porque lida diretamente com entradas e saídas linguísticas (na forma de fala, ou escrita), ao mesmo tempo que desempenha uma função simbólica no que diz respeito a objetos, eventos e comportamentos não verbais. Qualquer teoria representacional deve acomodar essa dupla funcionalidade (p. 53).*

A teoria de Paivio considera que dois subsistemas funcionam dentro da cognição humana, um voltado para o processamento e representação das imagens (estímulos não verbais) e um segundo voltado para a linguagem.[162] Desde o surgimento da teoria de Paivio (1971, 1986),[162,163] ficou firmada a ideia de que a linguagem desempenha um papel fundamental no conceito abstrato.[164-168]

Linguagem, memória semântica e conceito abstrato

Uma das mais nobres funções do sistema nervoso central (SNC) é a sua capacidade de criar representações de conceitos abstratos. Por meio das convergências de diversas redes neurais e, de diversos conhecimentos aprendidos, interpretar e compreender termos amplos e multifacetados é uma das delicadas atividades do cérebro humano. Esse tema tem sido permeado por muitas controvérsias, devido, sobretudo, à falta de um consenso para explicar essa função.

Para Borghi *et al.* (2018),[166,168] quando se tenta entender a questão de conceitos abstratos, como "liberdade" e "justiça", por exemplo, deve-se considerar que eles não possuem objetos únicos que sejam usados como referências. Dessa forma, é preciso que se utilize das experiências vivenciadas, tanto linguísticas quanto sociais, para aprender sobre seus significados, tão diversos e complexos.[166,168] Por essa razão, Borghi *et al.*[166,168,202] realizaram alguns experimentos para provar que o processamento dos conceitos abstratos, de fato, "evoca interação linguística e experiências sociais".[166,168] Além disso, para os autores, o aparelho motor bucal tem uma participação fundamental no processo, supondo que ele faça parte da "reconstituição da experiência de aquisição conceitual", que necessita da mediação da linguagem para ocorrer.[166,168] Outra explicação seria, para Borghi *et al.*, uma "reexplicação do significado da palavra" pela ação da fala interiorizada,[166,168] e, por fim, como última hipótese, poderia ser "um processo metacognitivo que revelaria a baixa confiança que temos sobre o significado dos nossos conceitos".[166,168]

O que pode ser entendido sobre essas hipóteses é que, para compreender e interpretar esses processos, é necessário que o indivíduo tenha que confiar em outros para perguntar e ajudar a compreender esses conceitos abstratos. Para Borghi *et al.* (2018),[166] a linguagem tem uma função de ferramenta social, o que converge para a teoria de Bohr *et al.*,[5] Corbalis,[169] Mufwene,[53] entre outros, segundo os quais a linguagem evoluiu a partir da vida social e, por isso, é plausível aceitar a teoria de que a linguagem – como ferramenta social – é que amplia o pensamento humano para uma visão mais diversa e profunda sobre a vida. Destarte, os conceitos abstratos são aprendidos a partir da vivência coletiva pautada na confiança e integração, fontes de novos conhecimentos fundamentais para a criatividade, o planejamento futuro, o pensamento crítico, o comportamento social, a formação ética, moral e intelectual da humanidade.[164-166,168-170]

Dessa maneira, pode-se afirmar que a linguagem humana está relacionada diretamente à memória semântica, especialmente quando a correlacionamos com os conceitos aprendidos, sejam eles concretos ou abstratos. Ao apontarmos para uma mesa, ou seja, para uma referência física e externa do objeto mesa, estamos falando de conceitos concretos que podem ser nomeados a partir do que foi memorizado. No entanto, quando falamos de conceitos abstratos, a linguagem é uma ferramenta indispensável para o evento situacional. Por exemplo, eventos não perceptíveis que apresentam elementos externos e internos, que se integram internamente, precisam ser descritos ou relatados por meio da linguagem.

Imaginemos, por exemplo, os primeiros humanos modernos sentados ao redor de uma fogueira descrevendo uma cena vivenciada durante uma caça: um dos integrantes do grupo descreve como arremessou sua lança, como chovia e ele sentia medo e frio, e, de repente, uma fera o atacou. Depois relata que o Deus do trovão enviou um raio que, ao cair sobre a fera, o salvou. Nessa situação, alguns conceitos concretos, como a lança que está na sua mão, misturam-se com os conceitos abstratos, por exemplo, a sua descrição do medo e do frio que sentia, da crença que tinha sobre os deuses etc. São esses conceitos que se integram internamente para que uma narrativa possa ser construída e contada a partir da linguagem.[136,137,141,142,144,145,156-158,164,168,170-178]

Expressar um objetivo (quis caçar um veado), uma motivação (estava com fome), consegui matar a presa (emoção), pensar no perigo que seria voltar com essa presa por conta dos predadores (mentalização) e relacionar todas esses conteúdos e integrá-los para construir uma narrativa – assumir correr o risco de trazer a caça, porque o grupo estava sem comida, e acreditou que os deuses da chuva o protegiam –, trata-se de processos cognitivos e metacognitivos que ampliam a capacidade de pensar, agir, ensinar e aprender a partir do coletivo. Fica claro com esse exemplo que é a integração dos conceitos, o acesso à memória semântica e o uso da linguagem, no seu amplo contexto, que funciona na organização do aparelho cognitivo e psíquico[203,204,205,206].

Quando mergulhamos nos pensamentos, quando falamos interiormente, quando refletimos sobre o significado das palavras, reinterpretamos dados linguísticos e ampliamos nossa realidade, estamos nos preparando, por meio de um grande encontro com o outro, para recebermos apoio e interação social que reforçam a confiança no nosso próprio conhecimento.[165,166]

Estudos comprovam que o processamento dos conceitos abstratos envolve a fala interior, uma vez que achados sobre a ativação de redes neurais relacionadas às características semânticas e fonoarticulatórias da linguagem incluíam uma visível lateralização para o hemisfério cerebral esquerdo, com hiperatividade no giro frontal inferior (memória do trabalho fonológica), giro temporal médio, sulco temporal superior anterior e giro temporal superior (experiência acústica). Além disso, apesar de ser coerente pensar que a análise de conceitos abstratos envolve um todo unitário, estudos com RNMf revelaram que esses conceitos diferem qualitativamente em seus conteúdos. Assim, o conceito "aritmética" ativava áreas da cognição numérica, e conceitos mais abstratos sobre o estado mental "convencer" ativava áreas relacionadas à mentalização e cognição social.[165]

Considerando a teoria da ancoragem interna, que defende que os conceitos são fundamentados em sistemas perceptivos que buscam estados e processos corporais internos,[165] Borghi e Fernyhough

(2023)[165] propuseram que os sistemas perceptivos internos diferem dos sistemas perceptivos externos que sondam no ambiente, ou na interface entre o corpo e o ambiente externo (órgãos do sentido, por exemplo). Os sistemas perceptivos internos, como a propriocepção, ou a interocepção, buscam sinais sobre os estados corporais internos, tanto viscerais quanto do próprio corpo, como um todo.[165,202] No entanto, segundo Borghi e Fernyhough (2023),[165] para entender os conceitos abstratos, é necessário considerar que a metacognição seria outra forma de processamento perceptual interno que funcionaria para identificar sinais e informações do próprio cérebro e dos processos cognitivos inerentes às condições neurofisiológicas existentes. Ao teorizar que na metacognição os eventos detectados tendem a ser mais abstratos do que os detectados na propriocepção e interocepção, os autores consideram que somente nos processos metacognitivos as informações são rastreadas sem nenhuma interferência do sistema exteroceptivo. Bem exemplificaram Borghi e Fernyhough (2023)[165] ao colocar que a informação de uma cor não poderá jamais ser rastreada pelo sistema háptico.[165]

Em resumo, para a teoria de Borghi, embora os processos guiados e ancorados no corpo, como aqueles ligados à propriocepção e à interocepção, apresentem um importante papel na base dos conceitos abstratos, sem dúvida aqueles que não dependem tanto dessa "corporificação", como os originados dos processos metacognitivos abstratos, cerebrais e mentais, necessitam também de uma estrutura corporal para se manifestar. Ou seja, a boca tem um papel fundamental na função de subvocalizações e da fala interiorizada, que facilita a busca das informações inerentes aos estados cognitivos e dos sistemas cerebrais. Como se o sistema articulatório bucal funcionasse especialmente nos momentos em que o indivíduo se sentisse inseguro quanto à certeza dos seus conceitos e, buscasse no outro uma validação – função esta que faz parte dos processos metacognitivos sociais.[165,167,168,170,174-176,179]

Assim, pode-se concluir que a memória semântica participa dessa grande rede que envolve a linguagem e os processos cognitivos e metacognitivos. Em outras palavras, a memória e a linguagem são ferramentas sociais, e, como bem disse Borghi, tanto do ponto de vista mais simplista, quando se recorre à comunicação social entre os indivíduos, quanto do ponto de vista mais sutil e elaborado, quando é utilizada para expandir o pensamento e ampliar a capacidade de perceber e interpretar a complexidade das informações e dos conceitos apresentados, constrói-se uma abertura para uma convivência social pautada na confiança mútua. Dessa forma, diante de dúvidas e incertezas inerentes aos conceitos criados, é possível, a partir das partilhas com outros, buscar validações e reconhecimentos e ampliar a comunicação social e a capacidade criativa e imaginativa dos humanos.

Além disso, é necessário destacar que tudo o que envolve a linguagem e a memória deve ser visto com um olhar mais profundo, ao considerar que, acima de tudo, aquele sujeito que fala também fala das memórias que não estão na consciência, e será por meio dessa linguagem que uma possibilidade de compreender suas dores e desejos se constituirá.

Considerações finais

A linguagem humana é um dos mais complexos sistemas do cérebro. Falar sobre memória e linguagem é ainda mais desafiador porque é necessário mergulhar em um grande oceano de mistérios. Dessa forma, para tornar esse tema mais controverso, não poderíamos deixar de enfatizar a grande contribuição dos estudos freudianos[180-184] sobre memória e linguagem.

Freud, quando desenvolveu a ideia das barreiras de contato, procurou encontrar uma resposta para o problema da "quantidade" de energia que pudesse ser transformada em "qualidade" e, assim, explicar como os traços mnêmicos poderiam ser fixados no aparelho psíquico. A princípio ele pensou que seriam as facilitações entre os neurônios *psi* que poderiam representar a memória, mas Freud necessitava ampliar seus estudos para tentar explicar o problema, ou seja, como uma despolarização neuronal (seguindo o fluxo axonal até alcançar os dendritos e as terminações sinápticas) poderia criar traços mnêmicos? (Nessa época a ideia de sinapse nem sequer havia sido teorizada.)

Freud, ao buscar esse entendimento, afirmou que seria fundamental encontrar um lugar para a consciência dentro dos processos *quantitativos* do sistema nervoso, apesar de afirmar que nem todos os processos psíquicos estariam dentro da consciência, e que muitos ocorriam de forma inconsciente. Para o autor, a consciência nos daria o que chamou de "qualidades", e ele se perguntou: como e de onde elas se originariam? (Essas explicações encontram-se no Capítulo 1, "Onde nascem as memórias?".)[185] Com o passar dos anos, Freud avançou nos estudos até desenvolver o conceito metapsicológico, afastou-se das questões neurológicas, devido à impossibilidade de comprovar cientificamente suas teorias, e prosseguiu com o desenvolvimento da psicanálise.

Mas, além da questão da memória, Freud fala profundamente sobre a linguagem. Nesse contexto freudiano, memória e linguagem são duas funções que caminham juntas. Essas funções são a base do funcionamento do aparelho mental e do comportamento humano. Assim, a linguagem, para Freud, seria mais do que um modo de comunicação social: seria uma poderosa forma da expressão do inconsciente.[57]

Em 1891, Freud escreveu *Sobre a concepção das afasias: Um estudo crítico*. Nesse trabalho ele descreve os fundamentos da linguagem e tenta questionar a teoria localizacionista de Wernicke/Meynert. Ao debruçar-se sobre o tema, faz uma profunda e rica descrição sobre o conceito de representação, ou seja, tenta explicar como os estímulos externos se associavam corticalmente, assim como se reorganizavam.[57]

Para Freud, a área da linguagem ficaria responsável pela representação da palavra, enquanto outras áreas corticais ficariam responsáveis pela representação do objeto. A proposta de Freud ainda hoje dialoga e converge com os estudos mais modernos sobre o sistema da linguagem. Para Freud, o aparelho da linguagem funcionaria por meio de inúmeras associações e conexões, nas quais estímulos sensoriais auditivos, táteis, visuais, olfativos, seriam reorganizados, e a representação da palavra seria construída a partir desses inúmeros estímulos sensoriais percebidos e sobrepostos – formando, assim, uma imagem acústica, ou impressão acústica, seguida por outras representações.[186] Ao considerar o aparelho freudiano da linguagem o composto por inúmeras percepções sensoriais, que criam representações, fala-se diretamente da relação entre memória e linguagem.

Diante dos estudos que Freud realizou em uma época de poucas ferramentas científicas, suas ideias tornaram-se absolutamente aceitáveis, especialmente quando correlacionadas com estudos mais recentes sobre memória e linguagem. A teoria de Binder, Barsalou, Paivio e Borghi,[136,164-168,170,179,187,188,189-200] propondo a integração de várias redes que processam diversas informações sensoriais externas e internas, produzindo percepções que geram conceitos abstratos, está bem próxima daquilo que Freud pensou no passado.

Talvez a questão mais delicada seja, no entanto, a premissa da teoria freudiana de que alguns desses processos possam ocorrer nas profundezas de um inconsciente humano dinâmico, e, assim, não possam ser quantificados, ou mapeados. Memórias inconscientes e reprimidas que podem influenciar o comportamento humano; ou a função da linguagem como ponte para expressar o que está no inconsciente, e que surge em forma de chistes, atos falhos etc., são descritos, aceitos, mas não são estudados cientificamente.

Se as neurociências ampliarem sua perspectiva sobre o que é memória e linguagem para um contexto mais transdisciplinar, e dialogarem com a psicanálise, a antropologia, a sociologia etc., talvez seja possível construir uma visão mais ampla e integrada do ponto de vista biopsicossocial para melhor entendimento sobre a complexidade da existência humana. De fato, ao falar sobre comportamento, linguagem e memória, não existe outro caminho que não seja o da transdisciplinaridade. Quanto ao mais, é reducionismo científico.

Desse modo, devemos repensar o nosso conceito de linguagem e memória para ampliar a visão que existe sobre o homem e seus símbolos. O mundo em constante volubilidade esbarra todos os minutos na pluralidade e diversidade humana. Para compreender essas encruzilhadas plurais e fluidas da memória e da linguagem, é desafiador construir uma visão ampla e profunda sobre a evolução do homem, suas formas de comunicação, suas memórias de aprendizados, sua educação das emoções – e a importância de todas essas ferramentas neurobiológicas para a construção do pensamento crítico. Assim, um homem que não fala e não tem memória será um robô humanoide guiado por algoritmos que exercem o domínio, as escolhas e decisões de um sujeito escravizado, e sempre em busca de algo que faça sentido.

Referências

1. Tomasello, M. (2008). *Origins of human communication*. MIT Press.
2. Corballis, M. C. (2009). The evolution of language. *Ann N Y Acad Sci, 1156*, 19-43.
3. Corballis, M. C. (2009). Language as gesture. *Hum Mov Sci, 28*(5), 556-565.

4. Corballis, M. C. (2009). Mental time travel and the shaping of language. *Exp Brain Res, 192*(3), 553-560.
5. Dor, D., Knight, C., & Lewis J. (2014). *The social origins of language.* Oxford University Press.
6. Hauser, M. D., Chomsky, N., & Fitch, W. T. (2002). The faculty of language: what is it, who has it, and how did it evolve? *Science, 298*(5598), 1569-1579.
7. Hauser, M. D., Yang, C,. Berwick, R. C., Tattersall, I., & Ryan, M. J., Watumull, J., Chomsky, N., & Lewontin, R. C. (2014). The mystery of language evolution. *Front Psychol, 5*, 401.
8. Pinker, S. (1994). On language. *J Cogn Neurosci, 6*(1), 92-98.
9. Pinker, S. (1997). Acquiring language [Author reply 80-81, 276]. *Science, 276*(5316), 1178.
10. Suddendorf, T. (2013). Mental time travel: continuities and discontinuities. *Trends Cogn Sci, 17*(4), 151-152.
11. Chomsky, N. (2017). The language capacity: Architecture and evolution. *Psychon Bull Rev, 24*(1), 200-203.
12. Fagot, J., Boe, L. J., Berthomier, F., Claidiere, N., Malassis, R., Meguerditchian, A., Rey, A., & Montant, M. (2019). The baboon: A model for the study of language evolution. *J Hum Evol, 126*, 39-50.
13. Berwick, R. C., Friederici, A. D., Chomsky, N., & Bolhuis, J. J. (2013). Evolution, brain, and the nature of language. *Trends Cogn Sci, 17*(2), 89-98.
14. Passingham, R. E. (1981). Broca's area and the origins of human vocal skill. *Philos Trans R Soc Lond B Biol Sci, 292*(1057), 167-175.
15. Asano, R. (2022). The evolution of hierarchical structure building capacity for language and music: A bottom-up perspective. *Primates, 63*(5), 417-428.

16. Chomsky, N. (1957). *Syntactic structures.* Mouton.

17. Chomsky, N. (1966). *Topics in the theory of generative grammar.* Mouton.

18. Chomsky, N. (1992). *A minimalist program for linguistic theory.* MIT Working Papers in Linguistics, Department of Linguistics and Philosophy, Massachusetts Institute of Technology.

19. Friederici, A. D., & Chomsky, N. (2017). Language in our brain: The origins of a uniquely human capacity. The MIT Press.

20. Chomsky, N. (2015). *Syntactic structures.* Martino Publishing.

21. Chomsky, N., Mukherji, N., Patnaik, B. N., & Agnihotri, R. K. (2000). *The architecture of language.* Oxford University Press.

22. Chomsky, N., Belletti, A., Rizzi, L., & Chomsky, N. (2002). *On nature and language.* Cambridge University Press.

23. Chomsky, N. (1995). *The minimalist program.* The MIT Press.

24. Chomsky, N. (1972). *Language and mind.* Harcourt Brace Jovanovich.

25. Berwick, R. C., & Chomsky, N. (2016). *Why only us: Language and evolution.* The MIT Press.

26. Pinker, S. (1991). Rules of language. *Science, 253*(5019), 530-535.

27. Pinker, S. (1997). Words and rules in the human brain. *Nature, 387*(6633), 547-548.

28. Pinker, S. (1997). Language as a psychological adaptation [Discussion 72-80]. *Ciba Found Symp, 208*, 162-172.

29. Pinker, S. (1981). On the acquisition of grammatical morphemes. *J Child Lang, 8*(2), 477-484.

30. Pinker, S. (1979). Formal models of language learning. *Cognition, 7*(3), 217-283.

31. Dor, D. (2019). Language and innovation: Comment on "Replication and emergence in cultural transmission" by Monica Tamariz. *Phys Life Rev, 30*, 77-79.

32. Dor, D. (2023). Communication for collaborative computation: Two major transitions in human evolution. *Philos Trans R Soc Lond B Biol Sci, 378*(1872), 20210404.

33. Chomsky, N. (1965). *Aspects of the theory of syntax*. MIT Press.

34. Chomsky, N. (1968). *Language and mind*. Harcourt.

35. Chomsky, N. (1969). *Aspects of the theory of syntax*. MIT Press.

36. Corballis, M. C. (2017). Language evolution: A changing perspective. *Trends Cogn Sci, 21*(4), 229-236.

37. Corballis, M. C. (2015). What's left in language? Beyond the classical model. *Ann N Y Acad Sci, 1359*, 14-29.

38. Tulving, E, 1972 capitulo 10.

39. Tulving, E. (2004). [Episodic memory: From mind to brain]. *Rev Neurol* (Paris), *160*(4 Pt 2), S9-23.

40. Suddendorf, T., & Corballis, M. C. (2007). The evolution of foresight: What is mental time travel, and is it unique to humans? [Discussion 51]. *Behav Brain Sci, 30*(3), 299-313.

41. Corballis, M. C. (2019). Language, memory, and mental time travel: An evolutionary perspective. *Front Hum Neurosci, 13*, 217.

42. Hubel, D. H., & Wiesel, T. N. (1964). Effects of monocular deprivation in kittens. *Naunyn Schmiedebergs Arch Exp Pathol Pharmakol, 248*, 492-497.

43. Mufwene S. S. (2012). *A origem da evolução da linguagem* (p. 17).

44. Cavalli-Sforza, L. L. (2000). *Genes, peoples, and languages*. North Point Press.

45. Cavalli-Sforza, L. L., & Cavalli-Sforza, F. (1995). *The great human diasporas: The history of diversity and evolution.* Addison-Wesley.

46. Cavalli-Sforza, L. L., & Bodmer, W. F. (1999). *The genetics of human populations.* Dover Publications.

47. Cavalli-Sforza, L. L., & Feldman, M. W. (1981). *Cultural transmission and evolution: A quantitative approach*. Princeton University Press.

48. Cavalli-Sforza, L. L., Menozzi, P., & Piazza, A. (1994). *The history and geography of human genes*. Princeton University Press.

49. Bickerton, D. (1990). *Language & species*. University of Chicago Press.

50. Bickerton, D. (2014). *More than nature needs: Language, mind, and evolution.* Harvard University Press.

51. Chomsky, N. (1998). *On language: Chomsky's classic works.* Language and responsibility and Reflections on language in one volume. New Press.

52. Rousseau, J. J., John Boyd Thacher Collection (Library of Congress). (1755). *Discours sur l'origine et les fondemens de l'inegalite parmi les hommes* (LXX, 2, 262, 2 p., 1 leaf of plates). Marc Michel Rey.

53. Mufwene, S. S. (2008). *Language evolution: Contact, competition and change*. Continuum.

54. Darwin, C. (1871). *The descent of man, and selection in relation to sex*. D. Appleton and Company.

55. Darwin, C. El origen de las especies por la selección natural (n. p.). Librería Bergua. http://darwin-online.org.uk/

56. Heine, B., & Kuteva, T. (2005). *Language contact and grammatical change*. Cambridge University Press.

57. Laurentino, S. (2022). *Sujeito, cérebro e consciência.* Blucher.

58. Hickok, G., Erhard, P., Kassubek, J., Helms-Tillery, A. K., Naeve-Velguth, S., Strupp, J. P., Strick, P. L., & Ugurbil, K. (2000). A functional magnetic resonance imaging study of the role of left posterior superior temporal gyrus in speech production: Implications for the explanation of conduction aphasia. *Neurosci Lett, 287*(2), 156-160.

59. Hickok, G., & Poeppel, D. (2004). Dorsal and ventral streams: A framework for understanding aspects of the functional anatomy of language. *Cognition, 92*(1-2), 67-99.

60. Hickok, G., & Poeppel, D. (2007). The cortical organization of speech processing. *Nat Rev Neurosci, 8*(5), 393-402.

61. Hickok, G., & Poeppel, D. (2015). Neural basis of speech perception. *Handb Clin Neurol, 129*, 149-160.

62. Hickok G, Venezia J, Teghipco A. (2023). Beyond Broca: neural architecture and evolution of a dual motor speech coordination system. Brain, 146(5), 1775-1790.

63. Schmahmann, J. D., Pandya, D. N., Wang, R., Dai, G., D'Arceuil, H. E., de Crespigny, A. J., & Wedeen, V. J. (2007). Association fibre pathways of the brain: Parallel observations from diffusion spectrum imaging and autoradiography. *Brain, 130*(Pt 3), 630-653.

64. Schmahmann, J. D., & Pandya, D. N. (2007). Cerebral white matter: Historical evolution of facts and notions concerning the organization of the fiber pathways of the brain. *J Hist Neurosci, 16*(3), 237-267.

65. Friederici, A. D., & Gierhan, S. M. (2013). The language network. *Curr Opin Neurobiol, 23*(2), 250-254.

66. Hickok, G. (2001). Functional anatomy of speech perception and speech production: Psycholinguistic implications. *J Psycholinguist Res, 30*(3), 225-235.

67. Hickok, G. (2009). The functional neuroanatomy of language. *Phys Life Rev, 6*(3), 121-143.

68. Hickok, G., & Avrutin, S. (1995). Representation, referentiality, and processing in agrammatic comprehension: Two case studies. *Brain Lang, 50*(1), 10-26.

69. Hickok, G., Bellugi, U., & Klima, E. S. (1996). The neurobiology of sign language and its implications for the neural basis of language. *Nature, 381*(6584), 699-702.

70. Hickok, G., Bellugi, U., & Klima, E. S. (1997). The basis of the neural organization for language: Evidence from sign language aphasia. *Rev Neurosci, 8*(3-4), 205-222.

71. Hickok, G., Bellugi, U., & Klima, E. S. (2001). Sign language in the brain. *Sci Am, 284*(6), 58-65.

72. Hickok, G., & Zurif, E., Canseco-Gonzalez, E. (1993). Structural description of agrammatic comprehension. *Brain Lang, 45*(3), 371-395.

73. Galantucci, S., Tartaglia, M. C., Wilson, S. M., Henry, M. L., Filippi, M., Agosta, F., Dronker, N. F., Henry, J. M. O., Miller, B. L., & Gorno-Tempini, B. L. (2011). White matter damage in primary progressive aphasias: A diffusion tensor tractography study. *Brain, 134*(Pt 10), 3011-3029.

74. Gorno-Tempini, M. L., Brambati, S. M., Ginex, V., Ogar, J., Dronkers, N. F., Marcone, A., Perani, D., Garibotto, V., Cappa, S. F., & Miller, B. L. (2008). The logopenic/phonological variant of primary progressive aphasia. *Neurology, 71*(16), 1227-1234.

75. Flinker, A., Korzeniewska, A., Shestyuk, A. Y., Franaszczuk, P. J., Dronkers, N. F., Knight, R. T., & Crone, N. E. (2015). Redefining the role of Broca's area in speech. *Proc Natl Acad Sci U S A, 112*(9), 2871-2875.

76. Green, D. W., Grogan, A., Crinion, J., Ali, N., Sutton, C., & Price, C. J. (2010). Language control and parallel recovery of language in individuals with aphasia. *Aphasiology, 24*(2), 188-209.

77. Lieberman, P. (2002). On the nature and evolution of the neural bases of human language. *Am J Phys Anthropol*, (Suppl 35), 36-62.

78. Cummings, J. L. (1993). Frontal-subcortical circuits and human behavior. *Arch Neurol, 50*(8), 873-880.

79. Hickok, G., Houde, J., & Rong, F. (2011). Sensorimotor integration in speech processing: Computational basis and neural organization. *Neuron, 69*(3), 407-422.

80. Hickok, G., & Poeppel, D. (2000). Towards a functional neuroanatomy of speech perception. *Trends Cogn Sci, 4*(4), 131-138.

81. Hickok, G., Poeppel, D., Clark, K., Buxton, R. B., Rowley, H. A., & Roberts, T. P. (1997). Sensory mapping in a congenitally deaf subject: MEG and fRMI studies of cross-modal non-plasticity. *Hum Brain Mapp, 5*(6), 437-444.

82. Hickok, G., & Rogalsky, C. (2011). What does Broca's area activation to sentences reflect? [Discussion 32-35]. *J Cogn Neurosci, 23*(10), 2629-2631.

83. Hickok, G. (2010). The role of mirror neurons in speech and language processing. *Brain Lang, 112*(1), 1-2.

84. Hickok, G. (2012). The cortical organization of speech processing: feedback control and predictive coding the context of a dual-stream model. *J Commun Disord, 45*(6), 393-402.

85. Hickok, G. (2014). The architecture of speech production and the role of the phoneme in speech processing. *Lang Cogn Process, 29*(1), 2-20.

86. Hickok, G. (2022). The dual stream model of speech and language processing. *Handb Clin Neurol, 185*, 57-69.

87. Baddeley, A. (1992). Working memory. *Science, 255*(5044), 556-559.

88. Atkinson, R. C., & Shiffrin, R. M. (1971). The control of short--term memory. *Sci Am, 225*(2), 82-90.

89. Baddeley, A. (2010). Working memory. *Curr Biol, 20*(4), R136-R140.

90. Baddeley, A. D., & Warrington, E. K. (1970). Amnesia and the distinction between long- and short-term memory. *Journal of Verbal Learning and Verbal Behavior, 9*, 176-189.

91. Shallice, T., & Warrington, E. K. (1970). Independent functioning of verbal memory stores: A neuropsychological study. *Q J Exp Psychol, 22*(2), 261-273.

92. Baddeley, A. D., & Hitch, G. J. (1974). Working memory. In G. A. Bower (Ed.), *Recent advances in learning and motivation* (Vol. 8, pp. 47-90). Academic Press.

93. Baddeley, A. (2012). Working memory: Theories, models, and controversies. *Annu Rev Psychol, 63*, 1-29.

94. Baddeley, A., & Della Sala, S. (1996). Working memory and executive control [Discussion 403-404]. *Philos Trans R Soc Lond B Biol Sci, 351*(1346), 1397-1403.

95. Baddeley, A. D. (1966). Short-term memory for word sequences as a function of acoustic, semantic and formal similarity. *Q J Exp Psychol, 18*(4), 362-365.

96. Baddeley, A, D. (1968). Closure and response bias in short-term memory for form. *Br J Psychol, 59*(2), 139-145.

97. Baddeley, A. D. (1968). Prior recall of newly learned items and the recency effect in free recall. *Can J Psychol, 22*(3), 157-163.

98. Baddeley, A. D. (1968). How does acoustic similarity influence short-term memory? *Q J Exp Psychol, 20*(3), 249-264.

99. Baddeley, A. D. (1993). Verbal and visual subsystems of working memory. *Curr Biol, 3*(8), 563-565.

100. Baddeley, A. D., & Hitch, G. J. (2019). The phonological loop as a buffer store: An update. *Cortex, 112*, 91-106.

101. Baddeley, A. D., Hitch, G. J., & Allen, R. J. (2019). From short--term store to multicomponent working memory: The role of the modal model. *Mem Cognit, 47*(4), 575-588.

102. Baddeley, A. D., Hitch, G. J., & Quinlan, P. T. (2018). Is the phonological similarity effect in working memory due to proactive interference? *J Exp Psychol Learn Mem Cogn, 44*(8), 1312-1316.

103. Baddeley, A. D., & Patterson, K. (1971). The relation between long-term and short-term memory. *Br Med Bull, 27*(3), 237-242.

104. Baddeley, A. (2003). Working memory and language: an overview. *J Commun Disord, 36*(3), 189-208.

105. Baddeley, A. D. (1966). The influence of acoustic and semantic similarity on long-term memory for word sequences. *Q J Exp Psychol, 18*(4), 302-309.

106. Baddeley, A. D. (1970). Effects of acoustic and semantic similarity on short-term paired-associate learning. *Br J Psychol, 61*(3), 335-343.

107. Baddeley A, Chincotta D, & Adlam A. (2001). Working memory and the control of action: Evidence from task switching. *J Exp Psychol Ge, 130*(4), 641-657.

108. Baddeley, A. (2003). Working memory: looking back and looking forward. *Nat Rev Neurosci, 4*(10), 829-839.

109. Vallar, G., & Papagno, C. (2002). Neuropsychological impairments of verbal short-term memory. In A. D. Baddeley, M. D. Kopelman, & B. A. Wilson (Eds.), *Handbook of memory disorders* (2nd ed., pp. 249-270). Wiley.

110. Vallar, G., Papagno, C., & Baddeley, A. D. (1991). Long-term recency effects and phonological short-term memory: A neuropsychological case study. *Cortex, 27*(2), 323-326.

111. Vallar, G., & Papagano, C. (1986). Phonological short-term store and the nature of the recency effect: Evidence from neuropsychology. *Brain Cogn*, 5(4), 428-442.

112. Luriia, A. R. (1959). *Speech and the development of mental processes in the child: An experimental investigation*. Staples Press.

113. Vygotskiĭ, L. S., Piaget, J., Vakar, G., & Hanfmann, E. (1962). *Thought and language.* MIT Press.

114. Logie, R. H. (1986). Visuo-spatial processing in working memory. *Q J Exp Psychol A, 38*(2), 229-247.

115. Smyth M. M., & Scholey K. A. (1994). Interference in immediate spatial memory. Mem Cognit, 22(1), 1-13.

116. Smyth, M. M., & Pendleton, L. R. (1990). Space and movement in working memory. *Q J Exp Psychol A, 42*(2), 291-304.

117. Smyth, M. M., & Pendleton, L. R. (1989). Working memory for movements. *Q J Exp Psychol A, 41*(2), 235-250.

118. Smyth, M. M. (1978). Attention to visual feedback in motor learning. *J Mot Behav, 10*(3), 185-190.

119. Daneman, M., & Merikle, P. M. (1996). Working memory and language comprehension: A meta-analysis. *Psychon Bull Rev, 3*(4), 422-433.

120. Baddeley, A. D. (2021). Developing the concept of working memory: The role of neuropsychology 1. *Arch Clin Neuropsychol, 36*(6), 861-873.

121. Baddeley, A., Chincotta, D., Stafford, L., & Turk, D. (2002). Is the word length effect in STM entirely attributable to output delay? Evidence from serial recognition. *Q J Exp Psychol A*, 55(2), 353-369.

122. Baddeley, A. (2001). The concept of episodic memory. *Philos Trans R Soc Lond B Biol Sci, 356*(1413), 1345-1350.

123. Baddeley, A. (1996). The fractionation of working memory. *Proc Natl Acad Sci U S A, 93*(24), 13468-13472.

124. Baddeley, A. (2000). The episodic buffer: A new component of working memory? *Trends Cogn Sci, 4*(11), 417-423.

125. Baddeley, A., & Wilson, B. A. (2002). Prose recall and amnesia: implications for the structure of working memory. *Neuropsychologia, 40*(10), 1737-1743.

126. Baddeley, A. (1992). Working memory: The interface between memory and cognition. *J Cogn Neurosci, 4*(3), 281-288.

127. Baddeley, A. (1981). The concept of working memory: A view of its current state and probable future development. *Cognition, 10*(1-3), 17-23.

128. Baddeley, A. (1998). The central executive: A concept and some misconceptions. *J Int Neuropsychol Soc, 4*(5), 523-526.

129. Damasio, H., & Damasio, A. (2023). Hanna and Antonio Damasio. *Neuron, 111*(21), 3337-3340.

130. Damasio, H., & Damasio, A. R. (1980). The anatomical basis of conduction aphasia. *Brain, 103*(2), 337-350.

131. Damasio, H., Grabowski, T. J., Tranel, D., Hichwa, R. D., & Damasio, A. R. (1996). A neural basis for lexical retrieval. *Nature, 380*(6574), 499-505.

132. Damasio, H., Tranel, D., Grabowski, T, Adolphs, R., & Damasio, A. (2004). Neural systems behind word and concept retrieval. *Cognition, 92*(1-2), 179-229.

133. Damasio, A. R. (1997). Brain and language: What a difference a decade makes. *Curr Opin Neurol, 10*(3), 177-178.

134. Damasio, A. R. (1992). Aphasia. *N Engl J Med, 326*(8), 531-539.

135. Damasio, A. R. (1988). Neuroscience and cognitive science in the study of language and the brain. *Res Publ Assoc Res Nerv Ment Dis, 66*, 275-282.

136. Binder, J. R., Desai, R. H., Graves, W. W., & Conant, L. L. (2009). Where is the semantic system? A critical review and meta-analysis of 120 functional neuroimaging studies. *Cereb Cortex, 19*(12), 2767-2796.

137. Binder, J. R., & Desai, R. H. (2011). The neurobiology of semantic memory. *Trends Cogn Sci, 15*(11), 527-536.

138. Dickerson, B. C., & Eichenbaum, H. (2010). The episodic memory system: Neurocircuitry and disorders. *Neuropsychopharmacology, 35*(1), 86-104.

139. Binder, J. R., Frost, J. A., Hammeke, T. A., Cox, R. W., Rao, S. M., & Prieto, T. (1997). Human brain language areas identified by functional magnetic resonance imaging. *J Neurosci, 17*(1), 353-362.

140. Binder, J. R. (2016). In defense of abstract conceptual representations. *Psychon Bull Rev, 23*(4), 1096-1108.

141. Barsalou, L. W., Dutriaux, L., & Scheepers, C. (2018). Moving beyond the distinction between concrete and abstract concepts. *Philos Trans R Soc Lond B Biol Sci*, 373(1752).

142. Barsalou, L. W. (2009). Simulation, situated conceptualization, and prediction. *Philos Trans R Soc Lond B Biol Sci, 364*(1521), 1281-1289.

143. Barsalou, L. W. (2017). What does semantic tiling of the cortex tell us about semantics? *Neuropsychologia, 105*, 18-38.

144. Barsalou, L. W., Breazeal, C., & Smith, L. B. (2007). Cognition as coordinated non-cognition. *Cogn Process, 8*(2), 79-91.

145. Barsalou, L. W., Huttenlocher, J., & Lamberts, K. (1998). Basing categorization on individuals and events. *Cogn Psychol, 36*(3), 203-272.

146. Barsalou, L. W. (2005). Continuity of the conceptual system across species. *Trends Cogn Sci, 9*(7), 309-311.

147. Murray, E. A., & Bussey, T. J. (2011). Consolidation and the medial temporal lobe revisited: Methodological considerations. *Hippocampus, 11*(1), 1-7.

148. Murray, E. A., Bussey, T. J., Hampton, R. R., & Saksida, L. M. (2000). The parahippocampal region and object identification. *Ann N Y Acad Sci, 911*, 166-174.

149. Murray, E. A., Bussey, T. J., & Wise, S. P. (2000). Role of prefrontal cortex in a network for arbitrary visuomotor mapping. *Exp Brain Res, 133*(1), 114-129.

150. Murray, E. A., & Fellows, L. K. (2022). Prefrontal cortex interactions with the amygdala in primates. *Neuropsychopharmacology, 47*(1), 163-179.

151. Murray, E. A., & Richmond, B. J. (2001). Role of perirhinal cortex in object perception, memory, and associations. *Curr Opin Neurobiol, 11*(2), 188-193.

152. Murray, E. A., & Rudebeck, P. H. (2018). Specializations for reward-guided decision-making in the primate ventral prefrontal cortex. *Nat Rev Neurosci, 19*(7), 404-417.

153. Murray, E. A., & Wise, S. P. (2010). Interactions between orbital prefrontal cortex and amygdala: Advanced cognition, learned responses and instinctive behaviors. *Curr Opin Neurobiol, 20*(2), 212-220.

154. Murray, E. A., Wise, S. P., & Graham, K. S. (2018). Representational specializations of the hippocampus in phylogenetic perspective. *Neurosci Lett, 680*, 4-12.

155. Preuss, T. M., & Wise, S. P. (2022). Evolution of prefrontal cortex. *Neuropsychopharmacology, 47*(1), 3-19.

156. Barsalou, L. W. (1999). Perceptual symbol systems [Discussion 10-60]. *Behav Brain Sci, 22*(4), 577-609.

157. Barsalou, L. W. (2003). Abstraction in perceptual symbol systems. *Philos Trans R Soc Lond B Biol Sci, 358*(1435), 1177-1187.

158. Barsalou, L. W., Kyle Simmons, W., Barbey, A. K., & Wilson, C. D. (2003). Grounding conceptual knowledge in modality-specific systems. *Trends Cogn Sci, 7*(2), 84-91.

159. Fivush, R. (2018). The sociocultural functions of episodic memory. *Behav Brain Sci, 41*, e14.

160. Fivush, R., Habermas, T., Waters T. E., & Zaman, W. (2011). The making of autobiographical memory: Intersections of culture, narratives and identity. *Int J Psychol, 46*(5), 321-345.

161. Fivush, R., & Nelson, K. (2004). Culture and language in the emergence of autobiographical memory. *Psychol Sci, 15*(9), 573-577.

162. Paivio, A. (1986). *Mental representations.* Oxford University Press.

163. Paivio, A. (1971). *Imagery and verbal processes.* Holt, Rinehart & Winston.

164. Borghi, A. M., Binkofski, F., Castelfranchi, C., Cimatti, F., Scorolli, C., & Tummolini, L. (2017). The challenge of abstract concepts. *Psychol Bull, 143*(3), 263-292.

165. Borghi, A. M., & Fernyhough, C. (2023). Concepts, abstractness and inner speech. *Philos Trans R Soc Lond B Biol Sci, 378*(1870), 20210371.

166. Borghi, A. M., Mazzuca, C., Da Rold, F., Falcinelli, I., Fini, C., Michalland, A. H., & Tummolini, L. (2020). Abstract words

as social tools: Which necessary evidence? *Front Psychol, 11*, 613026.

167. Borghi, A. M., Fini, C., & Mazzuca, C. (2022). Abstract concepts, social interaction, and beliefs. *Front Psychol, 13*, 919808.

168. Borghi, A. M., Barca, L., Binkofski, F., & Tummolini, L. (2018). Abstract concepts, language and sociality: From acquisition to inner speech. *Philos Trans R Soc Lond B Biol Sci, 373*(1752).

169. Corballis, M. C. (2018). Space, time, and language. *Cogn Process, 19*(Suppl 1), 89-92.

170. Borghi, A. M., Barca, L., Binkofski, F., & Tummolini, L. (2018). Varieties of abstract concepts: Development, use and representation in the brain. *Philos Trans R Soc Lond B Biol Sci, 373*(1752).

171. Borghi, A. M., Capirci, O., Gianfreda, G., & Volterra, V. (2014). The body and the fading away of abstract concepts and words: A sign language analysis. *Front Psychol, 5*, 811.

172. Borghi, A. M., & Cangelosi, A. (2014). Action and language integration: From humans to cognitive robots. *Top Cogn Sci, 6*(3), 344-358.

173. Borghi, A. M., Bonfiglioli, C., Lugli, L., Ricciardelli, P., Rubichi, S., & Nicoletti, R. (2007). Are visual stimuli sufficient to evoke motor information? Studies with hand primes. *Neurosci Lett, 411*(1), 17-21.

174. Borghi, A. M., & Barsalou, L. (2021). Perspective in the conceptualization of categories. *Psychol Res, 85*(2), 697-719.

175. Borghi, A. M., Barca, L., Binkofski, F., Castelfranchi, C., Pezzulo, G., & Tummolini, L. (2019). Words as social tools: Flexibility, situatedness, language and sociality in abstract concepts. Reply to comments on "Words as social tools: Language, sociality and inner grounding in abstract concepts". *Phys Life Rev, 29*, 178-184.

176. Borghi, A. M., Barca, L., Binkofski, F., Castelfranchi, C., Pezzulo, G., & Tummolini, L. (2019). Words as social tools: Language, sociality and inner grounding in abstract concepts. *Phys Life Rev, 29*, 120-153.

177. Borghi, A. M. (2024). Mechanistic explanation and the integration between language and action. *Cogn Neurosci, 15*(3-4), 98-99.

178. Borghi, A. M. (2020). A future of words: Language and the challenge of abstract concepts. *J Cogn, 3*(1), 42.

179. Borghi, A. M., Gervasi, A. M., & Brozzoli, C. (2023). Language as a means to reduce uncertainty: Comment on "An active inference model of hierarchical action understanding, learning and imitation" by R. Proietti, G. Pezzulo, A. Tessari. *Phys Life Rev, 46*, 261-263.

180. Freud, S., Strachey, J., & Gay, P. (1989). *An outline of psycho-analysis* (Standard ed.). W. W. Norton.

181. Freud, S. (1987). *The origin and development of psychoanalysis.* Regnery Gateway.

182. Freud, S. (1961). *The ego and the id* (1st American ed.). Norton.

183. Freud, S., & Fliess, W. (1954). *The origins of psycho-analysis letters to Wilhelm Fhess, drafts and notes, 1887-1902*. Basic Books.

184. Freud, S. (1953). *On aphasia: A critical study.* International Universities Press.

185. Freud, S. (1895). *Projeto para uma psicologia científica:* Imago.

186. Freud, S. (1969). *An outline of psycho-analysis* (Rev. ed.). W. W. Norton.

187. Borghi, A. M. (2016). Commentary: Weighty data. Importance information influences estimated weight of digital information storage devices. *Front Psychol, 7*, 709.

188. Borghi, A. M., Shaki, S., & Fischer, M. H. (2022). Abstract concepts: External influences, internal constraints, and methodological issues. *Psychol Res, 86*(8), 2370-2388.

189. Binder, J. R., Gross, W. L., Allendorfer, J. B., Bonilha, L., Chapin, J., Edwards, J. C., Grabowski, T. J., Langfitt, J. T., Loring, D. W., Lowe, M. J., Koenig, K., Morgan, P. S., Ojemann, J. G., Rorden, C., Szaflarski, J. P., Tivarus, M. E., & Weaver, K. E. (2011). Mapping anterior temporal lobe language areas with fMRI: A multicenter normative study. *Neuroimage, 54*(2), 1465-1475.

190. Binder, J. R. (2015). The Wernicke area: Modern evidence and a reinterpretation. *Neurology, 85*(24), 2170-2175.

191. Borghi, A. M., Caramelli, N., Setti, A. (2005). Conceptual information on objects' locations. *Brain Lang, 93*(2), 140-151.

192. Borghi, A. M., & Cimatti, F. (2010). Embodied cognition and beyond: Acting and sensing the body. *Neuropsychologia, 48*(3), 763-773.

193. Borghi, A. M., De Livio, C., Falcinelli, I., & Gervasi, A. M. (2023). Beyond simple laboratory studies, toward interactive methods: Commentary on the review article. Beyond simple laboratory studies: Developing sophisticated models to study rich behavior. *Phys Life Rev, 47*, 197-9.

194. Borghi, A. M., & Fini, C. (2019). Theories and explanations in psychology. *Front Psychol, 10*, 958.

195. Borghi, A. M., Flumini, A., Cimatti, F., Marocco, D., & Scorolli, C. (2011). Manipulating objects and telling words: A study on concrete and abstract words acquisition. *Front Psychol, 2*, 15.

196. Borghi, A. M., Flumini, A, Natraj, N., & Wheaton, L. A. (2012). One hand, two objects: Emergence of affordance in contexts. *Brain Cogn, 80*(1), 64-73.

197. Borghi, A. M., Gianelli, C., & Scorolli, C. (2010). Sentence comprehension: effectors and goals, self and others: An overview of experiments and implications for robotics. *Front Neurorobot, 4*, 3.

195. perspective. *Mem Cognit, 32*(6), 863-873.

199. Borghi A. M., Scorolli, C., Caligiore, D., Baldassarre, G., & Tummolini, L. (2013). The embodied mind extended: Using words as social tools. *Front Psychol, 4*, 214.

200. Borghi, A. M., Shaki, S., & Fischer, M. H. (2022). Concrete constraints on abstract concepts-editorial. *Psychol Res, 86*(8), 2366-2369.

201. Atkinson, R. C., & Shiffrin, R. M. (1968). Human memory: A proposed system and its control processes. In K. W. Spence, & J. T. Spence (Eds.), *The psychology of learning and motivation: Advances in research and theory* (Vol. 2, pp. 89-195). Academic Press.

202. Borghi, A. M., & Tummolini, L. (2020). Touch me if you can: The intangible but grounded nature of abstract concepts. *Behav Brain Sci, 43*, e123.

203. Clark, R. E., & Squire, L. R. (2013). Similarity in form and function of the hippocampus in rodents, monkeys, and humans. *Proc Natl Acad Sci U S A, 110*(Suppl 2), 10365-70.

204. Connell, L., & Lynott, D. (2016). Do we know what we're simulating? Information loss on transferring unconscious perceptual simulation to conscious imagery. *J Exp Psychol Learn Mem Cogn, 42*(8), 1218-1232.

205. Connell, L., & Lynott, D. (2014). Principles of representation: Why you can't represent the same concept twice. *Top Cogn Sci, 6*(3), 390-406.

206. Connell, L., & Lynott, D. (2012). Strength of perceptual experience predicts word processing performance better than concreteness or imageability. *Cognition, 125*(3), 452-465.

207. Paivio, A. & Begg, I. (1981). *The psychology of language.* Prentice-Hall.

208. Yeh, W., & Barsalou, L. W. (2006). The situated nature of concepts. *Am J Psychol, 119*(3), 349-384.

6. Memórias e emoções

Rêverie não é um vácuo mental. É antes o dom de uma hora que conhece a plenitude da alma.

Gaston Bachelard

Introdução

Memória e emoção são temas de imensa relevância, tanto do ponto de vista científico como nos aspectos educacional e sociopolítico. Do ponto de vista popular, falar das emoções pode ser visto pelo senso comum como "aquilo que não tem o controle da razão". Por exemplo, muitos atos de violações dos direitos humanos cometidos por agentes públicos que trabalham na proteção da sociedade, ou atos violentos executados em lugares públicos por discussões fúteis do cotidiano, são justificados pelo viés da emoção. Estar tomado pela emoção e, consequentemente, agir de maneira impensada e emotiva passou a ser um meio de justificar e defender os atos mais repulsivos e injustificáveis de violência. O embotamento afetivo, e a falta de empatia diante da violência, especialmente contra as minorias, apresentam respostas emocionais que variam de acordo com cada sociedade, mas infelizmente a humanidade se encontra bem longe de uma educação emocional que torne o mundo mais seguro para todos os que estão fora das linhas da normatividade.

Para analisar esse tipo de comportamento emocional, do ponto de vista social, é importante considerar a teoria de Nussbaum[1-7] sobre as emoções e a educação com ética. Trata-se de uma teoria focada no desenvolvimento humano sustentável, e que considera as emoções avaliações de valor diante de um objeto percebido no mundo, necessitando, para tanto, ter uma natureza cognitiva.[7] Contudo, apesar de uma visão cognitivista das emoções, Nussbaum revela algo de extremo valor quando falamos de memórias autobiográficas e emoções. Considerar que as emoções são complexas, e que não devem ser consideradas mera resposta instintiva e impulsiva, implica afirmar que os atos de violência justificados pelo viés da emoção não passam de uma máscara para proteger aqueles que abusam do poder – e sem qualquer justificativa para isso.

Quando Nussbaum afirma que as emoções são avaliações de valor, e envolvem crenças intencionais, ou seja, são nossas emoções que moldam a maneira como vemos e nos relacionamos com o mundo a partir das nossas crenças e propósitos, isso pressupõe que nossos atos, por mais emocionais que sejam, estarão sempre atrelados às nossas avaliações subjetivas, crenças e valores. Ao considerar essa premissa, falar da memória humana ganha um sentido intrínseco ao estudo da emoção, visto que as crenças não deixam de ser aprendizados socioculturais que alimentam os conteúdos das memórias autobiográficas.

Por outro lado, a grande onda de estudos em *marketing, coaching* etc. tem tentado trazer para o mundo do mercado programas de treinamentos voltados para a influência das emoções no desempenho profissional, como se fosse possível separar razão de emoção. Por exemplo: Como aprender a controlar esses sentimentos e reações? De que modo usá-los como ferramenta de análise comportamental no *marketing*? Como entender suas próprias emoções para se tornar um sujeito mais racional, com tomadas de decisão assertivas e vantajosas? É possível usar esses conhecimentos para controlar e influenciar decisões? Será que na contemporaneidade o grande poder das mídias digitais e das redes sociais não tem extrapolado os seus limites em nome do poder e do controle? Será que o mundo digital não tem atuado para desorganizar parte do equilíbrio emocional individual e coletivo, provocando uma onda de sujeitos cada vez mais dependentes do julgamento e reconhecimento social midiático e, consequentemente, da manipulação emocional dos outros têm sobre nossas vidas? Para analisar esse tipo de comportamento emocional, é importante considerar o que Nussbaum fala sobre a educação da emoção para uma construção sólida da ética na sociedade e para o desenvolvimento de uma imaginação empática, sempre focada no desenvolvimento humano sustentável.[1-7]

Diante de tantas questões sobre o tema das emoções, um fato que deve ser ressaltado ao considerar os estudos das emoções de Nussbaum é que, para promover uma educação para o desenvolvimento sustentável, para o aprendizado de um julgamento ético mais humano e responsável, é imperioso trazer o estudo das emoções para o campo das memórias afetivas. Sim, é preciso falar daquilo que não podemos esquecer do ponto de vista emocional, pois são essas emoções e sentimentos que ficam fixados nas nossas memórias, e que nos proporcionam a possiblidade de evoluir como sociedade. Para Nussbaum, as emoções atuam interiormente para despertar a consciência daquilo que é, ou poderá vir a ser, importante para o indivíduo, impulsionando a mente a aceitar aquilo que é posto, a partir de crenças em que as emoções têm um valor primordial.

Nussbaum,[7] que ressaltou a importância da educação para as emoções das crianças, afirma que as emoções devem ser consideradas dentro das explicações do julgamento ético, ou seja, fazer parte do raciocínio ético. Olhando para questões éticas e morais Nussbaum esclarece que é preciso estar pronto para lidar com as experiências tumultuadas que o ser humano vive em relação a suas dores, amores, raivas e medos – e para lidar com a maneira como essas questões atuam no nosso pensamento do que é justo e bom.[7] Reconhecendo certas emoções, por exemplo, amor, medo, raiva, como condições biológicas do ser humano, e com importante fator adaptativo, Nussbaum também afirma que isso não significa que as emoções não possam ser expressas de diferentes modos de acordo com cada ambiente social existente. Assim, questiona, "Devemos agora perguntar até que ponto os repertórios emocionais também diferem, e até que ponto essas variações são causadas por diferenças sociais e não individuais".

Destarte, a capacidade de criar um estado mental que tenha ligação com o outro – fora de nós, reconhecer e gostar de quem nos cuida e ama, sentir sua falta, lamentar sua partida, sentir gratidão ou raiva, que possam ser justificadas, além dos ensinamentos sobre empatia e compaixão, sobre a consciência de que existe um outro, e de que esse outro merece ser respeitado, e de que seu bem-estar merece ser preservado – exige, também, políticas públicas que enfatizem o direito democrático de igualdade e justiça – construções sociais fundamentais para o desenvolvimento humano.[7]

Colocando a sua teoria das emoções como neoestoicas, Nussbaum ensina que as emoções são eudemonísticas,* isto é, a nossa Eudaimonia, a visão pessoal de que o bem-estar do outro está envolvido na percepção do nosso bem-estar.[7]

Nussbaum oferece uma oportunidade de repensarmos a nossa presença na sociedade, mostrando que a nossa natureza é ter a emoção como ferramenta de reflexão sobre a vulnerabilidade diante da finitude. Ao mesmo tempo, porém, podemos usar dessa revolta, desse

* Para o eudemonismo, diferentemente do hedonismo (ceder a todos os desejos a qualquer preço), é preciso escolher os desejos a serem satisfeitos.

medo, dessa convulsão, para nos rebelarmos e criarmos alternativas para o desenvolvimento humano sustentável.[7]

Considerando a teoria de Nussbaum, pode-se entender a importância das memórias na construção do sujeito e da sua relação com o mundo. Se as emoções são ferramentas que impõem uma reflexão sobre a vulnerabilidade humana e sua finitude, considerar que nossas memórias afetivas precisam ser preservadas e cultivadas para que não esqueçamos que existem outros seres (incluindo todos os outros seres vivos não humanos) que sofrem, sentem dores, medos, solidão, fome, desamparo, e que o seu bem-estar, e seu desenvolvimento, dependem da nossa capacidade de ter compaixão e empatia, torna o estudo da memória e das emoções algo de extremo valor ético.

Além disso, nenhuma sociedade pode construir um futuro justo e humano, com desenvolvimento e sustentabilidade, esquecendo das memórias dolorosas e traumáticas que fizeram parte da sua história civilizatória. Dessa forma, ao ampliarmos a visão de Nussbaum,[2,8-11] podemos dizer que também é preciso olhar para o passado – e emocionar-se e revoltar-se ao lembrar dos flagelos humanitários, das atrocidades cometidas e repetidas tantas vezes. Lembrar da brutalidade e das barbáries assistidas e vividas repetidamente. É de extrema importância que nossas memórias afetivas nos evoquem o sentimento de náusea, de revolta, de indignação, de desconforto e de finitude, para que possamos nos projetar ao futuro com um olhar mais humano e justo. Que tenhamos sentimentos que funcionem para ressignificar o presente – e construir um desenvolvimento mais ético para o futuro.

Além disso, devemos ressaltar as relações afetivas em um mundo virtual frio, indiferente e obscuro, onde as respostas emotivas, focadas apenas na aceitação ou na aversão, são provocadas e manipuladas por *likes*; pelo número de seguidores e pela ação de "*haters*" que humilham, agridem e zombam, pelo simples fato de "gozar com a dor alheia". É urgente que o mundo virtual entenda a necessidade de promover o sentimento de bem-estar coletivo.

Em uma era em que a inteligência artificial começa a assumir o protagonismo sobre nossos afetos, e na qual a ciência está mais preocupada em criar emoções nos robôs humanoides do que estudar os motivos por trás do aumento nos índices atuais de depressão, suicídio e banalização da violência e do sofrimento alheio, impõe-se, com urgência, estudar e compreender a teoria de Nussbaum,[2,4,12] em nome da educação das emoções. Especialmente para que possamos entender esses afetos fragmentados de uma sociedade adoecida pela indiferença e pela solidão.

No entanto, para além dos estudos filosóficos e sociológicos, falar das emoções e das memórias emocionais também merece uma abordagem do ponto de vista evolutivo e neurocientífico. Foi Charles Darwin que, em 1872, apresentou ao mundo um dos livros mais revolucionários sobre o estudo da emoção humana: *A expressão das emoções em homens e animais.*[13,14] Darwin analisou tanto as respostas emocionais – como medo, raiva, dor etc. – como sentimentos que não correspondiam, necessariamente, a emoções básicas, mas refletiam sentimentos mais complexos, como desemparo, ressentimento, perplexidade etc. Concentrando suas pesquisas nas expressões faciais e gestuais, argumentou que a maneira de expressar as emoções primitivas seria algo inato e, portanto, comum a toda a espécie humana, apoiando a teoria de que haveria uma descendência para todas as raças a partir de um progenitor comum.

Darwin também observou que certas características no modo de expressar as emoções poderiam ser vistas em outros animais, especialmente nos macacos, o que dava suporte à sua teoria da evolução das espécies. Influenciado pelos estudos de Charles Bell, que escreveu, em 1806, *Anatomia e filosofia da expressão*, Darwin questionou se a expressão facial poderia ser evocada pela emoção de outra pessoa, e como seria fisiologicamente produzida. Então, baseando-se nos estudos de Duchene, de 1862, usou os métodos de fotografias com expressões faciais com o intuito de entender como essas expressões faciais inatas haviam evoluído, e por que determinados grupamentos musculares eram usados para expressar certas emoções, como raiva, medo, tristeza etc. O estudo de Darwin abriu portas para que futuras pesquisas e teorias sobre a emoção humana fossem desenvolvidas.[15]

Posteriormente aos estudos de Darwin (1872), o psicólogo e filósofo William James publicou um ensaio com a seguinte pergunta: "O que é uma emoção?" (1884). Para James, alguns estímulos evocam reações corporais emocionais, e será a percepção dessas mudanças na fisiologia do corpo (batimentos cardíacos acelerados, transpiração, dor abdominal, respiração ofegante) que constituirá a experiência consciente das emoções e dos sentimentos. Para James, uma pessoa, ao deparar-se com um urso, desencadeia uma descarga no corpo, uma espécie de despertar emocional, que provoca todas as reações acima descritas, e será a percepção dessas mudanças corporais que levará nossa consciência subjetiva do sentimento de medo do urso.

Pesquisas mais recentes propõem substratos neurobiológicos que promovem reações emocionais, como fatores para uma base adaptativa da espécie. E a percepção consciente dos sentimentos, ou seja, a consciência de que essas reações no corpo podem ser interpretadas como medo, estaria relacionada a uma base neural, ou seja, seria o processamento de redes neurais interligadas, com a função de aprender com essas reações emocionais, que promoveria ensaios e planejamento executivo para que as tomadas de decisão futuras fossem mais assertivas e vantajosas.[16-25]

Pode-se afirmar, portanto, que as emoções têm uma base sensorial e motora. A base sensorial está diretamente relacionada à percepção de um objeto, como um estímulo, enquanto sua base motora tem relação com o fato de que toda resposta emocional motiva uma reação comportamental.[25] Destarte, emoção e cognição teriam funções diferentes sobre o comportamento humano. As emoções com processamentos mais implícitos, rápidos e instintivos, e a cognição atuando guiada por estímulos externos, com um processamento mais lento e elaborado.[25]

António Damásio (1994), por sua vez, estudou pacientes com lesão do córtex ventromedial que apresentavam perdas funcionais, financeiras, sociais e familiares devido a uma severa dificuldade na tomada de decisão.[26] Perceber que os pacientes estavam incapacitados de aprender a partir de erros prévios quando submetidos a tarefas específicas, e que se engajavam repetidamente em decisões com consequências negativas, mas que, por outro lado, apresentavam excelente capacidade de resolução de problemas, e funcionamento intelectual preservado, ajudou Damásio a criar uma fantástica teoria sobre a importância das emoções para tomadas de decisão mais assertivas diante das contingências sociais.[22,25,27]

Esse autor levantou a hipótese de que lesões no córtex pré-frontal ventromedial comprometiam a regulação das emoções e prejudicava a tomada de decisão mais apropriada.[26] Essa constatação foi fundamental para a construção do que viria a ser a famosa hipótese do marcador somático (HMS). O conceito do marcador somático parte do princípio de que a emoção tem um papel fundamental ao guiar as tomadas de decisão em situações em que o resultado de uma escolha, em termos de punição e recompensa, seja incerto.[26,28] Assim, a essência da HMS faz convergir a atenção para o resultado negativo, no qual uma ação poderia conduzir e atuar como alarme automático, que sinalizaria a atenção ao perigo decorrente de escolher a ação que geraria esse resultado. O sinal poderia fazer com que se rejeitasse imediatamente o rumo da ação negativa, levando o sujeito a escolher alternativas. O sinal automático protegeria de prejuízos futuros, sem mais hesitações, e depois permitiria escolher entre menos alternativas.[28-30]

Dessa forma, a construção do sistema de processamento das emoções envolve um complexo circuito neural, tanto cognitivo quanto emocional, que nos permite criar estratégias de decisões e comportamentos que favoreçam a proteção com base nos aprendizados vividos por meio das nossas experiências afetivas. É fundamental, por isso, entender como funciona todo o circuito da emoção e sua relação com os circuitos da memória. Afinal, nem tudo o que nos emociona, e nem todos os sentimentos, são respostas de eventos externos e do tempo presente; a maioria refere-se às experiências armazenadas nas nossas reminiscências e memórias que perpassam toda uma existência.

Circuitos neurais da memória e da emoção

Ao considerar a teoria de William James, António Damásio levantou a hipótese de que os aspectos biológicos e ontogenéticos da emoção humana estariam relacionados a experiências mentais de estados corporais.[31] O autor classificou como sentimentos certas necessidades fisiológicas, como fome, sede, necessidade de respirar, dor provocada por lesões teciduais, sensação de bem-estar, ameaças ao organismo (raiva, medo, tensão), ou interações sociais específicas como compaixão, amor, gratidão etc. Do mais simples ao mais complexo, os sentimentos teriam como função buscar a autopreservação e a regulação vital do ser humano.

A sobrevivência humana estaria totalmente dependente da manutenção da fisiologia do corpo e do equilíbrio homeostático. A percepção de mudanças na fisiologia corporal, bem como na função de diversos órgãos que pudessem sinalizar para um risco de vida, levaria a uma reação fisiológica imediata e evocaria memórias emocionais relacionadas com experiências mentais, como medo, sede, fome, dor etc. Além disso, a recuperação dessas memórias promoveria um equilíbrio homeostático e protegeria o indivíduo de alguma ameaça interna. Seriam o sistema nervoso autônomo (SNA), com o seu sistema simpático ativado diante de sinais de risco, e o sistema parassimpático funcionando para restaurar a homeostase corporal, os grandes responsáveis pela manutenção de um estado de alerta e defesa – e essa regulação levaria a um equilíbrio fisiológico diante de situações emergenciais.

Destarte, os sentimentos teriam surgido para mobilizar um maquinário neural mais complexo, visando retratar diretamente a natureza vantajosa ou desvantajosa de uma situação fisiológica, retratando esses sinais como experiência vivida e, assim, facilitando o aprendizado das condições responsáveis pelos desequilíbrios homeostáticos e de suas respectivas correções.[32] Dessa forma, o marcador somático serviria para prever situações futuras adversas ou favoráveis – e as experiências vividas e os sentimentos experienciados funcionariam para regular o comportamento diante de situações específicas.[31,32] Visando a uma contínua monitorização dos sinais internos e externos, o sistema nervoso trabalharia continuamente na captação e percepção de estímulos salientes, nos quais os estímulos internamente guiados seriam modulados pelo sistema visceroceptivo, através da via do trato solitário, até alcançar a ínsula anterior e o sistema límbico, enquanto os estímulos externos alcançariam os órgãos sensoriais focados no olfato, visão, audição, tato, e se projetariam sobre regiões corticais sensoriais que, ao conectar-se com as redes neurais frontais, regulariam o comportamento de tomada de decisão diante dos sinais favoráveis, ou de ameaças externas.[21-23,26,27,31-35]

Mas falar sobre as memórias afetivas também invoca o entendimento sobre a cognição social. Sabe-se que todas as memórias episódicas, autobiográficas, e as memórias emocionais, envolvem a relação entre o sujeito e o mundo. Assim, é a partir das relações sociais que nossas memórias afetivas moldam gradualmente nossos comportamentos e nossas relações com outros indivíduos. A espécie *sapiens* tem como característica ser extremamente sociável e pautar sua existência na convivência em grupo.

Estudos recentes, em primatas e humanos, revelaram que genes, sistemas de neurotransmissores e certas estruturas cerebrais desempenham um papel fundamental na modulação do comportamental social. Dentre elas, destacam-se a amígdala, o córtex pré-frontal ventromedial, o córtex somatossensorial direito, o córtex orbitofrontal, os lobos temporais e o córtex cingulado.[36,37] Ou seja, os lobos temporais participam da percepção de estímulos socialmente relevantes, enquanto a amígdala, os córtices somatossensoriais direitos, os córtices orbitofrontais e os córtices cingulados conectam a percepção desses estímulos sociais com os circuitos neurais da motivação, emoção e cognição.[36-41] A ativação desses circuitos neurais funciona modulando entre representações perceptivas voltadas para os estímulos socialmente relevantes e a recuperação de aprendizados que esses estímulos podem desencadear (ou elicitação de comportamentos). Ou seja, a cognição social, especialmente a construção e os aprendizados dos conceitos abstratos que necessitam de um outro para sua validação, baseia-se no processamento especializado de informações sociais, e as contribuições relativas feitas à cognição social pelo conhecimento inato adquirido.[36]

Para Tomasello (1999), a base do comportamento dos seres humanos diz respeito à sua capacidade de acessar os seus recursos cognitivos de uma "forma que outras espécies não conseguem". Isso tornou possível o desenvolvimento de um modo muito especial de cognição social, jamais visto em outros animais, "nomeadamente, a capacidade dos organismos individuais de compreender os coespecíficos como seres semelhantes, eles mesmos que têm vidas intencionais e mentais como a sua".[42]

Ao considerar a importância da cognição social, deve-se ressaltar que desenvolver uma função tão nobre voltada para a capacidade de compreender os coespecíficos como seres semelhantes, inferir dentro das suas interpretações cognitivas o que o outro sente diante de certas questões sociais, ter empatia e perceber a necessidade do bem-estar de todos exige que as experiências afetivas de parceria, companheirismo, união, partilha etc. sejam armazenadas dentro das memórias socioafetivas que farão parte da construção do sujeito social.

Circuitos neurais da memória episódica

Existem, como bem descrito na literatura científica, múltiplas formas de memória.[43-56] Como se sabe, todas as atividades humanas diárias necessitam dos sistemas de memória para que possam ser aprendidas e executadas diante das demandas de contingências ambientais e pessoais. As informações que são armazenadas e recuperadas variam de acordo com o período, e podem ter uma escala de tempo de segundos até anos. Atualmente, considera-se que as memórias possam ser divididas quanto à sua forma de expressão em:

- Explícita/memória declarativa, quando tem acesso direto e consciente à informação.
- Implícita/memória não declarativa, quando é expressa implicitamente, ou sem acesso direto à consciência, por meio das mudanças comportamentais ou respostas fisiológicas corporais.[43]

Para Eichenbaum (2010), existem três formas de memória que operam, distintamente, através de diferentes circuitos neurais, sendo eles:

- Circuito córtico-hipocampal, que participa da memória declarativa.
- Circuito corticoestriatal, envolvido no subsistema da memória procedural para criação de comportamento de hábitos.
- Circuito tronco-cerebelo, relacionado com adaptações sensório-motoras.
- Circuito das vias corticais e subcorticais, que passam pela amígdala e modulam as memórias afetivas e respostas emocionais com estímulos anteriormente neutros.[44]

Ao considerar a importância da memória episódica no contexto emocional, vale ressaltar que ela envolve a evocação de memórias de experiências únicas e pessoais.[43-45,51-54,57] Para Tulving, a memória episódica é um termo que pode ser entendido como as características subjetivas de uma experiência relembrada. A sua consciência autonoética, isto é, o senso de que essa experiência é uma memória de si mesmo que pode ser repetida mentalmente, é um modo de acessar as memórias e revivê-las com toda a intensidade e emoção, porém com a consciência de que são algo do passado. Além disso, novas pesquisas comprovam que a memória episódica também participa do que se chama "*travel time*",[58] viagem no tempo, na qual é possível projetar-se ao futuro para imaginar possíveis eventos e, assim, tomar decisões mais apropriadas (esse assunto já foi discutido no Capítulo 5, "Memória e linguagem").

Do ponto de vista neurofuncional, a memória episódica funciona através de uma grande rede neural que conecta diferentes áreas cerebrais, entre elas as áreas de associação neocorticais, e as estruturas do lobo temporal medial, como a região para-hipocampal e o hipocampo.[43] O sistema da memória episódica parece funcionar de maneira organizada, tanto na sua via de entrada quanto na saída das informações. Desse modo, os estímulos que chegam são oriundos das múltiplas áreas de associação que convergem suas projeções para as áreas corticais para-hipocampais, e estas se projetam para determinadas subdivisões hipocampais. Assim, através de uma via serial e unidirecional interna (Figura 6.1), iniciando no giro denteado, as informações seguem sucessivamente para o corno de Amon 3 (CA3), depois para CA1 e, por fim, para o subículo. A via de saída hipocampal, por sua vez, que surge no CA1 e no subículo, envia projeções em *feedback* de volta para a região para-hipocampal, que retorna para as mesmas áreas de associação neocorticais.[43]

São essas áreas neocorticais, segundo Dickerson e Eichenbaum (2010),[43] que dão suporte para as memórias declarativas "por meio de vários aspectos do processamento cognitivo e perceptivo, e da plasticidade associada à memória, que nessas áreas provavelmente constituem o depósito das memórias declarativas".[43]

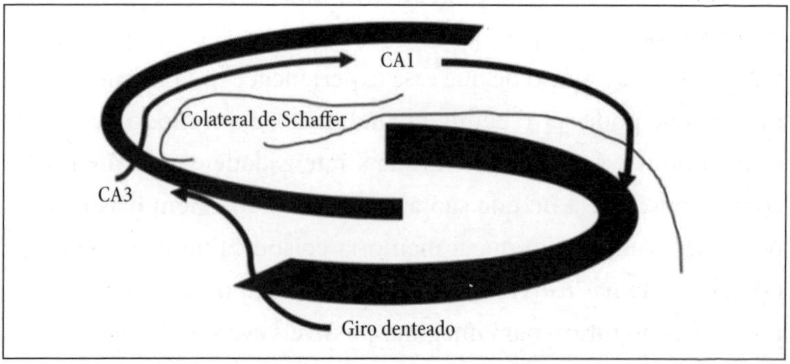

Figura 6.1 Via hipocampal: corno de Amon 1 (CA1); corno de Amon 3 (CA3); giro denteado.

Fonte: elaborada pela autora.

As principais áreas envolvidas na memória episódica, dessa forma, dizem respeito às áreas corticais de associação parietal e temporal[59] que projetam suas aferências para a região para-hipocampal, assim como o córtex pré-frontal e outras áreas que participam da memória do trabalho.[43,60] A região para-hipocampal, por sua vez, está conectada diretamente com outras áreas do córtice temporal medial, como o córtice perirrinal (PRC) e o córtice entorrinal (ERC).[43,61-65]

Segundo Suzuki e Amaral (1994), os estudos em macacos revelaram que o PRC recebe mais projeções oriundas da via ventral (*what system*), voltadas para a identificação de estímulos não espaciais e importantes para a identificação de objetos, e o córtice para-hipocampal recebe informações da via dorsal (*where system*), ou seja, das áreas corticais sensoriais envolvidas no processamento espacial e importantes para ações guiadas visualmente.[63]

Dessa forma, o circuito da memória episódica engloba uma grande rede de conexões que integram diferentes funções para processar a função da memória humana. No entanto, ao falar sobre a memória episódica, deve-se incluir os estudos sobre a memória autobiográfica.

Circuitos neurais da memória autobiográfica

As memórias autobiográficas desempenham um grande papel nas nossas emoções e memórias afetivas. Ao considerar o termo autobiográfico, falamos de um extenso e rico conjunto de conhecimentos sobre o próprio sujeito. Destarte, a memória autobiográfica engloba uma complexa rede de operações, incluindo memória episódica, autorreflexão, emoção, imagens visuais, atenção, funções executivas e processos semânticos.[66]

Quando Tulving,[51-55] em seus inúmeros trabalhos, sugeriu que existiam múltiplos sistemas de memória e que a memória declarativa poderia ser classificada em episódica e semântica, a memória autobiográfica passou a ser entendida como parte da memória episódica, de maneira mais ampla e complexa. Assim, a memória autobiográfica passou a ser dividida em informações semânticas pessoais (o lugar onde alguém cresceu) e informações episódicas pessoais (eventos únicos, como lembrar do primeiro dia de aula).[67] A memória semântica pessoal tem relação com sentimentos de familiaridade, mas a memória episódica pessoal exige reviver e recordar eventos passados, e para que isso ocorra é necessária a integração de várias áreas corticais que conectam as informações sensoriais, a linguagem, a emoção etc., para formar um sentido único de autoconsciência do próprio eu como integrante dessa experiência, e uma percepção autorreferencial de que o evento faz parte da sua existência.[51,53,68]

Os recentes estudos explorando as memórias autobiográficas nas atividades diárias e eventos sociais sugerem que essas funções são categorizadas em três linhas: o eu (*self*), o social e a diretiva. A categoria do eu tem relação com as memórias autobiográficas voltadas para o desenvolvimento da personalidade, e mantém um sentido de si mesmo ao longo da vida; a categoria social envolve todas as memórias que proporcionam uma fonte de conteúdo para a manutenção da conversação e de vínculos sociais; e, por fim, a categoria diretiva proporciona que a memória autobiográfica forneça conteúdos de informações para soluções de problemas e direcionamentos comportamentais futuros.[67-75]

Uma das características centrais da memória autobiográfica para eventos é o fato de que elas estão associadas com diversos fenômenos que a tornam mais humanamente intensa e emocional, pois são evocadas com muita vivacidade, com sentimentos reais do que foi vivido e, com detalhes sensoriais e perceptuais que a tornam um processo único e pessoal, da construção da experiência de viajar no tempo ou voltar ao passado, com a autoconsciência de que aquilo foi vivido por seu próprio eu.[51,53,67,71,76-79]

Para Fivush (2010), a memória autobiográfica deve ser entendida em um contexto puramente humano, no qual as memórias das experiências passadas devem abranger a narrativa de toda uma vida. Para o autor, esse é um sistema de desenvolvimento lento e gradual ao longo da infância e adolescência, dependente do sentido do eu e contínuo ao longo do tempo; além disso, deve se desenvolver nos contextos sociais e culturais específicos, relacionando-se com diferenças individuais, de gênero e cultura, nas memórias autobiográficas dos adultos, e, por fim, com o vínculo entre mãe e filho, que ao relembrar de eventos passados, proporciona nas crianças o desenvolvimento de memórias autobiográficas mais detalhadas, coerentes e avaliativas.[80] Essas memórias vão além da evocação de eventos pessoais passados e se movem para experienciar eventos integrando perspectiva, interpretação e avaliação por intermédio do seu eu, do outro e do tempo,[64,80,] para que uma história possa ser contada e repassada ao longo da nossa existência.

As memórias autobiográficas nos convidam a olhar para o passado, tanto como atores quanto como espectadores das próprias experiências. Se por um lado podemos voltar ao passado e reviver intensamente as emoções e sentimentos daquilo que lembramos, também podemos olhar para essas memórias como espectadores que, da plateia, contemplam aquelas cenas vividas, que podem provocar e reacender as emoções pelo acesso direto ao conteúdo observado, ou mantê-las mascaradas, e com seus conteúdos recalcados. Além disso, as memórias autobiográficas necessitam de uma organização de dados que construam narrativas coerentes, com contextos bem estruturados, as quais devem começar a se desenvolver já na primeira infância, por meio da coconstrução de eventos passados com cuidadores primários, e que tende a se aperfeiçoar durante o crescimento, especialmente na adolescência.[67,72,80-85]

Do ponto de vista neuroanatômico e neurofuncional, os circuitos que participam da codificação, consolidação e evocação das memórias autobiográficas podem ser correlacionados com aqueles vistos no processamento das memórias episódicas. Assim, uma grande quantidade de estudos comprova a importância das estruturas do lobo temporal medial no processamento da memória autobiográfica.[67] Destarte, o lobo temporal medial e o complexo hipocampal podem ser considerados um centro de convergência para o sistema da memória autobiográfica.[86]

Os neurocircuitos da memória autobiográfica e sua relação com a emoção

Sabe-se que, dentre várias estruturas que participam do processo da memória autobiográfica, o hipocampo parece representar um grande centro de convergência. Contudo, além do hipocampo, várias outras regiões são ativadas durante tarefas de recuperação das memórias autobiográficas, e dentre elas se destaca o córtice pré-frontal medial, lateral, o córtice parietal medial e lateral, a amígdala e os córtices sensoriais occipital e temporal.[59,65,66,87] Além disso, para que possamos mergulhar em nossos pensamentos, em nossas reflexões sobre questões éticas, morais, quando pensamos nos atos pessoais passados, nas nossas escolhas, erros e acertos, é necessário que todas essas áreas neocorticais frontais, pré-frontais, parietais e temporais tenham conexão e extensa sobreposição com o circuito da rede em modo padrão.[64,67,88-94] Para Gusnard *et al.* (2001), "tanto a atividade mental autorreferencial quanto o processamento emocional representam elementos do estado padrão representado pela atividade no córtice pré-frontal medial (MPFC)". Assim, é fundamental incluir no estudo da neurobiologia a natureza da atividade do estado padrão.[95]

A rede em modo padrão também inclui, além do MPFC, outras áreas que compõem toda a *network* padrão, entre elas: CPFvm-CCAp-CCP-GTS (córtex pré-frontal ventromedial – córtex cingulado anterior e posterior – córtex parietal posterior – giro temporal superior).[93]

Quando voltamos no tempo para relembrar momentos passados, nem todas as memórias são evocadas na sua totalidade e com detalhes tão claros. No entanto, são aquelas memórias que promovem uma introspecção e um mergulho para dentro das nossas próprias lembranças, geralmente preenchidas de emoções e afetos. Eventos marcantes que emocionaram profundamente, sejam eles positivos ou negativos, serão lembrados com mais vivacidade e serão fixados por toda uma vida. Muitas das memórias traumáticas, por sua vez, podem ficar reprimidas e não ser evocadas, provocando outros tipos de sintomas psicossomáticos. Assim, estresse pós-traumático, quadros depressivos/ansiosos etc. são condições comuns ao longo da evolução da humanidade. Por essa razão, considera-se que, além dos circuitos neurais envolvidos na memória episódica/autobiográfica, o complexo hipocampo-amigdaliano tem papel fundamental na modulação das memórias emocionais e autobiográficas.

Como dito, uma das mais importantes estruturas relacionadas com as memórias emocionais diz respeito ao complexo amígdala-hipocampo. Apesar de o complexo amigdaliano e a estrutura hipocampal funcionarem como dois sistemas independentes, ambos têm algumas características neurofuncionais e neuroanatômicas muito importante. Tanto a amígdala quanto o hipocampo estão localizados na parte medial do lobo temporal. Mas, apesar de terem funções diferentes, por ocasião de um evento com importante conteúdo emocional os dois sistemas passam a interagir de maneira única. A amígdala, dessa forma, irá modular o armazenamento e a codificação das memórias dependentes do hipocampo. O complexo hipocampal, por sua vez, pode atuar sobre a resposta amigdaliana diante de estímulos emocionais, quando conseguir formar memórias a partir das interpretações de eventos e das representações episódicas com significado emocional.[96]

As pesquisas sobre a interação amígdala-hipocampo têm priorizado os estudos sobre como a amígdala, diante de estímulos com conteúdo emocional, influencia o sistema da memória episódica dependente do hipocampo.[96,97] Sabe-se que as memórias com conteúdo emocional tendem a ser mais persistentes, profundamente fixadas e evocadas com mais vivacidade que outras memórias. A teoria de que seria a amígdala que teria uma influência na codificação e no armazenamento de memórias dependentes do hipocampo mostrou-se muito robusta.[96-100] Diante dessas questões, é fundamental compreender como a estrutura amigdaliana e hipocampal funciona e participa do processamento das memórias emocionais.

O complexo amigdaloide

A amígdala, uma estrutura localizada no lobo temporal medial (Figura 6.2), pode ser dividida em diferentes núcleos, de acordo com critérios histológicos como densidade, configuração, forma e tamanho das células, trajetórias das fibras e assinaturas químicas.[100] No entanto, a principal função em termos de influência da amígdala sobre a memória diz respeito à sua conectividade. As conexões definem as funções, e cada núcleo amigdaliano apresenta entradas e saídas específicas. Por exemplo, a porção lateral tem conexão direta com o sistema sensorial (olfativo, gustativo, somatossensorial e visual), recebendo informações oriundas do meio externo para a qualificação dos estímulos. Além disso, todas as vias de entrada oriundas do córtice sensorial são originadas do córtice de associação, e não recebem conexões diretas do córtice sensorial primário. Seria algo que tornaria as representações sensoriais enviadas para a amígdala mais elaboradas, porém, mais lentas, do que aquelas oriundas do tálamo.[100]

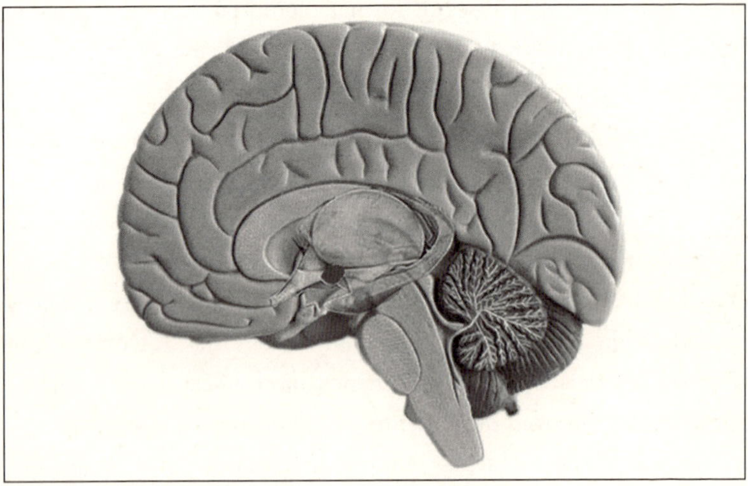

Figura 6.2 Complexo amigdaloide.

Fonte: elaborada pela autora.

Segundo LeDoux, as entradas sensoriais que chegam à amígdala lateral projetam-se com mais densidade para o subnúcleo dorsal.[100] Esse subnúcleo, por sua vez, apresenta conexões com as áreas ventrolateral e medial, que também se comunicam com outras áreas amigdalianas. Por outro lado, o núcleo central da amígdala parece ser a região mais importante para a saída das informações, especialmente aquelas com expressões emocionais inatas e respostas fisiológicas associadas.[100] A subdivisão medial do núcleo central, por sua vez, envia conexões para o tronco cerebral, onde controlará as respostas fisiológicas.[100]

Dessa forma, são as conexões intra-amigdalianas que funcionam para que os estímulos sensoriais, recebidos pela amígdala, e transferidos da porção lateral para a região central, modulem e influenciem diretamente as estruturas que participam da regulação do comportamento humano.[100,101]

Outro importante dado sobre a influência da amígdala no comportamento emocional diz respeito às conexões intranucleares. Estudos revelam que existem poucas conexões diretas entre o núcleo lateral e o central, porém as principais vias de comunicação entre esses núcleos ocorrem via outros núcleos amigdalianos, como o núcleo basal e as células intercaladas.[100-103] Por exemplo, a porção medial do núcleo lateral projeta-se para o núcleo basal, e este se projeta para o núcleo central. Além do mais, os núcleos lateral e basal projetam-se para as células intercaladas, que por sua vez se conectam com o núcleo central. O núcleo basal da amígdala também mantém comunicação com áreas do estriado.

Dessa forma, as projeções oriundas da amígdala central para o tronco cerebral têm como função controlar as reações emocionais, por exemplo, a reação de congelamento diante de um predador, enquanto as projeções da amígdala basal para o corpo estriado funcionam para controlar as ações, como correr do predador por segurança.[100,101]

Do ponto de vista da ação dos neurotransmissores, a amígdala tem uma potente rede inibitória, funcionando com baixa atividade celular espontânea, para que estímulos irrelevantes não disparem potenciais de ação. Isso promove uma melhor e mais acurada seleção de estímulos que são prioritários, diante das contingências ambientais relacionadas à exposição aos fatores de risco. Porém, uma inibição pode ser vencida se o estímulo novo estiver relacionado diretamente com um evento mais significativo. Dessa forma, no lugar de ocorrer uma inibição, ocorrerá uma potencialização da resposta.[100,101] Por outro lado, novos estímulos detectados podem provocar respostas, mas sofrem uma habituação rápida se o estímulo for repetido.

Quanto às vias de entrada (via aferentes) que chegam à amígdala, todas elas são projeções excitatórias glutamatérgicas. Ao formar conexões sinápticas nos dendritos dos neurônios excitatórios de projeção, estes projetarão seus sinais para regiões ou sub-regiões da amígdala, além de outras projeções extrínsecas.[100,101] Outra via de conexão sináptica ocorre localmente, uma vez que os axônios dos principais neurônios se projetam para os interneurônios inibitórios, os quais, por meio de um *feedback* inibitório, modulam os principais neurônios. Além disso, alguns estímulos excitatórios da amígdala não só terminam nos neurônios de projeção como terminam nos interneurônios inibitórios locais, que também estão conectados com os principais neurônios, desencadeando uma resposta inibitória do tipo feedforward. Essa rede de conexões funciona permitindo que a inibição induzida por estímulos possa se acumular e, assim, diminuir a potência das respostas quando estímulos forem repetidos.[100,101]

Ao descrever o esquema de conectividade, e as vias de entrada para amígdala, LeDoux ressaltou que esse esquema deveria ser aplicado, preferencialmente, aos neurônios do grupo corticomedial.[100] Em outras palavras, as projeções do núcleo central têm uma base inibitória. Dessa forma, sua excitação promoveria uma inibição na via de saída, enquanto sua inibição provocaria o efeito inverso, com maior excitação na via de saída.

A pergunta formulada por LeDoux tinha como objetivo responder como a via inibitória de saída levaria à expressão de respostas emocionais. Para ele, uma hipótese a ser pensada seria a de que uma ativação, feita pelos núcleos amigdalianos laterais e basais, sobre as células inibitórias intercaladas inibiria as células de saída do núcleo central e, então, desinibiria seus alvos, levando a uma resposta comportamental específica.[100,101]

Sabe-se que, quando um estímulo é apresentado pela primeira vez, ocorre um primeiro estágio da memorização, que é a sua codificação. Apesar de inúmeros fatores influenciarem essa codificação, o fator primário parece ser a capacidade de percepção do estímulo.[97,104,105] Assim, o complexo amígdala-hipocampal é acionado quando um estímulo emocional encontra a memória. Dessa forma, dois sistemas independentes da memória interagirão diante dessas circunstâncias. Teorias sugerem que a amígdala potencializa a memória, especialmente a episódica, priorizando a essência do evento emocional, no lugar dos seus detalhes.[97,104,105] Sabe-se que a memória episódica tem um papel-chave na representação das emoções, e isso pode influenciar a função amigdaliana.[97,98] Como essa alteração ocorre é um tópico a ser mais bem explorado.

Ao considerar que a memória pode armazenar conhecimentos factuais, e que pode gerar mudanças comportamentais influenciadas por experiências passadas, muitas delas se manifestando implicitamente, estamos falando de fatos que vão além de uma ação exclusiva do sistema hipocampal, e sem dúvida a ação dos eventos emocionais sobre a memória episódica exige a ação de outros sistemas que atuam na modulação das memórias emocionais. Por essa razão, é necessário, antes de falar sobre emoção e memória, descrever como os sistemas hipocampal e extra-hipocampal participam do processamento da memória declarativa, especialmente a episódica, e como este funciona para construir nossas redes de memórias de experiências passadas carregadas de emoções, afetos e experiências.

Como descrito anteriormente, o conceito de memória episódica foi elaborado por Tulving e vem sendo revisitado desde seus primórdios, com avanços nas suas interpretações desde que os estudos de neuroimagem funcional passaram a detalhar com mais precisão seus circuitos e estruturas.[51-56,68,106-109] Para esse autor,[54] o conceito de memória episódica pode ser entendido como uma forma de memória declarativa que tem informações específicas, do lugar e do tempo em que houve a aquisição, ou seja, um episódio autobiográfico.[54] Evocar lembranças desses eventos, ou seja, reviver os episódios, significa lembrar de como e onde este ocorreu. Assim, é necessária uma consciência autonoética – em outras palavras, ter consciência de um tempo subjetivo, e de como esse eu experienciou o episódio que tem uma memória.[56] Algo diferente dos processos que permitem reconhecer estímulos como familiares sem uma localização no tempo e no espaço, o que para Tulving será uma memória baseada em familiaridade com consciência noética, ou, no mínimo, uma consciência autonoética muito reduzida.[56]

É importante ressaltar, também, que todos os estudos sobre a memória episódica apontam o hipocampo como uma das estruturas mais importantes no processo das memórias baseadas nos eventos pessoais, com tempo e localização específicos. Destarte, o engrama da memória episódica diz respeito a uma rede de neurônios neocorticais (hipocampo) ligados a um componente do hipocampo esparsamente codificado.[56] Estudos apontam que esse sistema pode ser classificado como uma matriz espacial, que age como uma espécie de índice para os componentes neocorticais, e que, unidos, compõem a totalidade da experiência memorizada em todos os seus detalhes, entre eles a percepção dos detalhes emocionais e conceituais, bem como o processo que leva à consciência autonoética. No entanto, "como a ligação com o hipocampo é fundamental, o armazenamento tende a ser aleatório, e, por essa razão, apenas continuidades temporais próximas ou com um contexto restabelecido é que determinarão os elementos que estão vinculados entre si".[56]

O sistema hipocampal

Para Nadel e Peterson (2013),[110] o hipocampo, visto como estrutura-chave no processo da memória de longo prazo, assim como o córtice para-hipocampal e o entorrinal, que mais recentemente têm sido descritos como participando das funções perceptivas,[110] levaram muitos pesquisadores a sugerir uma explicação mais representacional do lobo temporal medial (LTM), a de que essas estruturas teriam um papel primordial na função do que está sendo representado, em vez de quanto tempo essa representação duraria, ou o tipo de função psicológica que evocaria.[110] Ao aprofundar seus estudos, os autores consideram que, apesar de o hipocampo ter propriedades únicas, e distintas das outras estruturas do lobo temporal medial, parece existir uma estrutura comum na qual a percepção e a memória são vistas "envolvendo muitas, senão a maioria, das estruturas que participam do fluxo ventral de informações representacionais, criticamente dependentes de extensos processos de *feedforward* e *feedback*".[110] Dessa forma, o hipocampo funcionaria, em muitos aspectos, com certa similaridade quando comparado com as outras estruturas do LTM,[110] porém teria um papel bem mais amplo do que se pensava anteriormente, mesmo que essa função possa ser apenas a de promover o acesso a experiências passadas relevantes, para que existam possibilidades de soluções de metas atuais ou futuras.[111]

Nadel e Peterson (2013) denominaram essa rede, que se estende desde o córtice sensorial até o hipocampo, rede representacional posterior (PRN), na qual as áreas cerebrais relacionadas teriam como função representar o ambiente e experiências em que certos organismos pudessem ser expostos. Para os autores, quanto a regularidades no espaço e no tempo, "estas ajudariam a definir objetos e eventos, sua forma e função, e as situações em que foram encontrados".[110]

Para melhor entendimento desse complexo sistema, vale a pena recapitular que a via de entrada para o hipocampo inicia a partir das projeções das áreas neocorticais de associação, para o córtice perirrinal, que, por sua vez, envia projeções para o córtice para-hipocampal, que, por fim, projeta suas fibras eferentes para o hipocampo.[43,112-116] Este teria um papel fundamental, no topo da hierarquia da rede, pois integraria todas essas informações recebidas sobre as representações de objetos complexos e cenas específicas da visão do para-hipocampo, que, segundo Nadel e Peterson (2013), formaria uma representação invariante à visão que "enquadra as relações espaciais entre várias partes do ambiente".[110,116,117]

Ao analisar imagens de ressonância nuclear magnética funcional (RNMf) durante um experimento cujos participantes pensaram sobre episódios durante suas vidas, Nadel *et al.* (2013)[117] analisaram a diferenciação ao longo do eixo longitudinal anteroposterior do hipocampo e buscaram determinar se as ativações em diferentes regiões deste poderiam ser afetadas pela natureza da informação acessada durante o experimento.[117] Os autores identificaram que a recuperação de informações relacionais espaciais ativou, prioritariamente, o hipocampo posterior, enquanto a recuperação de informações sobre locais, ou contextos, ativou o hipocampo anterior. O resultado sugeriu que a via dorsal hipocampal (hipocampo posterior) modularia com mais precisão a memória espacial, enquanto a via ventral anterior participaria da codificação de contextos.[117]

Pode-se afirmar que o hipocampo é uma das estruturas cerebrais fundamentais para que o ser humano possa representar o que é experimentado e vivido no mundo real, a partir da interpretação dos diversos estímulos sensoriais que adentram por nossos órgãos perceptivos, para que possamos compreender e interpretar todos esses sinais a partir das experiências e de suas regularidades estatísticas no tempo e no espaço. Assim, o sistema hipocampal no espaço alocêntrico e, dessa forma, no contexto demonstra que um sistema espacial, algo que os gregos já haviam pensado na sua mnemônica, poderia resultar em algo central para a nossa capacidade de lembrar episódios.[111,112,116-130]

Segundo Moscovitch *et al.* (2016), é nesses sistemas representacionais, que não se ligam a um nível único de representação, mas que têm como função prever metas e decisões futuras, compartilhando e separando padrões e funções lógicas, como percepção, atenção e memória, que o fundamental diz respeito à natureza do que é representado – e devido à circunstância de o conteúdo de todas as representações ser o produto final de um conjunto dinâmico de interações. Dessa forma, o hipocampo tem o papel hierárquico de "representar episódios singulares, e distinguir episódios muito semelhantes entre si". Para que isso ocorra, porém, é necessário que haja uma integração entre o hipocampo e as outras estruturas do lobo temporal medial, a fim de que o hipocampo possa capturar o todo, e as estruturas para-hipocampais e perirrinais possam preencher as partes que estruturam esse todo.[116]

No entanto, quando se fala que as redes neurais podem estruturar todo um processo de memorização, reduz-se o entendimento de que a memória humana consiste em mera função de armazenamento e evocação. É imperioso destacar que a natureza da memória humana é dinâmica e funciona em um constante processo de construção e desconstrução, visto que nossas memórias episódicas e autobiográficas estão sendo compartilhadas, avaliadas e ressignificadas por meio de permanentes trocas e interações socioculturais. Assim, tudo o que é lembrado como verdade individual precisa ser negociado dentro das relações sociais para ser aceito ou não.

A base epistemológica do que é a verdade somente pode ser avaliada dentro do que se entende sobre como a memória sofre interferências do tempo, da emoção e das experiências socioculturais, na construção de narrativas sobre eventos passados e sua verdade epistêmica.

A característica afetiva de determinado evento pode influenciar profundamente a maneira como uma memória será codificada, armazenada e evocada.[67] Memórias que trazem consigo um profundo conteúdo emocional são aquelas que mais sofrem com essas distorções. Ou seja, nunca serão uma perfeita representação do passado. Estarão sempre influenciadas por outras memórias recalcadas e reprimidas que se sobreporão ao que está sendo relembrado. Sempre relembraremos o passado através de uma lente desfocada. Como bem disseram Holand e Kessinger (2010),[67] "A nossa experiência emocional afeta a memória muito antes da fase de recuperação; a emoção afeta a informação que se torna parte do traço de memória, bem como a informação que é acessível para recordação".

Apesar de nem sempre lembrarmos das nossas experiências com acurácia e detalhes, de muitas vezes olharmos de forma mais negativa ou positiva, ou de não lembrarmos de nada do que realmente aconteceu, é importante ressaltar que essa flexibilidade humana de alterar, distorcer, reinventar memórias, de construir novas histórias e narrativas a partir do passado, mesmo que sejam fantasiosas ou inventivas, representa a fantástica capacidade que o ser humano tem de ressignificar a sua vida para que possa projetar-se ao futuro no seu devir. Assim, sobreviver aos traumas e aos flagelos humanitários, mantendo uma estrutura emocional e social que seja capaz de alimentar o sentido de esperança, somente pode ser construído por meio de um sistema que, ao evocar certas memórias dolorosas, possa sofrer modificações e intervenções do meio social, das emoções, da razão e da imaginação, para construir e memorizar uma ideia de futuro mais positiva, justa e alcançável.

Dessa forma, é necessário acrescentar ao estudo da memória e da emoção a visão freudiana do que é a energia psíquica que modula e representa toda essa intensidade de força das memórias passadas reprimidas no inconsciente humano, energia esta que tem um poder avassalador, construtivo e destrutivo. Entender que nossas memórias reprimidas são uma fonte de energia que influencia todo o aparelho físico cerebral, incluindo o sistema emocional e das memórias episódicas e autobiográficas, distorcendo, criando, reinventando e até mesmo corporificando as memórias traumáticas, a partir de traços mnêmicos que podem estar fixados desde a vida fetal, é uma teoria que merece ser considerada e estudada com profundidade e com uma visão transdisciplinar (esse tema pode ser revisitado no tópico "Memórias inconscientes", no Capítulo 1).

Considerações finais

Apesar de contarmos com um complexo sistema de regulação comportamental focado nas respostas emocionais para fins adaptativos,[131] a convivência sociocultural foi a ferramenta que promoveu um neurodesenvolvimento com ampla rede de conectividade entre diferentes estruturas cerebrais. A conectividade fez as respostas emocionais adquirirem uma diversidade de respostas em termos de expressões subjetivas, tornando o ser humano a única espécie capaz de ampliar a compreensão das emoções de maneira mais elaborada. Assim, o homem ampliou a compreensão das reações emocionais básicas como medo, raiva, nojo, alegria, tristeza, surpresa etc. para emoções mais complexas, como angústia, culpa, vergonha, melancolia, revolta, frustração, êxtase, deslumbramento etc.

Além disso, aprender a confiar e a criar laços sociais na intenção de buscar a compreensão e a aceitação das verdades epistêmicas fortaleceu os laços de confiança e união. Ou seja, é necessário não apenas compreender os sentimentos alheios, ou inferir suas ideias e verdades dentro das nossas interpretações cognitivas, mas sentir empatia, compaixão, felicidade, preocupação e pensar no bem-estar do outro.

Essa grande rede neural que envolve a memória, a linguagem, as emoções e o cérebro social funciona integrada para gerar um processo metacognitivo que permite que nossas memórias sejam evocadas, interpretadas e partilhadas. Os conteúdos afetivos daquilo que é lembrado são expressões que demonstram o quanto o comportamento humano sofre influências das emoções. São essas emoções que moldam as atitudes, avaliações, julgamentos e decisões.

Ao falar das emoções, é importante lembrar o estudo de António Damásio,[23,27] que descreveu, elegantemente, o caso de Phineas Gage. Esse trabalhador ferroviário, em 1848, ao sofrer um acidente, teve, possivelmente, parte do córtice pré-frontal ventromedial lesado, e com isso perdeu a regulação emocional e o sinal do marcador somático corporal. Assim, Phineas Gage, por conta da lesão cerebral, passou a desenvolver respostas emocionais inadequadas diante de certas contingências sociais. Esse estudo levou Damásio a reinterpretar o dito cartesiano "Penso, logo existo" para "Penso, sinto, logo existo", colocando a emoção como parte fundamental da consciência e dos aprendizados para tomadas de decisão mais assertivas. No entanto, como descrito no livro *Sujeito, cérebro e consciência,*[15] a teoria de Damásio pode, também, ser ampliada para uma visão mais transdisciplinar com base no seguinte pressuposto: pensar, sentir, desejar e perceber que existe um outro – no qual as emoções são partilhadas.

Diante de uma contemporaneidade em que os afetos estão fragilizados, quando já não é necessário armazenar as memórias afetivas, seja pelas facilidades tecnológicas ou pelas dificuldades de vivenciar os momentos de maneira contemplativa e introspectiva, o grande desafio que se revela é o de encontrar alternativas que alimentem nossas memórias autobiográficas com afetos e histórias que precisem de partilhas.

É preciso, dessa forma, lembrar que, para constituir um sujeito na sua totalidade, é preciso ter mais do que uma reação fisiológica de um despertar emocional que nos preserve das ameaças ambientais, e que nos proporcione tomadas de decisão mais vantajosas. É preciso ir além de um sistema de memória que codifique ou evoque informações; é necessário usar as emoções e as memórias para a construção de um sujeito que pode ressignificar o seu presente, projetar-se ao futuro no seu devir, ter imaginação e criatividade e, acima de tudo, ser um sujeito integrado do ponto de vista biopsicossocial. Assim, lembrar do passado, das atrocidades e flagelos humanos, afetar-se, sofrer e chorar com memórias dolorosas, traumáticas ou desconfortáveis nos torna mais humanizados.

Mas é preciso ir além; é preciso, também, uma política das emoções[7] para ensinar que o bem-estar do outro deve ser considerado.[7] É urgente lembrar que as nossas relações afetivas devem ser prioritárias em um mundo desafetado, solitário e extremista, onde o sucesso se resume ao crescimento econômico.

Além disso, não podemos deixar de pontuar a importância das memórias afetivas e autobiográficas na construção da nossa identidade humanista. As memórias autobiográficas que armazenam as experiências contemplativas, transcendentes e imanentes, aquele momento em que o ser humano, no silêncio dos seus atos, dedica a sua existência ao cuidado com o outro, desligando-se das redes sociais e do alvoroço das grandes cidades e buscando na natureza a sua fonte criativa.

Os estados de contemplação são momentos sutis que alimentam a alma humana de poesia. São essas pequenas impermanências oníricas que ensinam ao homem embrutecido e adoecido pelas durezas da vida que, ao contemplar o universo e seus elementos, ele será capaz de criar e ser poeta. A arte surge, desse modo, como o produto das memórias afetivas inconscientes oriundas das contemplações das sutilezas que a vida e a natureza nos oferecem.

São essas memórias, com seu grande poder transformador, que alimentam o sonho de uma sociedade mais justa, ética e humana. Memórias que precisam existir para que não se esqueçam e não se repitam os erros, as barbáries e os flagelos humanitários. Além do mais, as nossas memórias existem para que o devir humano, e a sua essência poética, seja sempre relembrado. São essas memórias afetivas que urdem as memórias e as emoções de cada um para forjar um sujeito singular, dentro de uma memória coletiva e de um mundo plural.

Referências

1. Nussbaum, M. C. (2016). *Anger and forgiveness: Resentment, generosity, justice*. Oxford University Press.
2. Nussbaum, M. C. (2010). *Not for profit: Why democracy needs the humanities*. Princeton University Press.
3. Nussbaum, M. C. (2016). *Not for profit: Why democracy needs the humanities* (Updated edition). Princeton University Press.
4. Nussbaum, M. C. (2022). *Justice for animals: Our collective responsibility* (1st Simon & Schuste hardcover edition.). Simon & Schuster.
5. Nussbaum, M. C., & Glover, J, World Institute for Development Economics Research. (1995). *Women, culture, and development: A study of human capabilities*. Clarendon Press; Oxford University Press.
6. Nussbaum, M. C. (1999). *Sex & social justice*. Oxford University Press.
7. Nussbaum, M. C. (2001). *Upheavals of thought: The intelligence of emotions*. Cambridge University Press.
8. Nussbaum, M. C. (2006). *Frontiers of justice: Disability, nationality, species membership*. The Belknap Press; Harvard University Press.
9. Nussbaum, M. C. (2004). *Hiding from humanity: Disgust, shame, and the law*. Princeton University Press.

10. Nussbaum, M. C. (1997). *The feminist critique of liberalism.* Dept. of Philosophy, University of Kansas.

11. Nussbaum, M. C. (1990). *Love's knowledge: Essays on philosophy and literature.* Oxford University Press.

12. Nussbaum, M. C. (2013). *Political emotions: Why love matters for justice.* The Belknap Press of Harvard University Press.

13. Darwin, C. (1965). *The expression of the emotions in man and animals.* University of Chicago Press.

14. Darwin, C., & Darlington, C. D. (1950). *The origin of species by means of natural selection: Or, The preservation of favoured races in the struggle for life.* Watts.

15. Adolphs, R., Damasio, H., Tranel, D., & Damasio, A. R. (1996). Cortical systems for the recognition of emotion in facial expressions. *J Neurosci, 16*(23), 7678-7687.

16. Adolphs, R., Damasio, H., & Tranel, D. (2002). Neural systems for recognition of emotional prosody: A 3-D lesion study. *Emotion, 2*(1), 23-51.

17. Adolphs, R., Damasio, H., Tranel, D., Cooper, G., & Damasi1. Nussbaum, M. C. (2016). *Anger and forgiveness: Resentment, generosity, justice.* Oxford University Press.

2. Nussbaum, M. C. (2010). *Not for profit: Why democracy needs the humanities.* Princeton University Press.

3. Nussbaum, M. C. (2016). *Not for profit: Why democracy needs the humanities* (Updated edition). Princeton University Press.

4. Nussbaum, M. C. (2022). *Justice for animals: Our collective responsibility* (1st Simon & Schuste hardcover edition.). Simon & Schuster.

5. Nussbaum, M. C., & Glover, J, World Institute for Development Economics Research. (1995). *Women, culture, and development:*

A study of human capabilities. Clarendon Press; Oxford University Press.

6. Nussbaum, M. C. (1999). *Sex & social justice.* Oxford University Press.
7. Nussbaum, M. C. (2001). *Upheavals of thought: The intelligence of emotions.* Cambridge University Press.
8. Nussbaum, M. C. (2006). *Frontiers of justice: Disability, nationality, species membership.* The Belknap Press; Harvard University Press.
9. Nussbaum, M. C. (2004). *Hiding from humanity: Disgust, shame, and the law.* Princeton University Press.
10. Nussbaum, M. C. (1997). *The feminist critique of liberalism.* Dept. of Philosophy, University of Kansas.
11. Nussbaum, M. C. (1990). *Love's knowledge: Essays on philosophy and literature.* Oxford University Press.
12. Nussbaum, M. C. (2013). *Political emotions: Why love matters for justice.* The Belknap Press of Harvard University Press.
13. Darwin, C. (1965). *The expression of the emotions in man and animals.* University of Chicago Press.
14. Darwin, C., & Darlington, C. D. (1950). *The origin of species by means of natural selection: Or, The preservation of favoured races in the struggle for life.* Watts.
15. Laurentino, S. (2022). *Sujeito, cérebro e consciência* (2a ed.). Blucher.
16. Adolphs, R., Damasio, H., Tranel, D., & Damasio, A. R. (1996). Cortical systems for the recognition of emotion in facial expressions. *J Neurosci, 16*(23), 7678-7687.
17. Adolphs, R., Damasio, H., & Tranel, D. (2002). Neural systems for recognition of emotional prosody: A 3-D lesion study. *Emotion, 2*(1), 23-51.

18. Adolphs, R., Damasio, H., Tranel, D., Cooper, G., & Damasio, A. R. (2000). A role for somatosensory cortices in the visual recognition of emotion as revealed by three-dimensional lesion mapping. *J Neurosci, 20*(7), 2683-2690.

19. Adolphs, R., Mlodinow, L., & Barrett, L. F. (2019). What is an emotion? *Curr Biol, 29*(20), R1060-R1064.

20. Adolphs R, & Spezio M. (2006). Role of the amygdala in processing visual social stimuli. *Prog Brain Res, 156*, 363-378.

21. Damasio, A., & Damasio, H. (2023). Feelings are the source of consciousness. *Neural Comput, 35*(3), 277-286.

22. Damasio, A., & Damasio, H. (2024). Sensing, feeling and consciousness. *Philos Trans R Soc Lond B Biol Sci, 379*(1908), 20230243.

23. Damasio, A. R. (1994). Descartes' error and the future of human life. *Sci Am, 271*(4), 144.

24. Adolphs, R., & Andler, D. (2018). Investigating emotions as functional states distinct from feelings. *Emot Rev, 10*(3), 191-201.

25. Adolphs, R. (2010). Emotion. *Curr Biol, 20*(13), R549-R552.

26. Damasio, H., Grabowski, T., Frank, R., Galaburda, A. M., & Damasio, A. R. (1994). The return of Phineas Gage: Clues about the brain from the skull of a famous patient. *Science, 264*(5162):1102-1105.

27. Damasio, A. R. (2001). Descartes' error revisited. *J Hist Neurosci, 10*(2), 192-194.

28. Bechara, A., Tranel, D., & Damasio, H. (2000). Characterization of the decision-making deficit of patients with ventromedial prefrontal cortex lesions. *Brain* (Pt 11), 2189-2202.

29. Bechara, A., & Van Der Linden, M. (2005). Decision-making and impulse control after frontal lobe injuries. *Curr Opin Neurol, 18*(6), 734-739.

30. Bechara, A., Damasio, H., Tranel, D., & Damasio, A. R. (1997). Deciding advantageously before knowing the advantageous strategy. *Science, 275*(5304), 1293-1295.

31. Damasio, A., & Carvalho, G. B. (2013). The nature of feelings: Evolutionary and neurobiological origins. *Nat Rev Neurosci, 14*(2), 143-152.

32. Damasio, A. R., Grabowski, T. J., Bechara, A., Damasio, H., Ponto, L. L., Parvizi, J, & Hichwa, R. D. (2000). Subcortical and cortical brain activity during the feeling of self-generated emotions. *Nat Neurosci, 3*(10), 1049-1056.

33. Craig, A. D. (2009). How do you feel now? The anterior insula and human awareness. *Nat Rev Neurosci, 10*(1), 59-70.

34. Damasio, A. (2003). Feelings of emotion and the self. *Ann N Y Acad Sci, 1001*, 253-261.

35. Damasio, A. (2003). Mental self: The person within. *Nature, 423*(6937), 227.

36. Adolphs, R. (1999). Social cognition and the human brain. *Trends Cogn Sci, 3*(12), 469-479.

37. Adolphs, R. (2001). The neurobiology of social cognition. *Curr Opin Neurobiol, 11*(2), 231-239.

38. Adolphs, R. (2002). Neural systems for recognizing emotion. *Curr Opin Neurobiol, 12*(2), 169-177.

39. Adolphs, R. (2004). Emotional vision. *Nat Neurosci, 7*(11), 1167-1168.

40. Adolphs, R. (2003). Cognitive neuroscience of human social behaviour. *Nat Rev Neurosci, 4*(3), 165-178.

41. Adolphs, R. (2009). The social brain: neural basis of social knowledge. *Annu Rev Psychol, 60*, 693-716.

42. Tomasello, M, JSTOR (Org.). (1999). *The cultural origins of human cognition.* Harvard University Press. https://www.jstor.org/stable/10.2307/j.ctvjsf4jc

43. Dickerson, B. C., Eichenbaum, H. (2010). The episodic memory system: Neurocircuitry and disorders. *Neuropsychopharmacology, 35*(1), 86-104.

44. Eichenbaum, H. (2010). Memory systems. *Wiley Interdiscip Rev Cogn Sci, 1*(4), 478-490.

45. Eichenbaum, H. (2017). Memory: Organization and Control. *Annu Rev Psychol, 68*, 19-45.

46. Howe, M. L., & Conway, M. A. (2013). Memory and the law: Insights from case studies. *Memory, 21*(5), 545-546.

47. Klein, S. B, Cosmides, L., Gangi, C. E., Jackson, B., Tooby, J., & Costabile, K. A. (2009). Evolution and episodic memory: An analysis and demonstration of a social function of episodic recollection. *Soc Cogn, 27*(2), 283-319.

48. Manns, J. R., & Eichenbaum, H. (2006). Evolution of declarative memory. *Hippocampus, 16*(9), 795-808.

49. Schacter, D. L. (2013). Memory: From the laboratory to everyday life. *Dialogues Clin Neurosci, 15*(4), 393-395.

50. Schacter, D. L., Buckner R. L., & Koutstaal W. (1998). Memory, consciousness and neuroimaging. *Philos Trans R Soc Lond B Biol Sci, 353*(1377), 1861-1878.

51. Tulving, E. (1987). Multiple memory systems and consciousness. *Hum Neurobiol, 6*(2), 67-80.

52. Tulving, E. (1992). Memory systems and the brain. *Clin Neuropharmacol, 15*(Suppl 1 Pt A), 327A-328A.

53. Tulving, E. (2001). Episodic memory and common sense: How far apart? *Philos Trans R Soc Lond B Biol Sci, 356*(1413), 1505-1515.

54. Tulving, E. (2002). Episodic memory: From mind to brain. *Annu Rev Psychol, 53*, 1-25.

55. Tulving, E. (2004). [Episodic memory: From mind to brain]. *Rev Neurol* (Paris), *160*(4 Pt 2), S9-23.

56. Tulving, E., & Markowitsch, H. J. (1997). Memory beyond the hippocampus. *Curr Opin Neurobiol, 7*(2), 209-216.

57. Eichenbaum, H. (2013). Memory on time. *Trends Cogn Sci, 17*(2), 81-88.

58. Suddendorf, T., & Corballis, M. C. (1997). Mental time travel and the evolution of the human mind. *Genet Soc Gen Psychol Monogr, 123*(2), 133-167.

59. Buckner, R. L., Kelley, W. M., & Petersen, S. E. (1999). Frontal cortex contributes to human memory formation. *Nat Neurosci, 2*(4), 311-314.

60. Baddeley, A. D., Hitch, G. J., & Allen, R. J. (2019). From short-term store to multicomponent working memory: The role of the modal model. *Mem Cognit, 47*(4), 575-588.

61. Suzuki, W. A., & Amaral, D. G. (1990). Cortical inputs to the CA1 field of the monkey hippocampus originate from the perirhinal and parahippocampal cortex but not from area T. E. *Neurosci Lett, 115*(1), 43-48.

62. Suzuki, W. A., & Naya, Y. (2014). The perirhinal cortex. *Annu Rev Neurosci, 37*, 39-53.

63. Suzuki, W. A., & Amaral, D. G. (1994). Topographic organization of the reciprocal connections between the monkey entorhinal cortex and the perirhinal and parahippocampal cortices. *J Neurosci, 14*(3 Pt 2), 1856-1877.

64. Buckner, R. L., & Carroll, D. C. (2007). Self-projection and the brain. *Trends Cogn Sci, 11*(2), 49-57.

65. Buckner, R. L., Koutstaal, W., Schacter. D. L., Dale, A. M., Rotte, M., & Rosen. B. R. (1998). Functional-anatomic study of episodic retrieval. II. Selective averaging of event-related fMRI trials to test the retrieval success hypothesis. *Neuroimage, 7*(3), 163-175.

66. Svoboda, E, McKinnon, M. C., & Levine, B. (2006). The functional neuroanatomy of autobiographical memory: A meta-analysis. *Neuropsychologia, 44*(12), 2189-2208.

67. Holland, A. C., & Kensinger, E. A. (2010). Emotion and autobiographical memory. *Phys Life Rev, 7*(1), 88-131.

68. Tulving, E., & Markowitsch, H. J. (1998). Episodic and declarative memory: Role of the hippocampus. *Hippocampus, 8*(3), 198-204.

69. Woike, B. A. (2008). A functional framework for the influence of implicit and explicit motives on autobiographical memory. *Pers Soc Psychol Rev, 12*(2), 99-117.

70. Conway, M. A., & Loveday, C. (2015). Remembering, imagining, false memories & personal meanings. *Conscious Cogn, 33*, 574-581.

71. Conway, M. A., & Howe, M. L. (2022). Memory construction: A brief and selective history. *Memory, 30*(1), 2-4.

72. Bluck, S. (2003). Autobiographical memory: Exploring its functions in everyday life. *Memory, 11*(2), 113-123.

73. Bluck, S., & Alea, N. (2009). Characteristics of positive autobiographical memories in adulthood. *Int J Aging Hum Dev, 69*(4), 247-265.

74. Bender, M., Woike, B. A., Burke, C. T., & Dow, E. A. (2012). The relationship between implicit and explicit motives, goal pursuit, and autobiographical memory content during a diary study. *J Res Pers, 46*(4), 374-383.

75. Pillemer, D. B. (2003). Directive functions of autobiographical memory: The guiding power of the specific episode. *Memory, 11*(2), 193-202.

76. Conway, M. A., Turk, D. J., Miller, S. L., Logan, J., Nebes, R. D., Meltzer, C. C., & Becker, J. T. (1999). A positron emission tomography (PET) study of autobiographical memory retrieval. *Memory, 7*(5-6), 679-702.

77. Conway, M. A., Pothos, E. M., & Turk, D. J. (2016). The self-relevance system? *Cogn Neurosci, 7*(1-4), 20-21.

78. Conway, M. A., & Pleydell-Pearce, C. W. (2000). The construction of autobiographical memories in the self-memory system. *Psychol Rev, 107*(2), 261-288.

79. Conway, M. A. (2001). Sensory-perceptual episodic memory and its context: Autobiographical memory. *Philos Trans R Soc Lond B Biol Sci, 356*(1413), 1375-1384.

80. Fivush, R. (2011). The development of autobiographical memory. *Annu Rev Psychol, 62*, 559-582.

81. Fivush, R. (2010). Speaking silence: The social construction of silence in autobiographical and cultural narratives. *Memory, 18*(2), 88-98.

82. Fivush, R., & Nelson, K. (2004). Culture and language in the emergence of autobiographical memory. *Psychol Sci, 15*(9), 573-577.

83. Frith, C. D. (2011). Consciousness is for sharing. *Cogn Neurosci, 2*(2), 117-118.

84. Fivush, R., Habermas, T., Waters, T. E., & Zaman, W. (2011). The making of autobiographical memory: Intersections of culture, narratives and identity. *Int J Psychol, 46*(5), 321-345.

85. Fivush, R. (2018). The sociocultural functions of episodic memory. *Behav Brain Sci, 41*, e14.

86. Moscovitch, M., Rosenbaum, R. S., Gilboa, A., Addis, D. R., Westmacott, R., Grady, C., McAndrews, M. P., Levine, B., Black, S., Winocur, G., & Nadel, L. (2005). Functional neuroanatomy of remote episodic, semantic and spatial memory: A unified account based on multiple trace theory. *J Anat, 207*(1), 35-66.

87. Fletcher, P. C., & Dolan, R. J. (1999). Right prefrontal cortex responds to item familiarity during a memory encoding task. *Memory, 7*(5-6), 703-713.

88. Buckner, R. L. (2010). Human functional connectivity: New tools, unresolved questions. *Proc Natl Acad Sci U S A, 107*(24), 10769-10770.

89. Buckner, R. L. (2010). The role of the hippocampus in prediction and imagination. *Annu Rev Psychol, 61*, 27-48, C1-C8.

90. Buckner, R. L., & Vincent, J. L. (2007). Unrest at rest: Default activity and spontaneous network correlations [Discussion 7-9]. *Neuroimage, 37*(4), 1091-1096.

91. Suzuki, S. (2022). Inferences regarding oneself and others in the human brain. *PLoS Biol, 20*(5), e3001662.

92. Yoder, K. J., & Decety, J. (2022). Moral conviction and metacognitive ability shape multiple stages of information processing during social decision-making. *Cortex, 151*, 162-175.

93. Raichle, M. E., MacLeod, A. M., Snyder, A. Z., Powers, W. J., Gusnard, D. A., & Shulman, G. L. (2001). A default mode of brain function. *Proc Natl Acad Sci U S A, 98*(2), 676-682.

94. Raichle, M. E., & Gusnard, D. A. (2005). Intrinsic brain activity sets the stage for expression of motivated behavior. *J Comp Neurol, 493*(1), 167-176.

95. Gusnard, D. A., Akbudak, E., Shulman, G. L., & Raichle, M. E. (2001). Medial prefrontal cortex and self-referential mental

activity: Relation to a default mode of brain function. *Proc Natl Acad Sci U S A, 98*(7), 4259-4264.

96. Phelps, E. A. (2004). Human emotion and memory: Interactions of the amygdala and hippocampal complex. *Curr Opin Neurobiol, 14*(2), 198-202.

97. Phelps, E. A., & Anderson, A. K. (1997). Emotional memory: What does the amygdala do? *Curr Biol, 7*(5), R311-R314.

98. Phelps, E. A., & LeDoux, J. E. (2005). Contributions of the amygdala to emotion processing: From animal models to human behavior. *Neuron, 48*(2), 175-187.

99. Phelps, E. A. (2006). Emotion and cognition: Insights from studies of the human amygdala. *Annu Rev Psychol, 57*, 27-53.

100. LeDoux, J. (2007). The amygdala. *Curr Biol, 17*(20), R868-R874.

101. LeDoux, J. (2003). The emotional brain, fear, and the amygdala. *Cell Mol Neurobiol, 23*(4-5), 727-738.

102. LeDoux, J. (1996). Emotional networks and motor control: A fearful view. *Prog Brain Res, 107*, 437-446.

103. LeDoux, J. E. (1993). Emotional memory systems in the brain. *Behav Brain Res, 58*(1-2), 69-79.

104. Anderson, A. K., & Phelps, E. A. (2000). Perceiving emotion: There's more than meets the eye. *Curr Biol, 10*(15), R551-R554.

105. Anderson, A. K., & Phelps, E. A. (2001). Lesions of the human amygdala impair enhanced perception of emotionally salient events. *Nature, 411*(6835), 305-309.

106. Tulving, E. (1977). Context effects in the storage and retrieval of information in man [proceedings]. *Psychopharmacol Bull, 13*(1), 67-68.

107. Tulving, E., Kapur, S., Craik, F. I., Moscovitch, M., & Houle, S. (1994). Hemispheric encoding/retrieval asymmetry in episodic

memory: Positron emission tomography findings. *Proc Natl Acad Sci U S A, 91*(6), 2016-2020.

108. Tulving, E., Habib, R., Nyberg, L., Lepage, M., & McIntosh, A. R. (1999). Positron emission tomography correlations in and beyond medial temporal lobes. *Hippocampus, 9*(1), 71-82.

109. Tulving, E., Markowitsch, H. J., Craik, F. E., Habib, R., & Houle, S. (1996). Novelty and familiarity activations in PET studies of memory encoding and retrieval. *Cereb Cortex, 6*(1), 71-79.

110. Nadel, L., & Peterson, M. A. (2013). The hippocampus: Part of an interactive posterior representational system spanning perceptual and memorial systems. *J Exp Psychol Gen, 142*(4), 1242-1254.

111. Nadel, L., & Hardt, O. (2011). Update on memory systems and processes. *Neuropsychopharmacology, 36*(1), 251-273.

112. Nadel, L., & Moscovitch, M. (1997). Memory consolidation, retrograde amnesia and the hippocampal complex. *Curr Opin Neurobiol, 7*(2), 217-227.

113. Nadel, L, Moscovitch, M. (1998). Hippocampal contributions to cortical plasticity. *Neuropharmacology, 37*(4-5), 431-439.

114. Nadel, L., & Moscovitch, M. (2001). The hippocampal complex and long-term memory revisited. *Trends Cogn Sci, 5*(6), 228-230.

115. Nadel, L., & Payne, J. D. (2002). The relationship between episodic memory and context: Clues from memory errors made while under stress. *Physiol Res, 51*(Suppl 1), S3-11.

116. Moscovitch, M., Cabeza, R., Winocur, G., & Nadel. L. (2016). Episodic memory and beyond: The hippocampus and neocortex in transformation. *Annu Rev Psychol, 67*, 105-134.

117. Nadel, L., Hoscheidt, S., & Ryan, L. R. (2013). Spatial cognition and the hippocampus: The anterior-posterior axis. *J Cogn Neurosci, 25*(1), 22-28.

118. Nadel, L. (1987). A brain structure: The hippocampus. *Science, 235*(4796), 1682a.

119. Nadel, L. (1990). Varieties of spatial cognition: Psychobiological considerations [Discussion 26-36]. *Ann N Y Acad Sci, 608*, 613-626.

120. Nadel, L. (1991). The hippocampus and space revisited. *Hippocampus, 1*(3), 221-229.

121. Nadel, L. (1992). Multiple memory systems: What and why. *J Cogn Neurosci, 4*(3), 179-188.

122. Nadel, L. (1995). The role of the hippocampus in declarative memory: A comment on Zola-Morgan, Squire, and Ramus (1994). *Hippocampus, 5*(3), 232-239.

123. Nadel, L. (2000). The parahippocampal region: Basic science and clinical implications. *Hippocampus, 10*(2), 133-135.

124. Nadel, L. (2021). The hippocampal formation and action at a distance. *Proc Natl Acad Sci U S A, 118*(51).

125. Nadel, L., & Bohbot, V. (2001). Consolidation of memory. *Hippocampus, 11*(1), 56-60.

126. Nadel, L., Campbell, J., & Ryan, L. (2007). Autobiographical memory retrieval and hippocampal activation as a function of repetition and the passage of time. *Neural Plast*, 90472.

127. Nadel, L., & Hardt, O. (2004). The spatial brain. *Neuropsychology, 18*(3), 473-476.

128. Nadel, L., Hupbach, A., Gomez, R., & Newman-Smith, K. (2012). Memory formation, consolidation and transformation. *Neurosci Biobehav Rev, 36*(7), 1640-1645.

129. Nadel, L., & Land, C. (2000). Memory traces revisited. *Nat Rev Neurosci, 1*(3), 209-212.

130. Nadel, L., & MacDonald, L. (1980). Hippocampus: Cognitive map or working memory? *Behav Neural Biol, 29(3):405-409.*

131. Darwin, C. (2018). *The expression of the emotions in man and animal.* Dover Publications.

7. O que é a memória na contemporaneidade?

A memória humana não é apenas uma função neurobiológica, e sim uma grande ferramenta social. A maneira como um indivíduo se relaciona com suas memórias diz muito sobre os afetos, as crenças e a cultura. Quando se contempla a história da humanidade, fica claro que o homem é um andarilho do tempo, ator e espectador das suas experiências.[1]

Sem memórias as histórias não podem ser narradas, e assim não haverá mitos, heróis ou crenças. Também não existirão vilões, tiranos, flagelos ou barbáries. Tudo será como um livro em branco pronto para ser reescrito. Dessa maneira, a história ensina que vários regimes totalitários, punitivos e coercitivos buscaram destruir tudo aquilo que foi preservado como memória da cultura e do pensamento humano. Destruir obras de arte, queimar livros, saquear as riquezas culturais de certos países ou minorias – e, mais recentemente, oferecer ferramentas como a inteligência artificial, ou os programas de armazenamento de dados –, revelam o grande risco de aniquilação da memória individual e coletiva.

Na contemporaneidade, a enorme quantidade de informações impede uma adequada seleção do que é relevante. Dessa forma, o homem tem-se transformado em uma grande máquina de dados fúteis e aleatórios. Esse cérebro esgotado e inundado por estímulos já não consegue dar conta de lembrar do seu devir. E, como a memória é um processo que sustenta o sujeito psíquico e social, olhamos com preocupação para uma sociedade em crise, adoecida e ansiosa. A vida real não acontece no tempo da vida virtual. Os encontros reais não são simultâneos e imediatos como no mundo das redes sociais, onde tudo acontece no tempo desejado. Além disso, o empenho na abolição da negatividade, assim como a instrumentalização dos afetos feitos por algoritmos que oferecem tudo aquilo que o sujeito desejante sempre espera, pode vir a comprometer a formação de uma subjetividade crítica, dado o inebriamento provocado pelo investimento proposital no prazer imediato.

Portanto, é preciso ensinar o que é memória, para que as novas gerações entendam sobre a necessidade de valorizar os encontros, mesmo que tenham que lidar com as frustrações do mundo real, e o desconforto subjetivo gerado pelo estranhamento do contraditório – necessário para a construção do sujeito social.

Vale ressaltar a importância da memória como função primordial para a criatividade humana. Sem esta, não seria possível o surgimento da cultura e da civilização. Passamos de seres puramente primitivos, com respostas emocionais instintivas de autopreservação, para uma espécie que transformou suas memórias dolorosas e traumáticas em arte, filosofia, tecnologia etc. Sim, a memória para fins adaptativos, como lembrar os movimentos motores para atirar uma flecha, lembrar as estações do ano para uma melhor colheita, ou memorizar os mapas geográficos dos forrageamentos foram ferramentas mnemônicas fundamentais para que o *Homo sapiens* superasse tantas adversidades ao longo da sua existência. Mas, para além da memória de aprendizados adaptativos, foi a partir do momento em que o

Homo sapiens usou da criatividade para repassar seus aprendizados e crenças, por meio da contação de histórias sobre os mitos e as lendas, que a complexa estrutura da memória e linguagem humana se revelou em toda a sua complexidade.

Quando ainda habitava as cavernas frias e longínquas e, nas noites frias, sentava-se ao redor das fogueiras para contar histórias, falar dos deuses, dos perigos das florestas, e repassavam os aprendizados sobre como caçar, produzir ferramentas, planejar o futuro etc., o homem passou a desenvolver as primeiras experiências cognitivo-comportamentais que interligaram a linguagem (por meio da fala e das pantomimas); o cérebro social (por mieos dos contatos socioafetivos); a rede padrão (voltada para a imaginação, a criatividade e a projeção futura) e, por fim, o cérebro executivo (para o planejamento e execução das metas).[2-19]

Todas essas funções estavam diretamente conectadas com os circuitos responsáveis pelas expressões emocionais e suas interpretações subjetivas de alegria, encantamento, medo, êxtase, paixão, indignação e revolta. Essas manifestações de expressões emocionais e avaliações cognitivas comprovam que são essas redes neurais que se interligam para alimentar um grande sistema de memória, e sem elas não seria possível elaborar e criar as narrativas históricas repassadas de geração em geração.

No início a memória tinha valor e reconhecimento social inestimáveis. Foi na Grécia Antiga que pela primeira vez ela passou a ser considerada uma função de fundamental importância. Relatos históricos descrevem que, quando Simônides de Ceos, único sobrevivente de um evento trágico, conseguiu detalhar e identificar, em uma recriação "forense", a ordem como os convidados daquele fatídico evento estavam dispostos em torno da mesa do banquete, e nomeou e identificou os rostos irreconhecíveis dos corpos, ele percebeu a importância da memória. Ao reconstruir uma imagem e um arranjo ordenado do evento, ele solucionou um delicado problema que abalou a sociedade grega.

A partir de Simônides, o desenvolvimento das técnicas mnemônicas se expandiu para outras atividades, por exemplo, no seu uso por oradores e filósofos.[20] Para os gregos, ter o treinamento da arte mnemônica ou da memória artificial era uma ferramenta fundamental para a defesa da democracia e da coletividade. Um bom orador poderia repassar seus discursos tornando os ouvintes mais atentos, focados e convencidos dos aprendizados que alguns pensadores ensinavam, ou a lembrança que guardavam das defesas nos grandes tribunais. A memória tinha uma importância imensurável na vida dos gregos antigos. Mas para tanto era necessário construir uma técnica para armazenar as informações de maneira ordenada, coerente e fluida – o que os gregos consideravam a arte da memória.

Sabe-se que, posteriormente, parte da cultura, da filosofia e do conhecimento grego foi "exportada" e transmitida para Roma. Uma rica fonte de informações é encontrada no livro *De oratore*, de Cícero, que viveu entre 103 e 43 a.C.[21] Cícero trabalhou com três fontes de estudos para descrever os mnemônicos clássicos usados pelos oradores romanos: *Loci and Images, Rhetorica Ad Herennium*, e *Intitutio Oratoria de Quintiliano.* O primeiro, denominado simplesmente *Loci*, foi pensado para imprimir na memória uma sequência de imagens e lugares familiares, associados a ideias ou palavras que precisavam ser lembradas em uma ordem exata, viajando na própria imaginação.[7] Em *Ad Herennium*, escrito por um anônimo, havia a descrição de dois tipos de memórias, uma natural e outra artificial, nas quais se construíam os *Loci.*[7] Assim, imagens de beleza e feiura, imagens que lembram dor, cenas obscenas, ou mesmo imagens que com conteúdo cômico, estavam presentes para promover uma evocação sem grandes esforços.[7]

A "arte da memória" foi uma ferramenta fundamental para filósofos gregos como Aristóteles, Platão e Sócrates. Nessa época, o peso da memória e da imaginação na filosofia na Grécia era tão expressivo que o seu significado tinha relação direta com a ideia de que tanto a memória quanto a imaginação estavam conectadas como partes interligadas da alma humana.[20]

Na Idade Média, com a substituição da clássica oratória pela escrita das cartas, a arte mnemônica passou a ser mais executada do que compreendida. Tomás de Aquino, por exemplo, usou da arte da memória artificial para fins religiosos e éticos.[20]

Mas será que a memória permaneceu entre os interesses culturais durante toda a sua evolução? Com os avanços tecnológicos que foram ocorrendo ao longo dos séculos, desde a descoberta da imprensa até chegar à inteligência artificial, fica claro que progressivamente a função da memória foi sendo deslocada para máquinas que computam e armazenam bilhões de dados em segundos. Aos poucos, o *Loci* mental da memória artificial grega passou para pastas, *boxes,* nuvens, redes etc. Vale ressaltar, porém, que a memória artificial dos computadores e das redes, diferentemente da memória artificial mental dos gregos, não tem dado conta de defender a coletividade, a democracia e os sonhos que cada indivíduo partilha.

Por essa razão, um debate de extrema importância, e que deve ser ampliado, diz respeito à maneira como funcionam as emoções e as memórias no mundo virtual. Os contatos sociais virtuais têm sido construídos sem os conteúdos emocionais, sem a imaginação, a intencionalidade e a avaliação de valor que realmente precisam.[22] Além disso, em um ambiente virtual em que o tempo só existe no instante, perde-se a ansiedade saudável e o encantamento da espera, condições fundamentais para que as nossas emoções sofram processos cognitivos de avaliação de intencionalidade de valores. Assim, a angústia da resposta, a exigência da prontidão, o imediatismo das decisões, as reações emocionais hedônicas, impulsivas e desafetadas, tornou-se regra, e não exceção.

Todas essas reações em um ambiente virtual não promovem um espaço para as emoções e suas memórias. O excesso de informações aleatórias, desconectadas e estimulantes, inunda o cérebro humano com estímulos que são percebidos mas, por serem aleatórios e diversos, não conseguem criar uma conexão que construa uma ideia coerente e compreensível. É impossível criar uma narrativa a partir do caos. Não estamos falando do caos criativo, fonte de novas ordens e desdobramentos que geram formas de expressões, crenças e imaginação, e que são fruto das contemplações silenciosas, ou dos debates filosóficos, culturais e sociais; estamos falando do caos pelo excesso de informações desordenadas e aleatórias, que não conseguem desenvolver uma organização produtiva, ética e humanística.

Ou seja, em um tempo em que o uso das redes socais é manipulado por algoritmos, e uma grande quantidade de dados aleatórios adentra no cérebro humano, é desafiador repensar o uso e a maneira de se relacionar no mundo virtual. Mas devemos acreditar na absurda capacidade do ser humano de se reinventar. O mundo do metaverso e da inteligência artificial já existe. Precisamos entender qual será o real valor social, cultural e pessoal das nossas memórias e das nossas emoções, e que papel elas desempenharão no futuro tecnológico.

Dessarte, como bem colocou Nussbaum,[22] quando os objetos se revelam por meio das aparências e alcançam nossa mente pelas representações, diferentes mecanismos de interpretação cognitiva podem surgir para uma elaboração mais individualizada do contexto. De qualquer forma, o que nos interessa compreender é a maneira como nos relacionamos com as coisas.[22] Essa relação deve ser feita a partir da avaliação de que existe uma crença em relação ao que foi percebido.[22]

De fato, quando dizemos, por exemplo, "A casa está pegando fogo", essa avaliação pode ser feita por meio das emoções e memórias adquiridas sobre os significados e conceitos concretos e abstratos que aprendemos através das nossas relações sociais com os objetos.

Aceitar a maneira como as coisas nos parecem ser implica uma avaliação de como é determinada coisa, ou determinado objeto.

Quando Nussbaum diz que a experiência da emoção só existe após a adoção das crenças que irão construir uma crença sobre a realidade, precisamos, também, entender como é o processo cognitivo que envolve a linguagem e a formação dos nossos conceitos abstratos. Como dito no capítulo sobre linguagem e memória: uma das mais nobres funções do sistema nervoso central é a capacidade de criar representações dos conceitos abstratos. Por meio das convergências de diversas redes neurais e de diversos conhecimentos aprendidos, interpretar e compreender termos amplos e multifacetados é uma das delicadas atividades do cérebro humano.

Borghi *et al.* (2018),[23,24] por exemplo, afirmou que, ao tentar entender a questão de conceitos abstratos, como "liberdade" e "justiça", por exemplo, deve-se considerar que eles não têm objetos únicos que sejam usados como referências, por isso é preciso utilizar as experiências vivenciadas, tanto linguísticas quanto sociais, para aprender sobre seus significados tão diversos e complexos.[23,24] A visão dos autores (2018) parece dialogar com a teoria de Nussbaum e nos ajuda a aprofundar o estudo sobre a memória na contemporaneidade.

Entendendo que a linguagem evoluiu a partir da vida social, pode-se afirmar que ela, assim como as emoções e as memórias, é uma ferramenta que amplia o pensamento humano para uma visão mais diversa e profunda sobre a vida. Dessa forma, os conceitos abstratos são aprendidos a partir da vivência coletiva, pautada na confiança e na integração, que são fontes de conhecimentos fundamentais para a criatividade, o planejamento futuro, o pensamento crítico, o comportamento social, a formação ética, moral e intelectual da humanidade.[23-27]

Diante do que foi debatido, é prioritário questionar como o ser humano se relacionará com suas emoções, memórias e partilhas

– para preservar suas histórias – em um futuro tão incerto e tecnológico. Se as memórias são a força motriz da nossa criatividade e imaginação, como será o futuro em que tudo pode ser armazenado nas nuvens, em calendários eletrônicos, agendas etc., e onde realidades virtuais e falsas histórias e memórias são inventadas a todo instante? Se a inteligência artificial já nos oferece uma forma de conhecimento e criatividade sem esforço, como será a memória humana para a formação do pensamento crítico e da imaginação inventiva, pautados nas soluções de problemas e metas atreladas aos desafios socioambientais? Qual o risco dessa ausência de pensamento crítico produzir uma sociedade totalmente manipulável e dominada por *fake news*, por algoritmos e pelo poder político?

Precisamos entender que recordar é bem mais que lembrar. Precisamos, antes de tudo, lembrar da nossa existência, do nosso eu e do nosso devir, ou seja, do nosso vir-a-ser por meio de uma experimentação real e humana – e jamais esquecer que a nossa presença e o nosso papel no mundo têm um propósito maior.

É imperioso valorizar a memória como ferramenta fundamental para o bem-estar de todos, para uma longevidade saudável e para a proteção da liberdade individual e da democracia. Por fim, vale ressaltar que a memória e as emoções precisam ser cuidadas, estimuladas e preservadas. Não devemos falar e nos preocuparmos apenas com os lapsos da vida cotidiana de cada um, por exemplo, esquecer um compromisso, errar o caminho de casa, esquecer uma panela no fogo. Não se trata de focar e se preocupar, somente pelo viés da medicina, com as doenças que levam às demências, mas de falar de outras formas de demências sociais e coletivas. Falar dos lapsos históricos, do esquecimento das emoções e da própria descrença no florescimento humano. É importante pontuar o esquecimento do outro e a solidão, que tem se tornado um grande problema de ordem emocional e social.

Por outro lado, é preciso lembrar da necessidade de momentos contemplativos e criativos. É necessário não esquecer dos livros, dos contos de fadas, dos mitos e das lendas. Lembrar de tudo o que nossos antepassados criaram por meio da música, da pintura e da poesia. São essas memórias vivenciadas em cada sutileza que a vida apresenta que preservam a essência de cada sujeito. Sem elas, a essência se esvai, e o homem se transforma em mero humanoide carregado de dados – e vazio de afetos.

Se as memórias e as emoções estão diretamente ligadas às metas de vida para o bem-estar de todos,[22] perder os espaços e contatos sociais que promovem relações afetivas, experiências pessoais, trocas e vivências em grupo significa não alimentar os conteúdos das memórias autobiográficas carregadas de emoções, valores, crenças, intenções e sentimentos.

Precisamos estar atentos para a importância de um contínuo esforço intelectual e emocional de novos aprendizados e novos encontros, para não destruir o mundo imaginário e a capacidade inventiva que permitiu ao *Homo sapiens* tantas conquistas, entre elas – por mais contraditório que pareça – uma tecnologia capaz de aniquilar o seu poder criativo e a sua própria humanidade.

Por fim, como escreveu Gaston Bachelard em *A poética do espaço*,

> *as memórias do mundo exterior nunca terão a mesma tonalidade das de casa, e, ao relembrarmos essas memórias, aumentamos o nosso estoque de sonhos; nunca somos verdadeiros historiadores, mas estamos sempre perto de poetas, e a nossa emoção talvez não seja senão a expressão de uma poesia que se perdeu.*[28]

Referências

1. Corballis, M. C. (2013). Mental time travel: A case for evolutionary continuity. *Trends Cogn Sci, 17*(1), 5-6.

2. Passingham, R. E., Bengtsson, S. L., & Lau, H. C. (2010). Medial frontal cortex: From self-generated action to reflection on one's own performance. *Trends Cogn Sci, 14*(1), 16-21.

3. Passingham, R. E. (2002). The frontal cortex: Does size matter? *Nat Neurosci, 5*(3), 190-2.

4. Murray, E. A., & Wise, S. P. (2010). Interactions between orbital prefrontal cortex and amygdala: Advanced cognition, learned responses and instinctive behaviors. *Curr Opin Neurobiol, 20*(2), 212-220.

5. Butler, A. B. (2008). Evolution of brains, cognition, and consciousness. *Brain Res Bull, 75*(2-4), 442-449.

6. Corballis, M. C. (2019). Mental time travel, language, and evolution. *Neuropsychologia, 134*, 107202.

7. Craig, AD. (2002). How do you feel? Interoception: The sense of the physiological condition of the body. *Nat Rev Neurosci, 3*(8), 655-666.

8. Cosmides, L., & Tooby, J. (2013). Evolutionary psychology: New perspectives on cognition and m*otivation. Annu Rev Psychol, 64, 201-229.*

9. Darwin, C. *El origen de las especies por la selección natural* (n. p.). Librería Bergua.

10. Darwin, C. (1871). *The descent of man, and selection in relation to sex.* D. Appleton and Company.

11. Darwin, C. (2018). *The expression of the emotions in man and animal.* Dover Publications.

12. Fuster, J. M. (2002). Frontal lobe and cognitive development. *J Neurocytol, 31*(3-5), 373-385.

13. Hoffmann, M. (2013). The human frontal lobes and frontal network systems: An evolutionary, clinical, and treatment perspective. *ISRN Neurol, 2013*, 892459.

14. Kaas, J. H. (2019). The origin and evolution of neocortex: From early mammals to modern humans. *Prog Brain Res, 250*, 61-81.
15. Richerson, P. J., & Boyd, R. (2020). The human life history is adapted to exploit the adaptive advantages of culture. *Philos Trans R Soc Lond B Biol Sci, 375*(1803), 20190498.
16. Zuberbuhler, K., & Byrne, R. W. (2006). Social cognition. *Curr Biol, 16*(18), R786-R790.
17. Cacioppo, J. T., & Ortigue, S. (2011). Social neuroscience: How a multidisciplinary field is uncovering the biology of human interactions. *Cerebrum, 2011*, 17.
18. Byrne, R. W., Barnard, P. J., Davidson, I., Janik, V. M., McGrew, W. C., & Miklosi, A., Wiessner, P. (2004). Understanding culture across species. *Trends Cogn Sci, 8*(8), 341-346.
19. Aydin, C., & Conway, M. A. (2020). Cultural self-goals influence how much is remembered from early childhood events. *J Pers, 88*(4), 794-805.
20. Yates, A. F. (2014). *The art of memory.* The Bodley Head.
21. Cicero. (1948). *On the orator*. Loeb Classical Library. Registered trademark of the President and Fellow of Harvard College.
22. Nussbaum, M. C. (2001). *Upheavals of thought: The intelligence of emotions*. Cambridge University Press.
23. Borghi, A. M., Barca, L., Binkofski, F., & Tummolini, L. (2018). Abstract concepts, language and sociality: From acquisition to inner speech. *Philos Trans R Soc Lond B Biol Sci, 373*(1752).
24. Borghi, A. M., Mazzuca, C., Da Rold, F., Falcinelli, I., Fini, C., Michalland, A. H., & Tummolini, L. (2020). Abstract words as social tools: Which necessary evidence? *Front Psychol, 11*, 613026.
25. Borghi, A. M., Barca, L., Binkofski, F., & Tummolini, L. (2018). Varieties of abstract concepts: Development, use and

representation in the brain. *Philos Trans R Soc Lond B Biol Sci, 373*(1752).

26. Borghi, A. M., Binkofski, F, Castelfranchi, C., Cimatti, F, Scorolli, C., & Tummolini, L. (2017). The challenge of abstract concepts. *Psychol Bull, 143*(3), 263-292.
27. Borghi, A. M., & Fernyhough, C. (2023). Concepts, abstractness and inner speech. *Philos Trans R Soc Lond B Biol Sci, 378*(1870), 20210371.
28. Bachelard, G. (1964). *The poetic of space.* The Orion Press.

GRÁFICA PAYM
Tel. [11] 4392-3344
paym@graficapaym.com.br